BASTEI
LÜBBE
TASCHENBUCH

Rebecca Seeliger

Heute hab ich keine Lust zu sterben

Das Leben, die Liebe, der Krebs und ich

BASTEI
LÜBBE
TASCHENBUCH

BASTEI LÜBBE TASCHENBUCH
Band 60787

1. Auflage: August 2014

FSC
www.fsc.org
MIX
Papier aus verantwortungsvollen Quellen
FSC® C006701

Dieser Titel ist auch als E-Book erschienen

Dieses Buch beruht auf Tatsachen. Zum Schutz der Rechte der Personen wurden einige Namen, Orte und Details geändert.

Originalausgabe

Dieses Werk wurde vermittelt durch die Literarische Agentur
Thomas Schlück GmbH, 30827 Garbsen.

Textredaktion: Lisa Bitzer, Landau
Fotos im Innenteil: © privat
Umschlaggestaltung: Guter Punkt, München
Umschlagmotiv: © Julia Krüger, Aachen
Umschlagmotiv, Innenumschlag, Autorenfoto: Julia Krüger
Satz: hanseatenSatz-bremen, Bremen
Gesetzt aus der Adobe Garamond
Druck und Verarbeitung: CPI – Ebner & Spiegel, Ulm
Printed in Germany
ISBN 978-3-404-60787-7

Für Ingo

EPILOG

Bei der Gewebeentnahme haben wir ein paar bösartige Zellen gefunden.«

Damit habe ich gerechnet. Darauf habe ich mich eingestellt. Es fühlt sich seltsam an, als der erwartete Schock nicht eintrifft. Ich bin gefasst. Ich bin ganz ruhig.

Wir schweigen.

Ich nicke. War's das jetzt? Ist mein Leben jetzt vorbei?

Nein, entscheide ich. So leicht lasse ich mich nicht unterkriegen.

Aber das Leben, wie ich es bisher kannte, gibt es von nun an nicht mehr.

KAPITEL 1

Ich habe es noch niemandem gesagt.

Nicht meinen Eltern, bei denen ich letzte Woche zu Besuch war. Nicht meinem besten Freund Ingo. Selbst meinen Mädels, Melanie und Lisa, mit denen ich seit September in unserer WG in meiner Wahlheimat Buxtehude wohne, habe ich noch nichts davon erzählt.

Niemandem habe ich gesagt, dass ich einen Knoten in der linken Brust ertastet habe.

Und niemandem habe ich verraten, noch nicht einmal mir selbst, dass diese Entdeckung nicht gut ist. Gar nicht gut.

Letzte Woche habe ich mich wie immer nach dem Duschen eingecremt. Doch etwas war nicht wie immer. Zufällig hielt ich an meiner linken Brust inne. Dort, im unteren linken Bereich, fühlte sich etwas anders an – etwas, das nicht so weich und nachgiebig wie mein Busen war. Es war fest, regelrecht hart, und es gehörte nicht zu mir. Da hockte ein fester Knoten im Gewebe und lachte mich aus.

Doch ich schwieg.

Ich wollte einfach den Urlaub zu Hause bei meinen Eltern genießen, einfach ein wenig mit meinen alten Freunden Karneval feiern. Denn »einfach« war in den letzten Monaten ein seltenes Wort in meinem Vokabular.

Seit Wochen ist meine Mutter krankgeschrieben. Sie hat mir und meinem Vater mit dem Verdacht auf eine Herzerkrankung einen riesigen Schrecken eingejagt, doch es hat sich nach unzähligen Untersuchungen schließlich herausgestellt, dass ihre Symptome von schmerzhaften Rückenbeschwerden rühren. Keine leichte Zeit für meine Eltern. Und kein geeigneter Zeitpunkt, einen seltsamen Knubbel zu erwähnen, der vor wenigen Wochen, bei der gynäkologischen Routineuntersuchung im Januar, noch nicht da war.

Auch mein Job verlangt mir gerade alles ab. Unsere Abteilung ist seit Monaten unterbesetzt, zahlreiche Überstunden und chronische Überarbeitung sind an der Tagesordnung – eine Herausforderung, der ich mich jeden Tag aufs Neue stelle. Doch seitdem meine Mutter krank ist, sehe ich die Arbeit mit anderen Augen.

Etwas muss sich ändern. Ich muss mich ändern.

Ich muss bei meiner Einstellung anfangen, muss mich an erste Stelle setzen, nicht die anderen und nicht den Job. Vielleicht klappt es dann auch irgendwann wieder mit Ingo.

Ingo, mein bester Freund. Der wichtigste Mensch, den ich in Buxtehude kennengelernt habe. Der aus einem Nachbarn im Studentenwohnheim zu einem Freund wurde. Der die Schmetterlinge in meinem Bauch flattern ließ, wenn wir tanzten. Mit dem ich mich Hals über Kopf in eine wilde Affäre stürzte. Mit dem ich schließlich über ein Jahr zusammen war, bevor wir uns im November getrennt haben. Es klappte irgendwie nicht. Ich glaube, es lag an mir. Ich habe ihn eingeengt mit meinen Sorgen, meinen alten, mir verhassten Verhaltensmustern, die ich mir in meiner vorherigen Beziehung schmerzlich angeeignet habe und seitdem so mühsam versuche wieder abzulegen.

Es ist nicht so, dass wir uns nicht lieben.

»Ich will dich nicht verlieren«, habe ich damals zu ihm gesagt. »Du bist mein bester Freund. Mit dir kann ich über alles reden.«

»Du wirst mich nicht verlieren. Ich bin immer für dich da.«

Wir versprachen uns, unsere Freundschaft niemals aufs Spiel zu setzen – trotz des Liebeskummers. Seitdem sind wir Singles. Freunde, die zusammen ins Kino, zum Essen, Feiern oder zu Geburtstagen gehen, die abends gemeinsam kochen und im selben Bett schlafen. Manchmal sogar miteinander.

Es knistert zwischen uns. Immer noch. Und unter dem Knistern glimmt der Funke, der sich mir nichts, dir nichts in ein loderndes Feuer verwandeln kann. Eine Leidenschaft, die ich bei niemand anderem empfinde, auch wenn ich mich in den letzten Monaten sogar auf ein paar Dates eingelassen habe und weiß, dass sich auch Ingo mit einer Frau getroffen hat: Unsere Beziehung, oder vielmehr Nicht-Beziehung, ist mir wichtiger als jedes Techtelmechtel. Doch niemand von uns traut sich, etwas zu verändern, aus Angst, den anderen zu verlieren. Also lassen wir alles da, wo es ist. In der Schwebe.

Ich könnte ihm von meinem unguten Gefühl erzählen. Ihm sagen: *Hier, fass mal an, findest du nicht auch, dass sich das komisch anfühlt? Anders als sonst?* Ich könnte ihm sagen, dass es da eine Stimme gibt, die ständig in mein Ohr flüstert und mir unnachgiebig zu verstehen gibt, dass etwas nicht stimmt. Und dann? Was wird er davon halten? Ich fühle eine mir unbekannte Angst davor, mit ihm zu reden. Angst davor, ihm oder irgendjemandem zu sagen, dass ich einen Knoten in der Brust ertastet habe. Es auszusprechen, wird es real werden lassen, und dann kann ich es nicht mehr verdrängen. Egal, ob ich mich an Ingo, meine Eltern oder meine Freunde wende, sie werden sich Sorgen machen. Genau wie ich. Denn ich weiß, dass dieser Knoten keine Lappalie ist. Woher ich es weiß?

Ich weiß es einfach.

Heute, am Tag meiner Rückkehr aus meinem Karnevals-Kurzurlaub in Aachen, bin ich mit Ingo verabredet. Ich muss mich dem Problem und den damit verbundenen Ängsten stellen. Ich werde sonst verrückt! Seit meiner Entdeckung sind nur vier Tage vergangen, doch schon die erste Berührung mit diesem Fremdkörper in meinem Busen ließ mich erschaudern. Meine Hoffnung, dass das Ding einfach wieder verschwinden würde, hat sich nicht bestätigt. Ich weiß von meiner Freundin Diana, mit der ich seit meiner Studienzeit immer noch wöchentlich telefoniere, dass Zysten in der Brust auftreten und einfach wieder verschwinden können. Oder aber es handelt sich wie bei ihr um gutartige Verwachsungen, die operativ entfernt werden müssen. Vielleicht ist dieser Knoten genau das: eine harmlose Verwachsung.

Aber warum wird mir dann beinahe schlecht, sobald ich ihn berühre? Da sitzt dieses harte Ding in meiner linken Brust, und ich weiß nicht, wo es herkommt oder was es von mir will.

»Ingo, ich mache mir Sorgen.«

Jetzt ist es raus. O Gott, wieso habe ich das gesagt? Ich weiß, dass ich Ingo alles anvertrauen kann, aber unser Verhältnis ist doch schon kompliziert genug.

»Was ist denn los?«

»Ich habe einen Knoten in der linken Brust ertastet«, erkläre ich leise.

Ingo stockt einen Augenblick und sagt dann nüchtern: »Mach dir keine Sorgen. Das wird nichts Schlimmes sein. Geh einfach zum Arzt und lass es abklären.«

Ja, das werde ich machen. Das nehme ich mir schon seit letzter Woche vor. Das wollte ich seit dem Moment tun, als ich das fremde Ding ertastet habe.

Ingo nimmt mich in den Arm und versucht, mein Schluchzen zu beruhigen. Doch die Ungewissheit und die Nervosität nagen mit spitzen Zähnen an mir.

Als er geht, stelle ich mich unter die heiße Dusche. Ingos Worte hallen in meinem Kopf nach. Warum kann ich ihm nicht einfach glauben und meine innere Unruhe damit zum Schweigen bringen? Ich würde so gern, doch da ist noch diese Stimme, deren Flüstern mittlerweile so laut geworden ist, dass es in meinen Ohren rauscht. Dieses tiefe Gefühl in mir, das verlangt, dass ich bloß nicht auf die Idee kommen soll zu glauben, dass alles in Ordnung sei. Solange ich keine Gewissheit habe, ist mein Inneres in Alarmbereitschaft. Was will diese innere Unruhe von mir, und warum ist diese Stimme so penetrant?

Die Angst bricht über mich herein. Sie beißt sich in mir fest und schüttelt mich. Ich sinke auf die Fliesen und heule. Ich heule mir die Augen aus dem Kopf, weil ich mir sicher bin, dass die Stimme recht hat.

Weil ich mir sicher bin, dass etwas nicht stimmt.

KAPITEL 2

Obwohl ich nach meinem einwöchigen Urlaub und der Gewissheit, dass mein E-Mail-Posteingang zum Bersten voll sein wird, eigentlich nicht zu spät zur Arbeit kommen will, sitze ich doch um Viertel nach sieben am Morgen vor der Eingangstür meiner Gynäkologin. Die Praxis öffnet erst um halb acht, doch ich konnte keine Sekunde länger zu Hause warten. Also hocke ich hier auf der Treppe, lausche dem Rauschen in meinen Ohren und starre die geschlossene Tür an.

Um zwanzig nach sieben Uhr erscheint eine Arzthelferin und fragt, ob ich reinkommen möchte.

»Macht Ihnen das nichts aus?«

»Nein, natürlich nicht. Haben Sie einen Termin?«

»Nein, aber ich muss wirklich dringend zu Frau Dr. Mikesky«, erkläre ich, während wir die Praxis betreten.

»Oh, die ist im Urlaub. Aber Herr Dr. Beilharz ist da.«

»Ich muss auf jeden Fall zu einem Arzt.«

Mir steigen Tränen in die Augen. Ich ignoriere das Wispern in meinen Ohren, bin genervt von meiner Angst und blinzele meine feuchten Augen mühsam wieder trocken.

»Dann schaue ich gleich mal, dass ich Sie dazwischenschieben kann.«

»Danke.«

Und tatsächlich, ich werde sofort zu Dr. Beilharz ins Behandlungszimmer gerufen. Er begrüßt mich freundlich und fragt nach dem Grund meines Besuchs.

»Ich habe letzte Woche einen Knoten in der linken Brust ertastet und möchte ihn gern untersuchen lassen.«

Er bittet mich, meinen Oberkörper freizumachen.

»Gibt es denn Brustkrebs in Ihrer Familie?«, fragt er, während ich mich oben ohne auf die Liege lege. Eine Frage, von der ich zu diesem Zeitpunkt noch nicht weiß, wie oft ich sie in diesem Jahr noch hören werde, die aber spontanes Unwohlsein in mir auslöst. Krebs, das ist eine Volkskrankheit, die in den besten Familien vorkommt. Auch in unserer. Aber Brustkrebs? Das wäre neu.

»Nein.«

Nachdem Dr. Beilharz eine große Portion kalten, durchsichtigen Schleim großflächig auf meinem gesamten Oberkörper verteilt hat, beginnt er mit der Schallung der rechten unauffälligen Brust.

»Hier sehen Sie Ihre Rippe, dies ist der obere Brustmuskel und dort der untere, das kann man bei Ihnen sehr gut sehen.«

Ja, sehr schön, sehr interessant – ich wollte immer schon meine Rippen und Brustmuskeln im Ultraschall sehen …

»Hier ist alles in Ordnung. Dann schauen wir uns mal die andere Brust an.«

Da ist sie wieder. Die zischelnde Stimme, die will, dass ich jetzt ganz genau aufpasse. Ein flaues Gefühl in der Magengrube begleitet sie.

Dr. Beilharz führt den Kopf des Ultraschallgeräts zu meiner linken Brust und beginnt am unteren Quadranten mit der Untersuchung. Dort, wo der Knoten sitzt.

Mir stockt der Atem. Mein Herzschlag beschleunigt sich. Ich beginne zu schwitzen. Das Bild auf dem Ultraschall ist noch viel erschreckender, als ich befürchtet habe. Ein schwarzer großer Fleck prangt dort auf dem grau-grünlichen Monitor. Das flaue Gefühl in meinem Magen reagiert sofort und schwillt schlagartig zu einem ebenso tiefschwarzen Schlund an, der meine gesamte Energie und Selbstbeherrschung auffressen will.

Dr. Beilharz muss spüren, wie mein Herz rast, während er Aufnahmen von dem Knoten macht. »Ja, hier ist der Knoten, der ist auch sehr gut tastbar. Aber machen Sie sich keine Sorgen, das scheint ein Fibroadenom oder eine Zyste zu sein. Jedenfalls ist der Knoten glattwandig.«

Ich schlucke. »Das heißt?«

»Nun, wie gesagt, machen Sie sich bitte keine Sorgen, das kann bei Frauen in Ihrem Alter aufgrund von Hormonumstellungen durchaus passieren. Dann verhärtet sich gutartiges Gewebe, und das nennt man Fibroadenom.«

»Aber das ist gutartig?«

»Ja, gutartiges verhärtetes Gewebe ist kein Tumor. Sie haben keinen Krebs.« Er lächelt mir freundlich zu und tätschelt mir die Hand.

Ich versuche mich zu entspannen und die Tränen der Erleichterung zurückzudrängen. *Sie haben keinen Krebs*, wiederhole ich in Gedanken. Er hat gesagt, ich habe keinen Krebs.

»Und was machen wir jetzt damit?«

»Da Sie keine Risikopatientin sind, würde ich vorschlagen, wir beobachten das Ganze und Sie kommen in sechs bis acht Wochen wieder zur Kontrolle.«

»Gibt es nicht noch weitere Untersuchungen, die wir machen können, um absolut auszuschließen, dass der Knoten bösartig ist? Oder dass wir ihn entfernen müssen?«

»Absolute Sicherheit können wir nur haben, wenn Sie eine Gewebeprobe entnehmen lassen, aber dafür ist es noch zu früh. Wenn Sie allerdings schlaflose Nächte haben sollten, kommen Sie einfach wieder, und ich überweise Sie zu einem entsprechenden Arzt.«

Ich nicke. Die Übelkeit und der schwarze Schlund, der mittlerweile meinen ganzen Körper aufzusaugen droht, nehmen mich vollständig in Besitz. Am liebsten möchte ich mich übergeben. Direkt neben das Ultraschallgerät. Dann würde sich auch Dr. Beilharz Sorgen machen. Zumindest um seine Schuhe.

KAPITEL 3

Ich habe schlaflose Nächte, unruhige Tage. Bei jedem Duschen, jedem Umziehen, jedes Mal, wenn ich meine Brust betaste, versuche ich herauszufinden, ob sich der Knoten verändert hat.

Diana versucht mich zu beruhigen, teilt jedoch auch meine Ansicht: »Selbst wenn das bloß ein gutartiges Fibroadenom ist, so wie bei mir damals, solltest du das besser im Auge behalten. Du kannst ja eine Stanzbiopsie machen lassen, das ist halb so wild.«

Ich gebe mir die größte Mühe, mich auf der Arbeit so gut wie möglich abzulenken, doch sobald ich auch nur eine ruhige Minute habe, ist da wieder dieses Gemurmel in meinem Kopf, das mich mit seinen Mahnungen schier um den Verstand bringt. Und nicht nur die Stimme warnt mich: Auch meine Mitbewohnerinnen und meine Mutter, denen ich mich mittlerweile anvertraut habe, raten mir zu einer weiteren Untersuchung. Und zwar nicht erst in sechs bis acht Wochen.

Ich habe sogar schon von Lisa meine Brust abtasten lassen, um herauszufinden, was sie davon hält. Ich habe ihre Finger genau an den Knoten herangeführt und sie so positioniert, dass sie ihn mit den Fingerspitzen fühlen konnte.

Sie hat ihn gespürt. Genau wie ich. Einen Augenblick lang habe ich in ihren graublauen Augen dasselbe Grauen gesehen, das mich seit Tagen im Klammergriff hält – aber dann war der Ausdruck wieder weg, und Lisa hat ihr vernünftiges Gesicht aufgelegt. »Ich finde auch, du solltest das noch mal untersuchen lassen, und dann sehen wir weiter. Mach dich nicht verrückt.«

Sorry. Zu spät.

Also stehe ich zwei Tage nach meinem ersten Besuch um kurz nach sieben in der Früh wieder in der gynäkologischen Praxis. »Ich muss noch einmal mit dem Arzt sprechen«, sage ich, während ich mühsam die Tränen zurückhalte. Tränen der Aufregung, der Nervosität, der Angst.

Nachdem ich der Arzthelferin kurz erklärt habe, worum es geht, schiebt sie mich kurzerhand zwischen zwei Termine.

»Frau Seeliger«, sagt Herr Beilharz nach kurzer Wartezeit. Es klingt wie ein Vorwurf. »Was kann ich für Sie tun?«

»Nun ja, Sie haben mir gesagt, ich soll wiederkommen, wenn ich schlaflose Nächte habe – und die habe ich. Ich kann mit diesem Knoten nicht einfach sechs Wochen abwarten.«

»Das ist Ihre Entscheidung. Wie gesagt, Sie haben nur dann eine Sicherheit, wenn Sie eine Biopsie durchführen lassen. Herr Dr. Middendorf in der Klinik Hansen in Stade ist da sehr zu empfehlen.«

Ich nicke.

»Brauchen Sie eine Überweisung?«

Ich nicke wieder.

»Soll ich mich direkt um einen Termin kümmern, damit es schneller geht?«

Ich nicke immer noch und fühle mich wie ein hypnotisierter Wackeldackel.

»Gut. Falls Sie bis Freitag nichts von mir gehört haben, rufen Sie noch einmal an. Und jetzt gebe ich Ihnen erst einmal ein Taschentuch, okay?«

Zwei einzelne dicke Tränen lösen sich aus meinen Augenwinkeln. Man entscheidet sich schließlich nicht jeden Tag dazu, sich ein Stück Gewebe aus der Brust pulen zu lassen.

*

Eine Woche, nachdem ich meinem Gynäkologen einen zweiten Besuch abgestattet habe, ist der Tag der Stanzbiopsie. Die sieben Tage dazwischen waren die Hölle – aber immer noch besser als die Vorstellung, ein paar Wochen rumzusitzen und dann zu gucken, ob das Ding in meinem Busen weitergewachsen ist.

Ich fahre frühzeitig nach Stade in die Klinik und öffne die Tür zu einem überfüllten Anmeldebereich. Frau Dr. Beck werde die Untersuchung durchführen, erklärt mir die Arzthelferin, als ich mich zum Tresen durchgekämpft habe, und bittet mich darum, einige Formulare auszufüllen. Dann spielen die anwesenden Patientinnen und ich im Wartezimmer die Reise nach Jerusalem. Gut, dass ich mir ein Buch mitgebracht habe. Ich versuche, mich so gut wie möglich abzulenken, und verschlinge den Roman regelrecht. Es geht um ein versunkenes Schiff und Außerirdische. Eigentlich nicht das Genre, das ich bevorzugt lese, doch es erfüllt seinen Zweck und lenkt mich ab, obwohl ich im Nachhinein nicht den blassesten Schimmer habe, was in dem Buch eigentlich passiert ist. Vor allem, weil die monoton vor sich hin murmelnde Stimme in meinem Kopf wieder zu einem Ohrenrauschen angeschwollen ist und mittlerweile von rasendem Herzklopfen begleitet wird.

Raus hier! Wenn ich schon den Tag in einer Arztpraxis absitzen muss, bekomme ich draußen vielleicht zumindest ein bisschen Farbe im Gesicht. Also gehe ich immer wieder an die frische Luft und setze mich vor der Klinik auf einer Bank in die Sonne.

Ich beobachte, wie eine steinalte Dame mit schlohweißem Haar und faltigem Gesicht am Arm einer ebenfalls schon ergrauten, doch rüstigen Frau über den Parkplatz stolziert. Offensichtlich machen Mutter und Tochter einen gemeinsamen Ausflug zum Arzt. Ein Lächeln umspielt meine Lippen, und ich frage mich kurz, ob ich meine Eltern auch einmal zu Arztbesuchen kutschieren werde, wenn ich schon alt und runzelig bin. Nein, zu dieser Gruppe gehöre ich noch lange nicht – weder zur Tochter- noch zur Mutterfraktion. Ich habe einen gut ausgefüllten Alltag und anspruchsvollen Job, und diese Untersuchung hier will ich so schnell wie möglich hinter mich bringen. Ich möchte weder meine Mutter zum Arzt geleiten noch selbst gebracht werden, sondern einfach wieder nach Hause, mich zurück in mein altes Leben stürzen und meine Freunde und Eltern beruhigen, die sich mittlerweile Sorgen machen – obwohl sie es mit Sicherheit nicht sollten, denn bestimmt ist der Knoten nichts Schlimmes. Das jedenfalls sagen alle …

Aber das kleine schwarze Panikmonster, das sich seit einiger Zeit in meinen Eingeweiden häuslich eingerichtet hat, findet meinen Hoffnungsschimmer gar nicht so lustig und will gerade wieder sein alles verzehrendes Maul aufreißen, als Mutter und Tochter tratschend an mir vorbeiwackeln. Ich schnappe einige Gesprächsfetzen auf.

»Ach, dass ihr jungen Dinger euch immer so anstellen müsst«, schimpft die Mutter. »Eine Mammografie ist doch nichts Schlimmes. Da wird ein bisschen gequetscht und gedrückt, aber ich habe schon ganz andere Schmerzen ausgehalten.«

»Ach Mama, deine Brüste hängen ja auch schon runter, natürlich tut das dann nicht mehr weh.«

Jetzt muss ich tatsächlich schmunzeln. Nein, zu dieser Gruppe gehöre ich *definitiv* noch nicht. Aber wenn die zwei Damen und das volle Wartezimmer vor mir drankommen sollen, muss ich noch eine ganze Weile ausharren.

Ob sie sich fragen, was eine junge Frau wie ich hier will? Fast neunzig Prozent der Anwesenden sind älter als fünfundfünfzig. Die einzige Ausnahme setzt sich irgendwann gegen Mittag neben mich – eine jüngere Frau, Mitte dreißig, in buntem Rock und weitem Pulli. Die Rundungen ihrer Brüste sehen irgendwie seltsam aus. Deformiert. Fremd. Ich versuche, nicht allzu offensichtlich zu ihr hinüberzustarren, doch auch ihre Haare erscheinen mir komisch. Trägt sie eine Perücke?

Oje. Ob sie Krebs hat? Die Ärmste …

Was sie wohl hier macht? Aber sie sieht noch so jung aus … Obwohl, ich bin schließlich auch erst vierundzwanzig. Was mache *ich* dann eigentlich hier? Bin ich nicht zu jung, um im Brustzentrum auf Untersuchungen zu warten? Zu jung, um krank zu werden? *Wahrscheinlich nicht*, sagt die nagende Stimme in meinem Hinterkopf.

Während ich meinen dritten Kaffee des Tages in mich hineinschütte, verschwindet die junge Frau hinter irgendeiner Tür, genau wie all die anderen Frauen, die im Wartezimmer neben mir gesessen haben. Alle verschwinden, nur ich sitze hier immer noch mit meinem Buch und versuche, mich mit versunkenen Außerirdischen abzulenken.

Doch sosehr ich mich auch bemühe, die Konzentration auf den Text fällt mir immer schwerer. Die Unruhe, die ich nun seit fast zwei Wochen verspüre, wird stärker. Ich habe Angst. Ich bin nervös. Ich versuche mühsam, die Tränen zurückzuhalten, weil ich nicht weiß, was passiert, was auf mich zukommt. Was die Ärztin wohl sagen wird? Ob ich operiert werden muss? Werde ich dann eine Narbe behalten?

Ich halte es kaum noch aus. Dieses Warten. Wie kann ein Mensch das ertragen?

Dreieinhalb Stunden, nachdem ich die Praxis betreten habe, ist es dann endlich so weit – auch ich darf hinter einer Tür verschwinden. Genauer gesagt in einer kleinen Kabine, in der ich den Oberkörper freimachen soll. Dann holt mich die Arzthelferin ins Behandlungszimmer, in dem Frau Dr. Beck auf mich wartet.

Ich lege mich auf die Liege und betrachte den bläulichen Schleim, der auf meiner Brust verteilt wird. Auch Frau Dr. Beck beginnt mit der rechten Brust, die immer noch keine Auffälligkeiten zeigt. Das kenne ich ja schon.

Eine halbe Minute später findet die Ärztin mit dem Ultraschallgerät in der linken Brust den Knoten auf fünf Uhr, den ich ertastet habe. Das kenne ich auch schon. Diesen schwarzen, großen, bedrohlich wirkenden Fleck, um den ich mir bitte keine Sorgen machen soll.

Plötzlich hält sie inne.

»Was ist denn los?«, frage ich.

»Da ist wohl noch ein Knoten.«

»*Noch* ein Knoten?«

Mir wird erst heiß, dann kalt, dann schlecht, und in meinen Ohren rauscht das Blut. Ein zweiter Knoten? Das ist nicht gut. Das ist überhaupt nicht gut! Zumal dieser schwarze Fleck nicht so wunderbar kieselsteinartig und glattwandig aussieht wie der Knoten, den ich ertastet habe. Das da auf dem Bildschirm sieht aus wie ein ausgefranster, schwarzer Luffaschwamm.

»Was heißt das jetzt?« Ich versuche, mich zu beherrschen, doch ich bezweifle, dass es mir gelingt.

»Erst einmal gar nichts, Frau Seeliger.«

Ich schlucke und bleibe stumm. Na klar. Hält die mich für blöd?

»Aber ich würde gern zusätzlich eine Mammografie machen und im Anschluss die geplante Stanzbiopsie.«

»Ja, okay, in Ordnung.«

Das bedeutet für mich: noch mal anziehen, zurück ins Wartezimmer, noch mal warten.

Mir ist kotzübel. Ich versuche ruhig ein- und auszuatmen. Ganz langsam. Immer wieder. Durch die Nase ein, durch den Mund aus. Wie beim Pilates oder Yoga. Eigentlich ist es gut, dass ich hier niemanden kenne, denn sonst hätte ich schon jegliche Selbstbeherrschung verloren. *Ingo*, schießt es mir durch den

Kopf. Wenn Ingo jetzt hier wäre, würde er mir einfach beruhigend den Arm um die Schultern legen und gar nichts sagen. Er würde sich vor den Schlund des Panikmonsters stellen und sagen: *Keine Sorge, da fällst du nicht rein, ich fange dich auf.* Aber nein, das kann ich ihm nicht zumuten. Wir sind ja nicht mal mehr zusammen. Mir bleibt also nichts anderes übrig, als weiterzuatmen und den Kloß in meinem Hals hinunterzuschlucken. Futter für das Panikmonster.

»Frau Seeliger?«

»Ich komme.« Ich springe auf und verschlucke mich beinahe an meinen eigenen Worten.

Wieder zurück in die Kabine. Wieder ausziehen. Wieder warten. Diesmal durch eine andere Tür verschwinden, zur Mammografie.

»Tut das denn weh?«, frage ich vorsichtig und denke unwillkürlich an das ältliche Damen-Duo, das ich auf dem Parkplatz beobachtet habe.

»Manche Frauen sagen ja, andere finden es gar nicht schlimm. Das hängt vom persönlichen Schmerzempfinden ab. Ich muss halt Ihre Brustdrüse auseinanderdrücken, sonst bekommen wir keine guten Bilder, und das kann ein bisschen unangenehm sein. Aber machen Sie sich keine Sorgen. Sie sagen, wenn es nicht mehr geht.«

»Okay. Gut.«

Doch nichts ist gut. Obwohl mir dauernd alle sagen, dass ich mir bitte keine Sorgen machen soll, muss ich urplötzlich weinen. Ich kann die Tränen einfach nicht mehr zurückhalten. Ich habe Angst. Unendliche Angst, was man wohl gleich auf diesem Bild sehen wird, das die Frau von meiner auseinandergedrückten Brustdrüse machen möchte.

Dank meiner offenkundigen Verzweiflung reicht mir die Arzthelferin ein Taschentuch und beruhigt mich.

»Tut mir leid, ich wollte gar nicht weinen«, schniefe ich unbeholfen.

»Kein Problem, machen Sie sich keine Sorgen. Hier kullern schon mal Tränen.«

Ich weiß nicht genau, ob das aufmunternd ist oder nicht. Immerhin ist die Untersuchung trotz meines jungen festen Gewebes nicht so schlimm wie befürchtet. Das Schmerzhafteste ist die leicht verrenkte Haltung, die ich für ein paar Sekunden einnehmen muss und dank der ich kaum Luft bekomme. Aber der Moment ist ganz schnell vorbei, und ich darf mich wieder anziehen.

Verheult, wie ich bin, nehme ich diesmal nicht mehr im Wartezimmer Platz, sondern warte in der Nähe der Tür, hinter der bisher alle Frauen aus dem Wartezimmer verschwunden sind, ohne wieder aufzutauchen. Nur ich, ich sitze immer noch hier rum.

Einatmen, ausatmen.

Was bedeutet das alles?

Erst einmal noch gar nichts, Frau Seeliger. Machen Sie sich bitte keine Sorgen.

»Frau Seeliger?«

»Hier!«

Wieder zurück in die Kabine. Wieder ausziehen. Wieder warten. Ich betrachte mich erneut im Spiegel. Stanzbiopsie. Das bekomme ich auch noch hin. Ich werde ja schließlich betäubt.

Im Radio läuft der neue Song von Adele, »Rolling in the Deep«. Dieses Lied werde ich in meinem ganzen Leben nicht mehr vergessen. Es bedeutet den Anfang einer sehr langen Reise, und ich habe es seitdem sehr oft gehört. Wie ein Zeichen ertönt es genau in diesem Moment im Radio, und der Text beschreibt nur allzu gut das Verhältnis zwischen mir und dem Knoten – ich korrigiere, *den beiden Knoten* – in meiner Brust.

Die Tür öffnet sich wieder. Zwei Arzthelferinnen und Frau

Dr. Beck stehen bereit. Ich kann mir nicht helfen, aber ich fühle mich ein wenig, als würde ich zur Schlachtbank geführt werden.

Ich lege mich wieder auf die Liege, bekomme ein Kissen in den Rücken, damit ich mich bequem auf die rechte Seite rollen kann.

»Wie genau machen Sie das denn jetzt?«, frage ich unsicher.

»Ich kann es Ihnen gleich mal zeigen«, antwortet Frau Dr. Beck fröhlich. Aus dem Augenwinkel sehe ich eine unfassbar lange Stricknadel, angeschlossen an eine geheimnisvolle Apparatur. Ich schaue schnell wieder weg, zurück auf den Bildschirm des Ultraschalls.

»Ach, wissen Sie was, vielleicht muss ich es doch gar nicht sooo genau wissen. Es ist besser für uns alle, wenn Sie mir die Nadel nicht zeigen …«

Schon wieder muss ich mir größte Mühe geben, um mich zu beherrschen und nicht vor lauter Angst meine Sachen zu packen und schreiend davonzulaufen. Notfalls türme ich aber auch mit nacktem Oberkörper. Heute haben schon so viele Leute meinen blanken Busen gesehen, dass es auf den ein oder anderen mehr auch nicht ankommt.

»Jaja, gar kein Problem«, murmelt die Ärztin und versteckt ihr Folterwerkzeug schnell hinter einer Packung Einweghandschuhe. Dann erklärt sie mir, dass ich zunächst eine örtliche Betäubung bekomme, das bedeutet einen kleinen Piks und ein kurzes Brennen, dann wird die Brust taub.

Ein tauber Busen fühlt sich zwar ziemlich seltsam an, die Betäubung tut aber wie versprochen kaum weh. Es können alle Teile am Körper einschlafen, das kennt man ja. Ich weiß, wie es sich anfühlt, wenn der Arm, die linke Pobacke oder gleich der ganze Hintern einschläft – aber die linke Brust, das ist neu.

Nach der Einwirkzeit des Anästhetikums führt Dr. Beck die Nadel für die Stanzung ein. Ich schaue noch immer auf den Bildschirm des Ultraschalls und begreife viel zu spät, dass die Ärztin parallel mit dem Ultraschallgerät zugange ist, um den Knoten zu lokalisieren. Schnell wende ich den Blick ab, als ich die Nadel erkenne, die durch meinen tauben Busen zum Knoten geschoben wird. Da starre ich doch besser ein kleines Loch in der Decke an, die aus weißen Gipsplatten besteht. Bislang spüre ich keinen Schmerz, nur einen leichten Druck dort, wo die Nadel eingeführt wird.

Dr. Beck warnt mich vor dem Geräusch der Stanze, ein Schuss wie von einem Drucklufttacker. Die Beschreibung trifft den Laut ganz gut, davor erschrecke ich mich kaum.

Doch der Schmerz, der den Bruchteil einer Sekunde später durch meinen Oberkörper schießt, lässt weiße Blitze vor meinen Augen tanzen. Mir entfährt ein erschrockener Laut, dann steigt erneut das Wasser in meinen Augen an.

»Ist alles in Ordnung?«

»Nein, ich weiß nicht, aber das hat ganz schön wehgetan …«

Vor Schreck schießen mir die Tränen in die Augen. Eine Arzthelferin reicht mir ihre Hand, die ich dankbar umklammere.

»Oh«, sagt Frau Dr. Beck. »Wehtun sollte das aber nicht.«

Wirklich? Das dachte ich mir schon. Aber ich soll mir bestimmt einfach keine Sorgen machen, was?

Wir warten noch einen kurzen Augenblick, nur um sicherzugehen, dass die Betäubung nun auch tatsächlich wirkt. Ich für meinen Teil kann mein Gejammere gerade selbst nicht leiden, denn in meinen ein Meter sechzig steckt normalerweise viel Stärke und wenig Geheule. Augen zu und durch, sage ich mir noch, als Frau Dr. Beck ankündigt: »So, ich entnehme jetzt die zweite Probe, es knallt jetzt wieder, nicht erschrecken.«

Vor dem Geräusch erschrecke ich mich auch beim zweiten Mal nicht, sehr wohl jedoch vor dem erneut aufflammenden Schmerz, der sich wie Salzsäure durch meine gesamte Brust hindurchfrisst. Diesmal mache ich dem erneuten Schock mit einem wehleidigen Laut Luft. Das ist der Zeitpunkt, an dem die restlichen Patientinnen im Wartezimmer wahrscheinlich in Erwägung ziehen, fluchtartig das Gebäude zu verlassen. Ich will ihnen hinterherrufen: *Lauft, solange ihr noch könnt!*

Ich würde ihnen gern folgen, wenn ich bloß könnte. Wenn ich nicht weinend versuchen würde, mich vor Schmerz wie ein Fötus auf der Liege zusammenzurollen, während weiterhin eine überdimensionale Stricknadel in meiner linken Brust steckt.

Die Frauen um mich herum drücken mich sanft zurück, als ich schluchze und mich winde – sie meinen es nur gut und wollen nicht, dass ich mich verletze. Trotzdem fühle ich mich ausgeliefert.

Ich weiß nicht genau, was die Ärztin und ihre Arzthelferinnen machen oder worüber sie diskutieren. Mein Hirn ist kaum der Aufgabe gewachsen, vor Schmerz und Panik nicht ohnmächtig zu werden. Langsam, ganz langsam sickert jedoch eine Information zu mir durch: Dr. Beck entscheidet, dass unter den gegebenen Umständen aus diesem Knoten nicht noch mehr Gewebe entnommen wird, meine Schmerzen sind zu groß. Die Ärztin entfernt die Nadel aus meiner Brust, und ich kann wieder ein wenig leichter atmen. Ich bemerke, dass ich nicht nur tränennass bis zu den Schultern, sondern auch schweißnass bis zum Hosenbund bin.

Dr. Beck kommt mit ihrem Gesicht ganz nah an meines heran. Ich zittere am ganzen Leib, als mir dämmert: Die lokale Anästhesie war für die Katz, sie hat nur oberflächlich gewirkt. Das bedeutet, soeben hat mir diese Frau bei vollem Bewusstsein und ohne Betäubung Fleisch aus der Brust gestanzt.

»Frau Seeliger?«

Mir ist schlecht.

»J-j-ja?«, stottere ich.

»Atmen Sie mal ganz ruhig.«

Ruhig atmen … Die hat gut reden! Das hab ich schon den ganzen Tag versucht. Wie zum Teufel soll das jetzt noch gehen? Wo ich mir doch verdammt noch mal immer noch keine Sorgen machen soll!

Durch meine panischen Gedanken hindurch drängt sich jedoch die Erkenntnis, dass Frau Dr. Beck recht haben könnte. Ich atme nur noch in kurzen heftigen Stößen und hechle zwischendurch wie ein Windhund nach dem erfolgreichen Sieg auf der Rennbahn. Mit dem Unterschied, dass ich nichts gewonnen, sondern nur ein bisschen Gewebe verloren habe.

»Atmen Sie mal ganz langsam tief durch die Nase ein und durch den Mund wieder aus, Sie hyperventilieren sonst.«

Das ist ganz schön schwierig. Ich atme ein und atme aus, doch immer noch in einem Tempo, das nicht gesund sein kann. Konzentriert ziehe ich die Luft durch die Nase ein und stoße sie durch den Mund aus, aber das hört sich selbst in meinen Ohren wie ein schwangeres Nashorn beim Wasserballett an. Ich gebe mir wirklich Mühe, damit ich jetzt nicht zusammenklappe, doch ich habe panische Angst vor der nächsten Gewebeprobe. Es gibt da schließlich noch einen zweiten Knoten, dem wir an den Kragen wollen.

Während ich lautlos vor mich hin flenne und das schwarze Panikmonster sich jetzt offensichtlich in meiner Brust festgebissen hat, bearbeitet mich Dr. Beck weiter. Der zweite Knoten. Erneut wird Betäubungsmittel injiziert, diesmal eine größere Ladung, wie mir scheint. Dann wird wieder die Stricknadel eingeführt.

»Sie müssen mich vorwarnen. Sie müssen mich unbedingt vorwarnen!«, bettle ich, während ich die Hand der Arzthelferin zerquetsche, die sie mir erneut gereicht hat. Mittlerweile ist im Hintergrund noch eine dritte Frau im blauen Kittel aufgetaucht. Was soll die denn noch hier drin? Mich festhalten?

»Keine Sorge, ich warne Sie vor.«

Ich richte den Blick starr gegen die weiße Decke.

»Es gibt jetzt wieder einen kurzen Knall …«

Mein Herz schlägt mir bis zum Hals, mein Atem geht immer noch stoßweise, heiße Tränen rollen mir wie ein nicht versiegen wollender Strom die Wangen herunter. Ich habe das Gefühl, auf einer Folterbank zu liegen. Und ich bin mir sicher, ich werde einen Schmerz wie gerade eben nicht noch einmal überleben.

Es knallt, ich zucke zusammen und bleibe zitternd liegen.

Nichts.

Kein Schmerz. Es tut nicht weh.

»Alles in Ordnung?«

»Ja«, winsele ich, immer noch schockiert und ängstlich, dass der Schmerz mich nur in Sicherheit wiegt, um gleich noch viel stärker auf mich einzudreschen. Ist das Panikmonster schon satt?

Es knallt ein zweites Mal.

Wieder nichts.

Ein drittes, ein viertes Mal. Und dann ist es schon vorbei.

Warum nicht gleich so? Ich weiß es nicht. Die naheliegende Vermutung ist wohl, dass mein Adrenalinspiegel einfach viel zu hoch war, um die erste Betäubung wirken zu lassen.

Ich zittere immer noch, als mir Dr. Beck mit ihrem Gesicht wieder ganz nahe kommt: »Frau Seeliger, wir schicken jetzt die Proben ein, und nächste Woche Dienstag kommen Sie wieder, da liegen dann die Ergebnisse vor.«

»Und was mache ich jetzt? Was heißt das? Muss ich mir Sorgen machen?«

Natürlich weiß ich bereits, was sie antworten wird.

»Nein, auch wenn Ihnen das jetzt schwerfällt, Sie müssen sich keine Sorgen machen. Wenn wir wissen, was es ist, können wir gegebenenfalls immer noch damit anfangen, okay?«

Frau Dr. Beck lächelt mir aufmunternd zu.

»Aber was ist Ihre Vermutung? Was habe ich da? Was ist das für ein Knoten?«

Ich habe Fragen über Fragen und eine unbeschreibliche Angst.

»Ich kann Ihnen erst etwas dazu sagen, wenn wir die Ergebnisse haben.« Sie zögert. »Schaffen Sie es, sich nicht verrückt zu machen bis nächste Woche?«

Nein, natürlich nicht! Vielleicht habe ich dort in meiner Brust doch kein gutartiges Fibroadenom und auch keine Zyste, sondern einen bösartigen Tumor.

Das erste Mal manifestiert sich ganz real der Gedanke, dass ich Krebs haben könnte. Doch statt in blinde Panik auszubrechen und meinen Kopf unkontrolliert gegen die Wand zu schlagen, während ich die Augen verdrehe und irre Laute von mir gebe, nicke ich.

»Ja. Ich versuch's.«

KAPITEL 4

Ich habe im Büro angekündigt, dass ich am Tag nach der Untersuchung später kommen werde. Eigentlich könnte ich auch zu Hause bleiben, doch ich will nicht in der Wohnung sitzen und mir den Kopf darüber zerbrechen, was mit mir passiert.

Also quäle ich mich mit wackeligen Beinen aus dem Bett, steige unter die Dusche und sitze um kurz nach neun im Zug in Richtung Hamburg. Eine Stunde später als sonst. Zu Fuß eiere ich durch die Stadt und komme kurz darauf total verschwitzt und entkräftet im Büro an. Meine Erschöpfung und die körperlichen und psychischen Anstrengungen des gestrigen Tages müssen mir ins Gesicht geschrieben sein, denn meine Kollegin Klara fragt sofort, was los ist.

»Du bist total fertig. Hast du Fieber?«, will sie wissen.

Nein. Ich habe kein Fieber. Ich habe zwei Knoten in der Brust und vielleicht sogar mehr als das. Aber das sage ich nicht. Stattdessen schüttele ich den Kopf und murmele: »Halb so schlimm. War gestern beim Arzt. Alles so weit in Ordnung.«

Wie sehr würde ich mir wünschen, dass ich recht hätte. Und auch Klara scheint nach einem Blick in meine gehetzten Augen zu wissen, dass das nur die halbe Wahrheit ist. Dankbarerweise sagt sie gar nichts.

Die gewünschte Ablenkung, die ich mir von meiner Arbeit erhofft habe, tritt leider nicht ein, denn den ganzen Tag pikst und zwickt es in meiner linken Brust, sodass meine Gedanken immer wieder zu den Knoten gelenkt werden. Schließlich halte ich das Jucken nicht mehr aus und will die Kompresse, die ich zur Polsterung vorsichtshalber in den BH gestopft habe, im Badezimmer wieder richten. Ich ziehe scharf die Luft zwischen den Zähnen ein, als ich einen Blick auf mein linkes BH-Körbchen riskiere, in dem meine Brust samt buntem Hämatom friedlich eingebettet liegt.

Da ist Blut auf der Kompresse.

Ist das richtig so? Darf das sein? Hat die Ärztin gestern etwas dazu gesagt oder nicht? Ich kann mich nicht erinnern.

Vollkommen aufgelöst stürze ich zu meinem Handy, um draußen vor dem Büro in der Klinik Hansen anzurufen und der Arzthelferin weinerlich meine Sorge zu schildern.

»Moment, ich frage mal die Ärztin.«

Warten. Stille. Warten.

»Hören Sie? Frau Dr. Beck meint, Sie sollen dann doch besser noch mal kommen. Wann könnten Sie denn hier sein?«

So schnell wie möglich.

Mit feuchten Augen lege ich auf und gehe zu meinem Schreibtisch, an dem Klara schon mit besorgter Miene wartet.

»Sagst du mir jetzt, was hier los ist?«

»Ich muss gehen, ich muss jetzt los …« Hastig packe ich meine Sachen zusammen, doch Klara nimmt mich fest am Arm und zieht mich aus dem Zimmer raus, um mich auf der Damentoilette zu beruhigen. Schluchzend erzähle ich ihr von den beiden Knoten, der Kompresse, dem Blut und der fürchterlichen Angst, die ich habe.

»Liebes, du fährst jetzt in die Praxis und lässt das untersuchen, okay?«, sagt Klara und klingt ruhig und gefasst. Keine hysterischen Weinkrämpfe. Keine irren Gefühlsausbrüche. Keine Panik. »Vermutlich sind es nur zwei harmlose Knoten. Eine Freundin von mir hatte mal so etwas Ähnliches. Der Knoten wurde entfernt, und seitdem hat sie nie mehr damit zu schaffen gehabt. Okay?«

*

»Entschuldigen Sie?«

Eine alte verschrobene Hexe mit furchtbarem Kurzhaarschnitt steht vor mir. »Könnten Sie bitte den Fuß vom Stuhl nehmen? Da möchten sicherlich auch noch andere Leute sitzen!«

Mit dem eisigsten Blick, den ich zustande bringe, nehme ich den Fuß, den ich unter mein linkes Knie geklemmt hatte – nicht mal die Sohle hat den Stuhl berührt! – herunter.

Wenn du, so wie ich, gestern fünf Stunden hier gewartet hättest, dann würdest du dich auch so auf den Stuhl hocken, weil du einfach nicht mehr wüsstest, wie du sitzen sollst.

Bevor ich jedoch ausfällig werden kann, werde ich ins Behandlungszimmer gerufen, wo Dr. Beck mir wieder mal erklärt, ich solle mir keine Sorgen machen. Das mit der Blutung sei eine ganz normale Nebenwirkung, kein Grund zur Beunruhigung. Keine Panik. Wie immer.

Na, die hat leicht reden.

Trotzdem: Zur Arbeit kann ich heute nicht mehr gehen. Und morgen auch nicht, so wie ich mich gerade fühle. Deswegen frage ich Frau Dr. Beck, ob sie mich für die kommenden Tage krankschreiben kann.

»Warum hätten Sie denn gern eine Krankmeldung?«

Mir steigen schon wieder die Tränen in die Augen. »Weil ich emotional total am Ende bin und so nicht arbeiten kann«, gestehe ich mir und ihr zähneknirschend ein.

»Nun, dann müssen Sie sich aber eine Krankmeldung von Ihrem Hausarzt besorgen. Das ist eine andere … äh, Erkrankung, eher psychischer Natur, denn mit Ihrer Brust ist ja alles in Ordnung.«

Na, herzlichen Dank auch!

Nach dem traumatischen Erlebnis von gestern ist es offensichtlich vollkommen unverständlich, dass ich mich beschissen fühle. Aber gut, dann lasse ich mir nur eine Bestätigung des Arztbesuchs von heute geben und nehme den Rest überstundenfrei. Auf den Krankenschein und eine weitere Demütigung bin ich schließlich nicht angewiesen.

*

»Und? Wie war die Stanzbiopsie?«, fragt mich Diana am Telefon.

»Nicht so gut«, antworte ich wahrheitsgemäß.

»Wie jetzt?«

Ich schlucke den dicken Kloß runter und verabreiche dem nimmersatten Panikmonster damit sein Abendessen. »Die Betäubung hat nicht funktioniert.«

»Was?« Diana ist entsetzt. »Das tut mir total leid. Und ich sage dir noch, mach dir keine Sorgen, das ist halb so wild.«

»Schon okay.«

»Nein, gar nichts ist okay. Geht es dir gut?«

»Naja. Nein. Die haben einen zweiten Knoten auf dem Ultraschallbild entdeckt.«

Jetzt ist wohl der Zeitpunkt gekommen, ab dem sich auch meine Liebsten Sorgen machen sollten.

KAPITEL 5

Heute hat die Ungewissheit ein Ende. Heute ist der Tag der Diagnose. Zum Glück, länger hätte ich den Status quo auch nicht ausgehalten. Die ersten Anzeichen des Wahnsinns meldeten sich spätestens gestern Abend zu Wort. Nach einem weiteren Heulkrampf und einer halben Flasche Kröver Nacktarsch, den meine Eltern mir nach ihrem letzten Besuch an der Mosel geschenkt hatten, taufte ich meine beiden Brüste kurzerhand auf die Namen Gertrude und Bertha. Lisa und Melanie konnten mich gerade davon abhalten, ein Glas Wein über ihnen zu vergießen, um ihnen eine anständige Taufe zu bereiten. »Den trinkst du mal schön selbst. Der ist viel zu lecker«, hat Lisa beschlossen und stattdessen mit uns auf die Namensgebung angestoßen.

Irgendwie haben sich meine beiden Brüste einen Namen verdient, finde ich, nachdem ich sie in den letzten Tagen solch entwürdigenden Torturen ausgesetzt habe. Jetzt sitze ich mit den beiden in der Folterkammer und warte auf unser Urteil.

»Also, Frau Seeliger, bei der Gewebeentnahme haben wir ein paar bösartige Zellen gefunden.«

Damit habe ich gerechnet. Darauf habe ich mich eingestellt.

Und jetzt sitze ich auf der Liege im Behandlungszimmer, derselben Liege, auf der ich vor nicht einmal einer Woche Rotz und Wasser geheult habe, während mir Frau Dr. Beck bei vollem Bewusstsein Gewebe aus der linken Brust gestanzt hat. Vor mir sitzt Herr Dr. Middendorf, der Chef höchstpersönlich, und mustert mich mit wachem Blick. Er fragt sich wahrscheinlich, wie ich diese Nachricht verkrafte, während ich nur langsam nicke.

Wenige Schritte entfernt wartet eine Arzthelferin auf Abruf mit einer Box Papiertaschentüchern in der Hand, schräg gegenüber steht ein weiterer Mann im weißen Kittel und beobachtet mich. Er hält keine Taschentücher in der Hand, vermutlich aber einen weiteren weißen Kittel, der nicht für Ärzte bestimmt ist, hinter seinem Rücken versteckt.

Noch vor wenigen Minuten habe ich mir fest vorgenommen und selbst versprochen, dass ich noch heute meine Lebenseinstellung grundlegend ändern werde. Während ich auf meine Diagnose gewartet habe, habe ich mir drei Ziele gesetzt: Fallschirmspringen, tanzen lernen und nach Afrika reisen. Ganz unabhängig davon, was der Arzt mir gleich mitteilen, unabhängig davon, in welche Richtung sich mein Leben gleich ändern würde. Unabhängig davon, ob ich schockiert zusammenbrechen oder dem Arzt himmelhoch jauchzend in die Arme fallen würde.

Jetzt fühlt es sich seltsam an, als der erwartete Schock nicht eintrifft. Ich bin gefasst. Ich bin ganz ruhig.

Wir schweigen.

Ich nicke.

Meine Schultern sacken ein wenig nach vorn.

»Und jetzt?«, frage ich tonlos. »Sagen Sie mir jetzt, dass ich nur noch sechs Monate zu leben habe?«

»Nein, auf keinen Fall«, beteuert der Arzt, und seine Mimik verrät Überraschung.

»Sagen Sie mir, dass ich sterben werde?«

»Nein, um Gottes willen!«

»Aber Sie sagen mir, dass ich Brustkrebs habe.«

Bumm! Nun ist es raus, das Wort, das er offenbar nicht sagen wollte.

»Ja.«

Ich nicke wieder.

Er fährt fort. »Sie haben einen bösartigen Tumor in der linken Brust.«

Der Schock, mit dem ich gerechnet habe, kommt immer noch nicht. Aber meine Schultern sacken noch ein Stück weiter nach vorn. Ich schwitze. »Was passiert jetzt mit mir?«

»Sie kommen morgen wieder, und wir machen ein CT der Organe und eine Szintigrafie der Knochen, das ist nur dazu da, um auszuschließen, dass sich noch irgendetwas anderes irgendwo in Ihrem Körper vor uns versteckt.«

Ich nicke.

»Am Donnerstag kommen Sie dann noch mal, wir machen ein MRT, und danach haben Sie einen Termin bei der Brustsprechstunde zur OP-Besprechung.«

Ich nicke. Brustsprechstunde. Gut, dann kann sich Gertrude direkt mal mit der Ärztin unterhalten und fragen, was hier los ist. CT, Knochenszintidingsbums, MRT, OP – das klingt nach einem Plan. Einem Plan mit Fachvokabular, doch immerhin einem Plan. Die Arzthelferin drückt mir ein Terminkärtchen in die Hand.

Das ist er also, der Moment, der alles verändert.

Er ist einfach da. Und dann ist er auch schon wieder vorbei. Irgendwie ist alles gleich und irgendwie doch so ganz und gar anders.

»Können wir sonst noch etwas für Sie tun?«

Ich nicke. Meine Schultern rutschen noch ein Stück weiter nach vorn. Wahrscheinlich sehe ich mit dieser Haltung aus wie Quasimodo. Ich merke, dass ich immer noch wie ein Wackeldackel auf der Schotterpiste nicke, dann zucke ich mit den Schultern: »Ich weiß es nicht.«

»Das hier«, Herr Dr. Middendorf zeigt auf den Mann, der ein Stück von uns entfernt gewartet hat und jetzt zu uns herantritt, »ist unser Psychologe, Herr Nordhausen. Er berät Sie gern. Wenn Sie also jemanden zum Reden brauchen, können Sie sich an ihn wenden.«

Aha. Lag ich mit meiner Einschätzung in Bezug auf die Zwangsjacke also doch gar nicht so falsch.

Ich verfalle wieder in mein stoisches Nicken. »Danke.«

»Brauchen Sie eine Krankmeldung?«

»Ja, bitte.«

Kurz überfällt mich ein schlechtes Gewissen. Krankmelden? Wirklich? Aber bin ich denn wirklich *krank?*

Offensichtlich. Der Arzt hat das böse T-Wort in den Mund genommen.

Und überhaupt: Wie soll ich denn nach so einer Nachricht noch arbeiten gehen? Und vor allem wann, bei den ganzen Terminen, die in den nächsten Tagen auf mich zukommen? Wie lange bin ich überhaupt krank?

»Kein Problem, dann stellen wir erst mal eine aus.«

»Danke.« Dann fällt mir etwas ein. »Sie könnten doch noch etwas für mich tun. Ich muss meine Eltern anrufen, und ...« Ich stocke. »Meiner Mutter geht es selbst gerade nicht so gut.«

Die Arzthelferin mit ihren Papiertaschentüchern hat nun doch endlich ihren Einsatz. Ich erkläre den versammelten Doktores unter Tränen die Situation. Ich weine, weil ich nun beginnen muss, die liebsten Menschen in meinem Umfeld einzuweihen, und diese Aufgabe muss ich selbst erledigen. Da kann ich nicht so väterlich wie Dr. Middendorf mit »Wir haben da doch ein paar bösartige Zellen gefunden« anfangen.

Bereitwillig stellt mir Dr. Middendorf sein Büro zur Verfügung, und der Psychodoc kommt als seelischer Beistand gleich mit. Das Gespräch verläuft besser als gedacht. Natürlich ahnt meine Mutter Böses, als ich mit einer fremden Nummer auf dem Handy anrufe. Ich höre es an ihrer Stimme.

»Hallo, Mama.« Ich warte kurz ab und sortiere meine Gedanken.

»Ist alles in Ordnung? Wo bist du? Was ist das für eine Nummer?«

»Ich bin noch in Stade.«

Ich kann regelrecht hören, wie die Alarmglocken in ihrem Kopf losschrillen. Alarmstufe Rot! Achtung, Achtung, alles auf Gefechtsstation!

»Mama, es ist doch kein gutartiges Fibroadenom.«

Ich hasse mich dafür, dass ich ihr nun einen solchen Schreck einjagen, dass ich jegliche Hoffnung beiseite fegen muss.

»Ich habe Brustkrebs.«

Natürlich bricht sie in Tränen aus. Natürlich stellt sie viele Fragen, und natürlich versuche ich sie zu beruhigen. Doch die Worte gehen mir plötzlich ganz leicht über die Lippen.

Ich selbst sitze teilnahmslos und beängstigend gefasst am Schreibtisch von Dr. Middendorf, mir gegenüber Dr. Nordhausen, der mich offenkundig beobachtet. Ich bin immer noch ruhig, breche nicht zusammen. Natürlich muss ich auch meinem Vater die schlechte Nachricht überbringen, also lasse ich mich von meiner aufgelösten Mutter an ihn weiterreichen. Und natürlich muss ich ihm das Versprechen abringen, dass die zwei sich nicht sofort ins Auto setzen und nach dieser Schreckensbotschaft womöglich noch einen Unfall bauen.

Alles ganz natürlich.

Alles ganz selbstverständlich.

Als hätte ich Übung darin, meinen Eltern das Herz zu brechen.

»Das haben Sie wirklich sehr gut gemacht«, bestätigt auch Dr. Nordhausen nach dem Gespräch.

Danke. Das finde ich auch. Die undankbare Aufgabe, den Eltern zu berichten, dass das einzige Kind eine lebensbedrohliche Krankheit hat, habe ich hinter mich gebracht. Das Tagesziel ist damit aber leider noch lange nicht erreicht.

Mir fällt auf, dass ich in dem Gespräch mit meinen Eltern kein einziges Mal gesagt habe, dass sie sich keine Sorgen machen sollen. Ist ja auch eine blöde Bitte, wenn man gerade so eine Horrornachricht überbracht hat.

»Was haben Sie jetzt vor?«

»Ich weiß nicht. Ich denke, ich werde heute Abend ein Glas Rotwein trinken. Vielleicht eher eine Flasche.«

»Machen Sie das. Das ist eine gute Idee.«

Alkoholexzesse auf Anraten des Arztes? Das bekomme ich hin. Aber auch jenseits des Galgenhumors hat Dr. Nordhausen eine wichtige Frage gestellt: Was mache ich jetzt eigentlich?

Ich fahre samt meinen Terminkärtchen, die über mein weiteres Schicksal entscheiden sollen, nach Hause. Ich bringe es nicht fertig, jetzt noch irgendjemanden anzurufen, obwohl ich mich doch so gern bei Melanie und Lisa gemeldet und ihnen gesagt hätte, sie sollen den Champagner kaltstellen, wir hätten etwas zu feiern. Um ihnen zu sagen: Lasst uns das Leben genießen!

Als ich im Auto sitze, passiert weiterhin alles ganz automatisch. Ich stecke den Schlüssel ins Schloss, lege den Gurt an, schaue in den Rückspiegel und begegne kurz meinem eigenen braunen Augenpaar.

»Nein. Nicht mit mir.«

Ich ändere den Blickwinkel, um mir in die Augen zu sehen.

»Ganz bestimmt nicht mit mir! Du kannst mich mal, ernsthaft!«

Heiße, schwelende Wut kocht plötzlich in mir hoch. Dieser elende Parasit will mich um mein Leben betrügen, doch das kommt nicht infrage. Dieser Mietnomade wird einen hohen Preis bezahlen!

Das ist MEIN Leben, meins, ganz allein MEINS! Versuche ich nicht immer, mein Bestes zu geben? Für alle? Für die Arbeit, für meine Freunde, für meine Familie? Und jetzt wollen das zwei kleine harte Knubbel infrage stellen? Sie wollen MEIN Leben, ernsthaft?

Auf gar keinen Fall!

Ich bin so stinksauer, dass ich mehrmals hart gegen mein Lenkrad schlage, ein animalisches Knurren kriecht aus meiner Kehle. Ich suche wieder meine Augen im Rückspiegel.

»Hast du das gehört, du Arschloch? Das war meine Kampfansage. Vergiss es, du kriegst mich nicht!«

Meine Stimme klingt kalt und hart. Ich bin auf Krawall gebürstet. Die zwei Eindringlinge haben mir den Krieg erklärt. Unwiderruflich und sofort, ohne jegliche Aussicht auf eine Friedenserklärung. Und da soll ich die weiße Fahne schwenken? Pustekuchen. Mich herauszufordern bedeutet, sich richtigen Ärger einzuhandeln.

Den können sie haben. Ich bin kein kranker Mensch! Ein schreckliches Bild schießt mir plötzlich durch den Kopf. Ich will kein Krebskopf sein, mit kahlem Kopf und leerem Blick. Ich werde mich nicht ergeben. Ich bin stark, und ich allein treffe hier die Entscheidungen.

Ich drehe das Radio voll auf. Und da ertönt wieder Adeles Stimme, die mich ganz tief in meinem Inneren berührt. Die diese bösartigen Tumoren berührt. Ich singe lauthals mit:

There's a fire starting in my heart
Reaching a fever pitch and it's bringing me out the dark
Finally I can see you crystal clear
Go 'head and sell me out and I'll lay your ship bare

Wütend fahre ich nach Hause zu Melanie und Lisa. In unsere schöne Wohnung, unsere wunderbare WG. Melanie absolviert ein duales Studium an der Hochschule in Buxtehude. Das bedeutet drei Monate Vorlesungen und drei Monate Praxis bei einem Unternehmen, immer im Wechsel. Im Moment ist Vorlesungszeit, und das wiederum bedeutet, die Wohnung wird nicht leer sein, wenn ich nach Hause komme.

Nachdem ich mein Auto in der Garage geparkt habe, verraucht meine Wut. Den Kampf gegen meine bösartigen Mitbewohner muss ich später ausfechten, jetzt geht es erst einmal darum, meine geliebten Freundinnen zu schockieren.

Auf dem Weg zur Haustür atme ich tief durch. Ganz langsam, ein und aus. Wir drei Mädels sind beste Freundinnen. Sie werden zu mir stehen. Sie werden mit mir kämpfen. Aber jetzt muss ich ihnen erst einmal das Herz aus der Brust herausreißen.

Ich schaffe das.

Ich öffne leise die Tür, stelle die Handtasche in meinem Zimmer ab und gehe dann unschlüssig ins Wohnzimmer. Melanie hört mich und kommt aus ihrem Zimmer.

Augen zu und durch.

Sie sagt nichts, braucht mich nur ansehen. Sie kommt auf mich zu und nimmt mich schweigend in den Arm. Ich kann nichts sagen, ich fange nur an zu weinen. Weinen, weinen, weinen. Das wird noch oft passieren an diesem Tag.

Und am nächsten.

Und an denen darauf.

»Ich habe Brustkrebs«, flüstere ich leise.

Sie sagt nichts, hält mich einfach nur fest und passt auf, dass ich mich selbst nicht verliere.

Minutenlang stehen wir im Wohnzimmer, Arm in Arm, und sagen nichts. Ich wünschte, ich könnte den Augenblick festhalten, ihn wegschließen, unter »Albtraum« verbuchen und gleich vom Klingeln meines Weckers aufwachen. Doch es ist nicht mein Wecker, der klingelt. Mein Handy reißt uns aus unserer vertrauten Umarmung.

Meine Kollegin Klara will sich nach mir erkundigen. »Gibt es schon Neuigkeiten?«

O ja. Und was für welche.

»Ja … jedoch nicht besonders gute.« Ich zögere. Wie sage ich es am besten? Einfach gerade heraus, entscheide ich. »Ich habe Krebs.«

Wumms! Wahnsinn, wie leicht ich die Worte aussprechen kann, jetzt, wo ich sie schon einmal gesagt habe. Wie das wohl kommt? Habe ich mich so atemberaubend schnell meinem neuem Schicksal gefügt?

Ich weiß es nicht. Ich will auch nicht darüber nachdenken. Ich will überhaupt nicht mehr denken.

Wein. Wir brauchen Rotwein. Ganz dringend.

Mir fällt ein, dass Lisa sowieso noch am Supermarkt vorbeifahren wollte. Sie ist noch auf der Arbeit und weiß von nichts. Sie arbeitet als Projektleiterin eines großen Unternehmens in Buxtehude. Als ich vor zwei Jahren noch in derselben Abteilung arbeitete, habe ich sie als Praktikantin eingestellt. Ich habe sie also nach Buxtehude geholt und damit eine wunderbare Freundin bekommen.

Ich beende das Telefonat mit Klara, die mir verspricht, meiner Chefin und meinen Kolleginnen zu erzählen, was mit mir los ist, und sich um die Übergabe meiner Arbeit an das Team zu kümmern. Dann rufe ich Lisa an und äußere einen vielleicht etwas extravaganten, aber nicht ungewöhnlichen Wunsch: »Bring Rotwein mit, in rauen Mengen!«

»Uih, das klingt spannend«, meint Lisa, aber ihrem Tonfall entnehme ich: Sie ist auf der Hut. Sie weiß ganz genau, wo ich heute Vormittag war. Und dass ich Rotwein ordere und keine Flasche Schampus, ist ihr sicherlich auch aufgefallen.

Doch ich will ihr nicht am Telefon sagen, was los ist. Wie ich das mache, ist mir unerklärlich. Ich bin mir sicher, dass sie schon Böses ahnt, denn normalerweise wimmele ich sie nicht so kurz angebunden ab.

Als ich kurze Zeit später den Schlüssel in der Tür höre, springe ich sofort auf und empfange sie schon im Flur. Sie stellt betont langsam die Einkaufstüte mit dem Wein auf den Boden, schiebt sich eine Locke ihrer langen dunklen Haare hinters Ohr und lässt sich von mir in den Arm nehmen.

»Na, du? Was ist los?«, fragt sie.

Ich sehe, ich rieche, ich fühle mit jeder Faser meines Körpers ihre Nervosität. Meine Taktik, nicht lange um den heißen Brei herumzureden, ist bisher ganz gut aufgegangen, also halte ich einfach weiter daran fest. Nachdem ich Lisa einige Minuten im Arm gehalten habe, flüstere ich wieder diese magischen drei Worte, die auch das Leben all meiner Freunde, meiner Verwandten und meiner Liebsten in diesen Stunden verändern: »Ich habe Brustkrebs.«

Lisa beginnt am ganzen Körper zu zittern. Auch Melanie ist da und umarmt uns. Wir schluchzen.

Ich fühle mich leer. Ich kann mich kaum auf das konzentrieren, was ich sage. Der Inhalt der Gespräche, die ich heute schon geführt habe, verschwimmt. Das Gefühl der Leere und des Schmerzes ist so allgegenwärtig, die Fragen und die Antworten immer dieselben, dass ich einfach nicht mehr weiß, was ich sage, was ich denke.

*

Kurz darauf wird der Rotwein geöffnet. Wir sind uns einig: Die blöden Tumoren können uns mal! Zur Feier des Tages genießen wir zu unserem Rotwein Tiefkühlpizza, während ich überlege, wessen Leben ich heute wohl noch auf den Kopf stellen muss. Diana entfuhr sofort ein entsetztes »Nein«, und ich konnte sie nicht davon abhalten, sich wortreich zu entschuldigen.

»Warum entschuldigst du dich denn, Liebes? Du konntest das doch nicht ahnen.«

»Aber ich habe dir gesagt, es ist bestimmt alles halb so schlimm und du sollst dir keine Sorgen machen«, hat Diana in den Hörer geschluchzt.

»Habe ich aber trotzdem gemacht. Und jetzt gehen wir diesem Ding an den Kragen«, habe ich mit fester Stimme geantwortet und dabei trotzdem mit ihr geweint.

Jetzt bleiben noch zwei Menschen übrig, mit denen ich auf jeden Fall noch sprechen muss: Linda und Ingo.

Mein liebster Ingo. Ich habe es einfach nicht übers Herz gebracht, ihm am Telefon zu sagen, was los ist. Ich schreibe ihm nur eine SMS, um ihn zu fragen, ob er später noch vorbeikommen kann.

Als er dann anruft, um zu fragen, ob alles okay ist, halte ich bemüht die Tränen zurück. Ich möchte später mit ihm sprechen, nicht jetzt, wenn er im Büro von seinen Kollegen umgeben ist.

»Ist alles in Ordnung?«

»Ich erzähl dir heute Abend alles.«

»Gut, ich bin so gegen neun Uhr bei dir.«

Geschafft.

Mittlerweile habe ich schon das zweite Glas Rotwein vernichtet, da ruft Linda, meine beste Freundin aus meiner alten Heimat, zurück, der ich vor ein paar Stunden eine kryptische Nachricht mit der Bitte um Rückruf auf der Mailbox hinterlassen habe.

»Hallo, Süße!«

»Hi, Maus, na, wo bist du gerade?«, frage ich vorsichtig, leere den restlichen Inhalt meines Weinglases in einem Zug und gehe in mein Zimmer. Ich kann nicht mehr lange durchhalten.

»Ich bin mit Tim auf einem Geburtstag. Wir haben die Grillsaison eröffnet, war doch so super Wetter dieses Wochenende.«

»Ach so.«

»Was ist denn los?«

»Kannst du dich irgendwo hinsetzen?«

Ich höre, dass sich die Hintergrundgeräusche verändern. Sie entfernt sich von der Partygesellschaft. Gut.

Linda weiß noch gar nicht, was los ist. Sie hat keine Ahnung. Sie weiß nichts von einem Knoten. Von einer Stanzbiopsie. Von meinen schlechten Ahnungen. Das wird jetzt ziemlich hart.

»Was ist los?«

»Ich habe schlechte Nachrichten.«

Wir machen das wieder wie beim Pflasterabziehen. Einfach sagen. Kurz und schmerzlos. Falsch: kurz und schmerz*haft*. »Ich habe Brustkrebs.«

»Nein!«, schluchzt Linda, bevor ich auch nur ein weiteres Wort sagen kann. Keine Pause, kein Atemholen, kein Nachdenken. Ich weiß nicht, ob wir überhaupt noch sprechen, ob ich ihr überhaupt noch etwas erkläre, doch wir weinen, weinen, weinen. Ich sitze in meinem Zimmer mit dem Rücken an der Heizung, mein Gesicht ist tränennass. Und ich weiß, dass Linda, meine beste, liebste Linda, die ich seit dem ersten Tag der Grundschule kenne, genauso irgendwo in Aachen sitzt, mit dem gleichen verheulten Gesicht, und sich genauso leer fühlt wie ich.

»Ich will bei dir sein.«

»Es ist alles gut, Süße. Ich weiß, dass du da bist.«

»Aber ich will bei dir sein.«

Linda kann sich kaum beruhigen.

»Ist Tim in der Nähe?«, frage ich.

Linda schnieft etwas Unverständliches.

»Dann gehst du jetzt zu ihm und lässt dich einfach erst mal ganz fest in den Arm nehmen, okay?«

»Ja, okay.«

»Wir legen jetzt auf, okay?«

»Okay. Ich hab dich lieb.«

»Ich hab dich auch lieb.«

Ich lege auf. Lehne meinen Kopf gegen die Wand. Rutsche zum Boden hinunter und bleibe total ausgebrannt auf meinem Zimmerboden liegen. Ich kann nicht mehr. Ich kann den geliebten Menschen in meinem Leben nicht so sehr wehtun. Sie in Angst und Schrecken versetzen. Sie schockieren.

Ich bleibe noch ein paar Augenblicke liegen, bevor ich es schaffe, die Verzweiflung wieder in dem kleinen Tresor in meinem Herzen einzuschließen und zurück zu Melanie und Lisa ins Wohnzimmer zu gehen. Wir sitzen auf dem Sofa und haben immer noch Hunger. Auf dem Teller liegt noch ein Stück Pizza. Wir entscheiden, noch eine in den Ofen zu schieben.

»Und wer bekommt das letzte Stück?«, fragt Lisa.

Wir schauen uns an. Ich grinse.

»Ich weiß es«, kichere ich.

Lisa und Melanie starren mich mit weit aufgerissenen Augen an, die deutlich sagen: Das macht sie jetzt nicht wirklich.

Mach ich aber doch. Wenn schon, denn schon: »Ich ziehe die Krebskarte.«

Mit einem gezielten Schlag haut mir Lisa auf die Schulter, muss aber dennoch über meine Reaktion lachen.

»Du bist unmöglich, Rebecca«, japst Melanie nach Luft, doch bevor ich mir weiteren Ärger einhandeln kann, ruft Linda wieder an.

»Süße, hast du am Freitag zwei Schlafplätze frei?«

Mir schießen schon wieder die Tränen in die Augen. »Natürlich. Für euch doch immer.«

*

Es ist fast halb zehn. Die zweite Flasche Wein ist geöffnet worden und beinahe leer. Wie viel ich davon getrunken habe, weiß ich nicht.

Es klingelt an der Wohnungstür. Ich kippe das fast zur Hälfte gefüllte Glas Wein die Kehle hinunter. Auf Anraten des Arztes, nicht zu vergessen.

Die Mädels bleiben im Wohnzimmer. Ich fange Ingo im Flur ab und bugsiere ihn nach einer kurzen Umarmung in mein Zimmer.

»Na, Kleines, was ist denn los?«

Wir legen uns halb auf meine Schlafcouch. Bevor ich die Stimme wiederfinde, kann ich ihn einen Moment lang nur anstarren.

»Ich habe nicht so gute Nachrichten.«

»Was sagt denn der Arzt? Das, was wir vermutet haben? Nichts Schlimmes, hab ich recht?«

Wahrscheinlich ein letzter Hoffnungsschimmer seinerseits, nachdem er meine verquollenen Augen gesehen hat.

Ich schüttle vorsichtig den Kopf.

Nein, Ingo, wir hatten nicht recht, das kleine schwarze Panikmonster hingegen schon.

Ich muss es ihm sagen. Ich brauche ihn mehr denn je. Ich warte darauf, dass ich weinen muss, doch es passiert nichts. Ich schaue ihm in die Augen. »Ingo, ich habe Brustkrebs.«

Seine Augen werden groß. Er blinzelt. »Nein«, sagt er.

Ich habe Ingo erst ein Mal weinen sehen. Damals hat er sich verstohlen ein paar Tränen weggewischt. Heute laufen stumme

Rinnsale seine Wangen hinab, und er kann sich nicht nur heimlich die Augen reiben. Während ich ihn eng umarme, spüre ich sein feuchtes Gesicht. Er will es nicht wahrhaben, streichelt mir zärtlich übers Haar, und auch ich muss weinen.

»Ingo?«

»Ja?«

»Ich werde dich in der nächsten Zeit brauchen. Ich schaffe das nicht ohne dich.«

»Kleines, du weißt doch, dass ich immer für dich da bin. Ich bin da.«

»Danke.«

Wir bleiben schweigend auf dem Sofa liegen. Die Zeit verrinnt. Es ist schon spät.

»Soll ich bei dir übernachten?«

»Ja, bitte bleib bei mir.«

Als ich dann in seinen Armen liege, die Geborgenheit, die er ausstrahlt, genieße, und ihm flüsternd und schluchzend gestehe, dass mir die Angst fast die Luft zum Atmen raubt, er mich festhält und mir zeigt, dass er immer da sein wird, ist für mich klar: Ich liebe ihn. Auch wenn wir uns vor Monaten getrennt haben. Auch wenn er sich im Dezember noch mit einer anderen getroffen hat und ich erst vor einem Monat einen anderen Typen aus Hamburg gedatet habe. Auch wenn wir zwei uns treu sind, keine Beziehung führen, aber doch alles tun, was Menschen eben tun, die zusammen sind. Ich liebe ihn, und das wird sich so schnell auch nicht wieder ändern.

Das reicht mir für heute – an Einsichten und Neuigkeiten. Ich habe keine Kraft mehr, keinen Funken Energie. Alles ist so schrecklich. So furchtbar. Und es tut mir alles so leid. Ich bedaure zutiefst, dass ich der Grund der Tränen bin, die heute so zahlreich vergossen wurden. Ich habe mich bei jedem entschuldigt, dem ich diese Botschaft überbringen musste. Es tut mir so leid, dass ich euch so viel Kummer bereiten muss. Die Gewissheit, dass nichts mehr so sein wird, wie es einmal war, sickert langsam in mein Bewusstsein. Nie mehr, wie es war …

Ich habe Brustkrebs, und diese Diagnose ändert alles. Ich habe Angst vor den Veränderungen, denen ich mich stellen muss, doch ich werde nicht aufgeben. Auf gar keinen Fall werde ich kapitulieren. Ich werde als Gewinner hervorgehen. Und ich hoffe, ich werde es einigermaßen schadlos überstehen.

KAPITEL 6

Um sieben Uhr morgens am nächsten Tag fahre ich nach Stade zur Computertomografie. Ich fühle mich müde. Ausgebrannt. Obwohl ich dadurch, dass Ingo neben mir lag und mich die ganze Nacht im Arm gehalten hat, überraschenderweise doch einige Stunden Schlaf bekommen habe.

Ich bin voll bepackt mit einer Umhängetasche, in der sich Laptop, Lesestoff, Futterpaket und Wasser befinden, als ich mich zum CT anmelde. Ich fülle mal wieder einen Fragebogen aus. Name, Geburtsdatum, Medikamente, Vorerkrankungen. Könnten Sie schwanger sein?

Nein, ich glaube, das hätte ich mitgekriegt.

»Frau Seeliger«, ruft mich ein junger Pfleger aus, als ich gerade den Stift weggelegt habe.

Ich stehe auf und werde von ihm von oben bis unten gemustert. Der Jungspund, der wahrscheinlich eine alte Dame erwartet hat, wirft einen Blick auf seine Kladde, dann wieder auf mich.

Ja, richtig, will ich in sein verwundertes Gesicht sagen, *ich bin vierundzwanzig, habe Brustkrebs und brauche jetzt ein CT. Du hast recht, ich bin zu jung dafür, aber so ist es nun einmal. Ich nehme es so hin, also tu du das jetzt gefälligst auch und hör auf zu glotzen. Danke.*

»Folgen Sie mir bitte«, sagt er zögerlich. »Bitte ziehen Sie in der Kabine Ihre Jacke und Ihren BH aus, T-Shirt und Hose können Sie anbehalten.«

Die paar Teile sind schnell abgelegt, und ich stehe nur Minuten später in dem Raum mit dem ringförmigen Röntgengerät. Es ist ganz schön kalt, und die Klimaanlage dröhnt ziemlich laut.

»Wir schieben Sie gleich durch das CT. Das ist dieser Ring hier, der aussieht wie ein Donut«, erklärt der Jüngling. Hört sich einfach an. »Dann spritzen wir das Kontrastmittel ein, aber wir sagen vorher Bescheid. Und wenn das CT über Sie drüberfährt, dann machen Sie bitte die Augen zu – aber auch dann sage ich Ihnen Bescheid. Okay?«

»Okay.«

Alles roger. Alles auf Anfang. Lasst uns sehen, ob dieser miese Krebs sonst noch etwas in meinem Körper versteckt hat.

Während mir der junge Mann einen Zugang legt, versuche ich tief ein- und auszuatmen – und entdecke zu meiner größten Verwunderung zum ersten Mal das sogenannte Powerhouse, von dem beim Pilates und Yoga immer die Rede ist. Wie absurd, dass mir das gerade jetzt auffällt, doch tatsächlich, es stimmt: Da in meinem Bauch, irgendwo zwischen Rippenbogen und Becken, gibt es eine warme Stelle, die ein unendliches Kontingent an Stärke zu besitzen scheint, aus dem ich schöpfen kann. Ich weiß nicht, wie ich es anders beschreiben soll, doch Powerhouse, also Kraftwerk, trifft es ganz gut. Wie ich hier so liege und mich auf diese Kraft konzentriere, kann ich mich schon fast entspannen. Das geht ganz gut. Die Maschine macht zwar seltsame Geräusche, aber alles ist gut auszuhalten und viel einfacher als befürchtet.

»Ist alles in Ordnung bei Ihnen?«, fragt es aus dem Lautsprecher.

Ich nicke.

»Wir spritzen jetzt das Kontrastmittel ein.«

Ich nicke noch mal, und trotz der Vorwarnung erschrecke ich fürchterlich. Das Kontrastmittel schießt mir heiß in die Venen, breitet sich im Bereich der Lunge bis hoch in den Hals und runter in die Blase aus, und ich habe das Gefühl, mir jeden Moment in die Hose zu machen. Ich versuche wieder ruhig zu atmen, mich auf mein neu gefundenes Energiepaket zu konzentrieren, aber trotzdem rollen ein paar dicke Tränen meine Wangen herunter.

Wieso heul ich denn bitte jetzt schon wieder?

Aus Nervosität. *Wir vermuten nicht, dass wir etwas finden*, hat der Arzt gesagt. *Wir wollen nur zu hundert Prozent sichergehen*, hat er gesagt.

Und wenn wir doch etwas finden?

*

»Sie können jetzt rübergehen in die MiNuBi, zur Knochenszintigrafie«, erklärt der Pfleger.

»In die bitte was?« Als ob ich seinen Krankenhaus-Slang beherrschen würde.

»In die Mikronuklearbiologie.«

»Aha. Und wo ist die?«

Der Jüngling schaut mich an, als müsste ich das wissen. Immerhin habe ich Krebs. Samt der Nadel, die ich im Arm behalten darf (schön, ein Piks gespart!), finde ich nach einer kurzen Wegbeschreibung ziemlich schnell die MiNuBi. Auf der Tür zur Abteilung prangt ein gelbes Warnzeichen. Radioaktivität. Kein Zutritt für Unbefugte.

Ich bin befugt, und alle wissen, wer ich bin. Sofort erkennen sie: junge Frau, tiefe Ringe unter den Augen, das muss Rebecca Seeliger sein. Die Vierundzwanzigjährige mit dem Mammakarzinom links. Auch wenn sich die Sonderbehandlung zuerst komisch anfühlt, so hat sie auch ihre Vorteile. Ich muss mich nicht ständig erklären. Niemand schaut mich verwundert an. Alle nehmen Rücksicht auf mich. Und obwohl ich gar nichts tue, spiele ich nun schon zum zweiten Mal in meiner bislang kurzen Krankheitsgeschichte die Krebskarte aus: Ich bekomme unaufgefordert ein eigenes Zimmer, in dem ich warten darf.

Bevor mir jedoch für meine Knochenszintigrafie ein leicht radioaktives Mittel gespritzt wird, das zwei Stunden einwirken muss, spricht der betreuende Arzt der Abteilung mit mir: »Guten Tag Frau Seeliger, ich bin Dr. Huhn.«

Huhn? Ist nicht wahr!

»Guten Tag.« Ich erhasche einen Blick auf sein Namensschild: Dr. A. Brun. Schade.

Doktor Brun alias Huhn klärt mich über die Knochenszintigrafie auf und packt mich leider in Watte. Und zwar von oben bis unten. Er spricht von einer radioaktiven Substanz, die mögliche Veränderungen an meinem Skelett sichtbar machen wird, damit Knochenmetastasen ausgeschlossen werden können. Das tut er in einem Tonfall, als würde ich noch in den Kindergarten gehen und ihm mit meinem Schnuffeltuch in der Hand gegenübersitzen. Wenn ich mir jetzt den Daumen in den Mund stecke, fängt er dann an, mir Wiegenlieder vorzusingen?

Ich bin genervt. *Schau mich an*, will ich ihm sagen. *Sehe ich aus, als würde ich gleich zusammenbrechen? Sprich gefälligst mit mir, als wäre ich der mündig autonome Mensch, der ich gestern auch noch war. Ansonsten muss ich dich leider wieder Dr. Huhn nennen.*

Tatsächlich sagt er mittlerweile gar nichts mehr, schaut mich dafür aber mit großen Augen und bemitleidendem Blick an.

»Dann kann es ja jetzt losgehen, oder?«, sage ich möglichst freundlich und möchte ihm am liebsten entgegenschmettern, er möge doch bitte möglichst schnell zusehen, dass er Land gewinnt. Vielleicht einen Acker mit Hühnerstall. Gleich fängt das Huhn zu gackern an, warte nur ab!

»Ja, dann kann es losgehen«, runzelt er die Stirn. »Die Schwester holt Sie gleich.«

Mir wird das besagte radioaktive Mittel in die Vene gespritzt. Seltsam, man merkt gar nichts davon, wie diese eigentlich giftige Substanz den Körper durchdringt. Aber so ist das schließlich auch mit anderen schädlichen Substanzen, denen wir uns tagtäglich aussetzen.

Ich darf wieder in mein Einzelzimmer mit zwei Stühlen, Liege, Fenster und einer Flasche Wasser. Mindestens einen Liter soll ich trinken. Bevor ich den Laptop starte, erscheint mein Psychodoc, Dr. Nordhausen, der versprochen hat, heute nach mir zu sehen. Irgendwie hat er eine seltsame Wirkung auf mich. Allein durch seine Anwesenheit schafft er es, Wut und Angst in mir hervorzurufen. Das spüre ich. Keine Trauer. Nur Wut und Angst.

Wut über die ganze Situation.

Angst vor dem, was kommt.

Angst vor dem Tod? Vielleicht, doch ich habe schon längst beschlossen, weiterzuleben und mich von diesem bescheuerten Krebs nicht unterkriegen zu lassen. Ich bin die Stärkere. Basta.

»Wie geht Ihr Umfeld damit um?«, fragt mich Dr. Nordhausen.

»Gut. Sehr gut«, entgegne ich prompt. »Aber es ist nicht einfach. Es ist schrecklich, meinen Freunden und Verwandten so wehzutun, doch sie stehen hinter mir.«

»Also haben Sie ein gutes soziales Netzwerk?«

»Ja, auf jeden Fall.«

»Haben Sie denn einen realen Freundeskreis?«

Ich verstehe die Frage nicht. »Real? Natürlich. Wie soll er denn sonst sein?«

»Nun, im Zeitalter von Facebook ... Viele haben gar keine echten Freunde mehr, alles spielt sich in virtuellen Netzwerken ab.«

»Nein. Mein Freundeskreis ist sehr real«, bekräftige ich in einem Tonfall, der keinen Widerspruch duldet, und denke an die letzten vierundzwanzig Stunden und die unzähligen Gespräche samt Rotwein.

In einem Nebensatz, bewusst locker, erwähnt der Seelenklempner meines Vertrauens plötzlich die beste Nachricht des Tages: »Herr Dr. Middendorf kommt ja auch nachher noch mal zu Ihnen, aber die Bilder vom CT sehen gut aus.«

»Inwiefern denn *gut?*«, frage ich skeptisch.

»Es ist alles in Ordnung.«

»Keine Metastasen? Der Tumor hat nicht gestreut?«

»Nein, alles in Ordnung.«

Zur Feier des Tages weine ich wieder. Aber diesmal vor Freude. Ein seltsamer Mann, mein Psychodoc, ich mag ihn gern.

Ich erzähle ihm von meiner Begegnung mit Doktor Brun. »Wissen Sie, ich bin vielleicht ein verrücktes gackerndes Huhn, aber ganz sicher kein rohes Ei.«

Ein kurzes Schweigen, dann ein verständnisvolles Nicken. »Das haben Sie wirklich nicht nötig.«

Im Nachhinein weiß ich, wie wichtig diese Stunde mit Dr. Nordhausen war. Egal, wie viel ich mit meinen Freunden oder meiner Familie über die Diagnose spreche, wenn ich mich mit jemandem unterhalte, der auch nur etwas weiter außerhalb steht und in der Lage ist, die Situation objektiv zu betrachten, lasse ich die letzten Reste Rücksichtnahme und Selbstbeherrschung außer Acht und sage einfach das, was ich denke.

»Ich frage gar nicht erst nach dem Warum. Ich … ich frage höchstens nach dem Woher? Also, woher kommt die Krankheit?«

»Nun, das wird Ihnen niemand sagen können. Das kann unterschiedliche Gründe haben, vielleicht auch das Zusammenspiel von mehreren.«

Keine erbliche Vorbelastung, keine Risikopatientin, keine besonderen schädlichen Einflüsse von außen. Sooo viel bleibt ja dann nicht übrig, außer vielleicht, dass jemand da oben einen verdammt schlechten Tag hatte.

»Frau Seeliger, ich muss Ihnen noch etwas Unerfreuliches sagen.«

»Hm?«, brumme ich mürrisch. Ich will es eigentlich gar nicht wissen. Was soll denn jetzt schon wieder kommen?

»Sie haben jetzt Anrecht auf einen Schwerbehindertenausweis.«

Das soll schlimm sein? Sind doch prima Nachrichten!

»Super. Dann kann ich ja jetzt überall parken«, freue ich mich.

Dr. Nordhausen schweigt. Ich kann seiner Mimik ansehen, dass ihn meine Reaktion aus dem Konzept bringt. Kein Wunder, bisher hat er mich meistens heulend oder nachdenklich erlebt.

»Nein, der Parkausweis ist leider nicht mit inbegriffen«, sagt er.

»Schade.« Ich grinse, er guckt. »Was kann man denn alles mit dem Ausweis anstellen?«

Er schüttelt ungläubig den Kopf, spricht von Steuervorteilen, fünf Tagen mehr Urlaub im Jahr und Kündigungsschutz. Hört sich zwar nicht so gut an wie ein Behindertenparkplatz, aber immer noch gut genug.

Die Quintessenz unserer einstündigen Sitzung und die Worte von Dr. Nordhausen zum Abschied lauten: »Sie halten sich gut.«

Ich halte mich gut? Na gut.

*

Das nächste Gerät, das mich durchleuchten möchte, sieht aus wie ein überdimensioniertes Kopiergerät. Auch bei der Knochenszintigrafie darf ich die Kleidung anbehalten. Es ist ein beruhigendes Gefühl, dass nicht immer alle meinen Busen betrachten und betatschen möchten.

Ich lege mich mit dem Rücken auf den Kopierer, der gleich meine Knochen nach möglichen Metastasen scannen soll, trotz der erfolgreich überstandenen CT-Untersuchung. Sicher ist sicher. Meine Füße werden mit einem Gummiband fixiert und leicht nach außen gedrückt. Es gibt hier nur eine einzige Regel: ganz ruhig liegen bleiben. Das Oberteil des Kopierers muss so nah an mich heranfahren, dass ich zu schielen beginne. Hier liege ich also wie ein Blatt Papier und sehe das Fadenkreuz des Kopierers langsam auf mich zukommen. Ich leide zwar nicht unter Platzangst, doch vorsichtshalber schließe ich die Augen. Vielleicht werde ich ja doch eingequetscht wie eine Vertragsseite.

Aber auch diese Untersuchung ist harmlos. Wahrscheinlich sind alle Untersuchungen nach der Stanzbiopsie harmlos. Ein paar leise Geräusche, eine kalte Klimaanlage und zwanzig Minuten still liegen bleiben. Das geht ganz gut.

Nach dem Kopieren darf ich wieder in mein Einzelzimmer und warte auf Dr. Middendorf, der mit mir das Abschlussgespräch des heutigen Behandlungstages führt. Es gibt nur gute Neuigkeiten: keine Auffälligkeiten an meinen Organen, an den Knochen, keine Fernmetastasen.

Die Erleichterung breitet sich warm wie ein weicher kuscheliger Wintermantel über mich aus. Ich schließe einen Augenblick die Augen und denke: *Danke, danke, danke, wem auch immer ich hierzu verpflichtet bin.*

Und es gibt noch eine weitere Überraschung. »Frau Seeliger, ich habe Ihnen etwas mitgebracht.«

Dr. Middendorf überreicht mir eine blaue Stofftasche. Ich ziehe einen weißen Ordner mit dem Logo des Brustzentrums darauf hervor. Er trägt die Aufschrift: »Meine Therapie«. Herrlich.

»Mein Krebs-Ordner?«, stelle ich trocken fest.

Ein kurzes Zögern. »Ja, wenn Sie so wollen. Da können Sie alles drin abheften, und alles, was wir bisher gemacht haben, finden Sie schon dort drin.«

Ich nicke. Und lächle. Mein Krebs-Ordner. Das ist der pure Sarkasmus und erinnert mich ein bisschen an eine Kontoeröffnung bei der Bank. Da gibt's auch immer einen Ordner. Und fünfzig Euro Startguthaben. Aber auch jenseits meines rabenschwarzen Humors kann ich dem Ordner etwas abgewinnen. Er verfügt nicht nur über Organisationsreiter zu allen relevanten Schritten wie Diagnose, Operation, medikamentöser Therapie, Bestrahlung und so weiter, sondern auch über hilfreiche Infos inklusive Bildern und Namen von Ärzten aus verschiedenen Fachbereichen.

Ich bin beeindruckt, wie strukturiert hier alle vorgehen, und muss lächelnd feststellen, was für ein gutes Projektmanagement hier an den Tag gelegt wird.

Und das Projekt? Das bin diesmal wohl ich.

KAPITEL 7

*H*eute geht es wieder nach Stade, diesmal zum MRT, der Magnetresonanztomografie. Aber ich bin nicht allein, sondern in Begleitung von Melanie. So können wir uns zumindest die Wartezeit mit Skip-Bo spielen vertreiben, bis ich endlich aufgerufen werde, damit die Magnetstrahlen in der engen Röhre Schichtaufnahmen vom Gewebe meines Körpers machen können. So wollen die Radiologen die Größe und Lage der Tumoren einschätzen und ausschließen, dass sich irgendwo weitere Tumorherde oder Metastasen gebildet haben.

»Sie müssen bitte alles außer Slip und Socken ausziehen. Und den OP-Kittel ziehen Sie dann bitte mit der Öffnung nach vorn an.«

Mit der Öffnung nach vorn? Na gut, das wird schon seine Richtigkeit haben. In Windeseile bin ich ausgezogen, um mal wieder halb nackt irgendwo rumzustehen. Warum muss ich eigentlich ständig warten? Ich bin nicht wirklich gut darin, das konnte ich noch nie. Ich bin überpünktlich und hasse es, wenn jemand zu spät kommt. Die Nervosität kriecht langsam und kalt meine nackten Beine hinauf, als sich endlich die Tür öffnet. Einmal mehr wird mir eine Infusionsnadel für das Kontrastmittel in die Armbeuge geschoben. Ich fühle mich langsam wie ein fleischgewordenes Nadelkissen.

»Dann kommen Sie mal mit. Die Brille müssen Sie aber hierlassen.«

Na toll. Da trage ich *ein Mal* keine Kontaktlinsen …

Auf Socken und halb blind folge ich der brünetten Frau in dem blauen T-Shirt mit der Aufschrift »Klinik Hansen« in einen der zahlreichen Räume, die ich nur verschwommen erkennen kann. In dem Zimmer, in dem das monströse MRT aufgebaut ist, wartet schon eine Kollegin, und gemeinsam nehmen die beiden einige Umbauarbeiten vor.

Ich bleibe stehen, lege den Kopf schief, stelle meinen verschwommenen Blick so scharf wie möglich und ziehe die Augenbrauen hoch. Das Gebilde vor mir sieht wie eine Massageliege mit verschiedenen Öffnungen aus. Ich dachte, ich muss mich auf den Rücken legen, so wie man das von den MRTs aus amerikanischen Krankenhausserien kennt, aber die Brünette erklärt mir, dass ich mich gleich auf den Bauch legen werde.

»Sie können schon mal bitte den Kittel aufmachen.«

Ich entblöße meinen Oberkörper, was mir mittlerweile gar nichts mehr ausmacht. Früher hätte ich sicherlich gehadert, wildfremden Menschen meinen Busen zu zeigen, doch inzwischen ist es fast das Normalste der Welt. Ich sollte vielleicht eine Strichliste führen, wie viele Leute meine Brüste sehen dürfen. Und VIPs dürfen sogar anfassen.

Auf der Liege sind große Warnzeichen angebracht, die anzeigen, an welchen Stellen man sich nicht festhalten darf. Diese Warnzeichen sind allerdings so zahlreich, dass das Besteigen der Liege komplizierter als gedacht ist. Vorsichtig klettere ich auf das seltsame Gestell. Dort sind unterhalb der Öffnung für meinen Kopf, damit ich atmen kann und mir nicht die Nase platt drücke, zwei weitere kreisrunde Ausschnitte, die nur für einen ganz bestimmten Körperbereich sein können.

»Muss ich jetzt meine Brüste durch die Löcher stecken?«

»Ja, genau.«

Ungläubig kichernd lege ich mich hin. »Wie eine Milchkuh«,

scherze ich, während die zwei Mädels meine beiden Brüste fixieren und in blaue Becher packen wollen.

»Ich glaube, wir brauchen die Becher gar nicht, die hat ja kleine Brüste«, stellt eine der MRT-Tussis nüchtern fest.

»Hallo, ich kann euch schon noch hören«, sage ich bäuchlings auf dem Gestell liegend, während vier Hände an meinen Brüsten ziehen und drücken.

»Entschuldigung. Sie müssen wissen, normalerweise haben wir immer nur Doppel-D oder so hier.«

Das macht die vorherige Aussage nicht unbedingt besser …

Nachdem an meine Nadel der Schlauch fürs Kontrastmittel angeschlossen wird und ich den beiden medizinisch-technischen Radiologieassistentinnen, kurz MTRAs, das obligatorische Versprechen abnehme, mir immer Bescheid zu geben, wenn etwas passiert, geht es auch schon los. Glücklicherweise muss ich nicht sehen, dass ich in eine enge Röhre geschoben werde, da das Bild vor meinen Augen immer dasselbe bleibt: die weiße Unterseite des Gestells, auf dem ich liege.

»Es wird jetzt laut, bitte nicht erschrecken«, ertönt eine Stimme durch den Lautsprecher im Raum.

Leichter gesagt als getan – trotz Kopfhörern zucke ich zusammen, als der ohrenbetäubende Lärm erklingt. Die Frequenzen werden noch einige Male geändert. Es wird immer wieder mucksmäuschenstill, bevor es wieder richtig laut wird. Die Stimme aus dem Off warnt mich wie versprochen jedes Mal brav vor.

»Jetzt lassen wir das Kontrastmittel einlaufen, das kann sich kalt anfühlen.«

Das eisige Gefühl ist erträglich und schnell wieder vorbei. Allerdings ist es nicht akzeptabel, dass mich ab jetzt niemand mehr vorwarnt, wenn der Krach anfängt.

Auch auf mein gerufenes »Hallo?« während einer Pause des

furchtbaren Lärms reagiert niemand. Wahrscheinlich machen die beiden Mamsellen gerade Kaffeepause. Jedesmal, wenn die Stille eintritt, rast mein Herz. Geht es noch mal los, oder war es das jetzt?

Und natürlich ist es nicht so schnell vorbei, sondern beginnt immer wieder von vorn und noch einmal und noch einmal – obwohl ich mir Mühe gebe, ganz ruhig liegen zu bleiben, zucke ich doch jedesmal noch stärker zusammen als zuvor. Ich habe schon panische Angst, dass die Bilder verwackeln und ich die gesamte Prozedur noch einmal über mich ergehen lassen muss. Aber dafür bleibt mir keine Zeit. Die Bilder müssen heute was werden, nicht erst nächste Woche. Ich muss wissen, welche Überraschungen mein Körper noch für mich bereithält.

Nach endlos langen Minuten ist die Folter vorbei, und ich werde wieder aus der Röhre gefahren. Zitternd vor Wut versuche ich mich aufzurichten.

»Frau Seeliger, die Bilder sehen gut aus«, sagt eine der MRT-Tussis, als sie in den Raum hineinkommt.

Ich schweige. Ich kann nämlich nicht reden, so wütend bin ich.

»Alles in Ordnung bei Ihnen?«, fragt sie.

»Nein. Natürlich nicht! Es wäre nett gewesen, wenn Sie mir auch tatsächlich immer Bescheid gegeben hätten, bevor es laut wurde.«

Kurzes betretenes Schweigen. Die Damen tauschen peinlich berührte Blicke.

»Die meisten Patienten wollen nicht, dass wir *immer* Bescheid sagen«, lautet die lahme Ausrede.

»Ich habe es Ihnen aber extra vorher gesagt.« Ich versuche tief durchzuatmen, um mich ein wenig zu beruhigen. Mir ist schwindelig, und ich muss mich kurz abstützen.

»Geht es?«

Links Noch weiß ich nicht, dass ein Tumor in meiner linken Brust wächst.

Unten Karneval: Wir sind kampfbereit! Auch schon vor der Diagnose…

Rechts Bitte lächeln! Sogar bei der Perückenanprobe gibt es trotz der Gratwanderung zwischen Wahnsinn und Verzweiflung etwas zu lachen.

Unten Neuer Style: Meine Haare sind auf Ann-Kathrins Länge zugeschnitten.

Oben links Sierksdorf: Erholung vom Patientenalltag mit meinen Freunden.

Oben *Keep Running:* Wenn Haare und Kopftuch parallel im Wind wehen, haben wir die Phase des Onko-Walkings überschritten.

Links *Party on:* Hauptsache, wir haben noch etwas zu lachen!

Oben Sommerurlaub in Rom – mit Port! Die individuelle Chemo-Planung macht's möglich.

Rechts Erschöpft, aber glücklich auf dem Dach des Petersdoms. *Happy Birthday*, Rebecca!

»Nein, in meinem Kopf dreht sich alles.«

»Das ist normal, das ist die Maschine. Das geht aber bald vorbei. Wir merken das auch manchmal, wenn wir so lange hier drinnen arbeiten.«

Hm-hm. Offensichtlich.

*

Warten. Warten. Immer noch warten. Ich bin so froh, dass Melanie da ist und wir eine Runde Skip-Bo nach der anderen spielen. Nach gut fünfundvierzig Minuten werde ich endlich aufgerufen.

»Frau Seeliger, gute Neuigkeiten. Meine Mitarbeiterinnen haben ja schon festgestellt, dass Ihre Bilder gut aussehen«, sagt ein gewisser Dr. Rumpel, während er meine Bilder durchgeht. Hoffentlich ist der Name bei ihm nicht Programm …

Dann sehe ich ihn. Dort auf dem Bildschirm ist er. Er ist gut zu erkennen und wirkt bedrohlich, der Tumor. Nein, die Tumoren.

»Was bedeutet das, gut aussehen?«

»Dass wir nichts weiter gefunden haben.«

»Das heißt, nur zwei Tumoren? Und nicht mehr?«

»Ja, genau. Nur die beiden, die wir schon gesehen haben.«

Mir fällt ein Stein vom Herzen. »Gott sei Dank!« Erleichtert schlage ich die Hände vor der Brust zusammen, während Dr. Rumpel noch mal alle Bilder durchgeht. Er lässt sich ganz schön viel Zeit dafür, sucht wahrscheinlich ein Bild, auf dem man möglichst alles sehen kann. Ein hübsches Porträt von meinen beiden hässlichen Knoten. Das kann ich mir ja dann zu Hause an die Wand pinnen.

»Oh. Das hier sieht aber doch noch wie ein dritter Tumor aus.«

Ich schweige. Wie war das? Was hat er da gerade so lapidar in einem Nebensatz erwähnt?

»Der ist relativ klein, wie der auf drei Uhr, aber es scheint dennoch ein Herd zu sein.«

»Sie meinen ein dritter Tumor?«

»So wie es aussieht, ja.«

Mir stockt der Atem. Hat er nicht eben gesagt, dass es nur zwei sind? Dass die Bilder gut aussehen? Was, zum Geier, soll denn das? Warum schaut sich dieser Typ nicht *vorher* meine Fotos an, bevor er mir sagt, dass alles gut sei? Ist das nicht sein verfluchter Job? In mir steigt ungezügelte Wut auf.

»Scheiße. Scheiße. Verdammt!«

Dr. Rumpel scheint mich nicht wahrzunehmen oder meine Existenz schlicht zu ignorieren. Ich bin mir sicher, dass er es bereut, auf die MTRAs gehört zu haben. Ich bereue es ebenfalls und hoffe, dass hierfür jemand einen Rüffel bekommt. Ich stehe auf, um ein Papiertaschentuch hervorzukramen und mir die schon wieder aufsteigenden Tränen wegzuwischen. Ich bin wütend auf den Arzt. Auf die MRT-Trullas. Auf alle! Ein falsches Wort, und ich werde an Ort und Stelle ausrasten. Entweder das oder ich breche einfach zusammen.

Doch Dr. Rumpel schweigt. Als würde er spüren, dass hier in seinem Büro ein fleischgewordenes Pulverfass hin- und herwandert, und jeder noch so kleine Laut wird der Zündstoff für die Explosion sein.

Mühsam beruhige ich meine Atmung, als plötzlich Frau Dr. Beck den Raum betritt. Die Frau, die mir mit einem Drucklufttacker in die Brust geschossen hat. Sie wedelt mit einem Briefumschlag.

»Der Arztbrief, für den Chirurgen. Dann können Sie ja gleich losfahren.«

»Fahren? Wohin?«, stammle ich.

Mit einem Schlag und vollkommen unerwartet verraucht die Wut und macht der Verwirrung Platz. Vielleicht ist das Pulverfass auch einfach nur implodiert, und die Schäden werden erst später sichtbar.

»Zu Frau Dr. Scholle.«

Wer ist denn das schon wieder? Noch jemand mit Doktortitel. Es scheint sich um eine Epidemie zu handeln.

»Wer ist das?«

»Die Chirurgin.«

»Und wo sitzt die?«

»In Buxtehude.«

Ohne ein weiteres Wort an den unsensiblen Dr. Rumpel zu richten, verlasse ich mit Melanie die Klinik und düse zurück nach Buxtehude. Ist doch zum Kotzen. Jedes Mal, wenn ich jemandem meine Brüste zum Angucken, Abtasten oder Durchscannen hinhalte, findet sich ein weiterer Tumor. Wenn das so weitergeht, hab ich das halbe Dutzend bald voll. Verdammter Mist.

*

In Buxtehude melden wir uns in der gynäkologischen Ambulanz. Ich gebe die Überweisung, den Arztbrief und meine Versichertenkarte ab. Melanie und ich müssen nicht lange auf Frau Dr. Scholle warten, die sich nicht nur sehr viel Zeit nimmt, sondern mich auch durch ihr immenses Maß an Empathie und Mitgefühl beeindruckt.

»Auch auf die Gefahr hin, dass ich die Achtzehnte bin, die Sie das fragt: Würden Sie sich noch mal freimachen, damit ich mir Ihre Brust ansehen kann?«

Endlich mal jemand, der mich versteht.

»Für Sie, gern«, lächele ich.

Wieder gibt es kalten Glibber auf meiner Haut, noch mal einen Ultraschall.

»Hm. Wo hat Dr. Rumpel denn den dritten Tumor ausgemacht?«, fragt Frau Dr. Scholle, während sie sich persönlich vom Zustand meiner linken Brust überzeugt.

»Ganz in der Nähe von dem zweiten. Auf fünf Uhr. Und viel kleiner als die anderen.«

»Vielleicht kann ich ihn mit dem Ultraschallgerät nicht sehen. Oder aber es ist eine Verwachsung vom zweiten Tumor.«

Eine Verwachsung? Das wäre ja noch schöner. Dann wäre ja der ganze Wutausbruch umsonst gewesen.

Nachdem ich mir wieder etwas angezogen habe, besprechen wir meine Optionen. Davon gibt es erstaunlich wenige.

»Also, Frau Seeliger, wir haben verschiedene Möglichkeiten. Option 1: Wir schneiden die Tumoren inklusive des gutartigen Gewebes wie ein Tortenstück heraus. Das Gewebe wird vom Pathologen getestet. Wenn er sein Okay gibt und keine Ausläufer des Tumors im gesunden Gewebe zu finden sind, können wir die Brust wieder rekonstruieren. Wenn nicht, muss noch mehr weggeschnitten werden.«

»Und dann noch mal?«, unterbreche ich. Mir wird übel.

»Schlimmstenfalls, ja. Wir sprechen dann also von mindestens zwei Operationen. Der Vorteil ist, dass wir unter Umständen brusterhaltend operieren.«

»Nachteil: Die Anzahl der OPs ist ungewiss«, ergänze ich.

Sie nickt. Ich schluchze.

»Richtig.« Sie muss in meinem gehetzten Gesichtsausdruck erkennen, dass ich diese Option nicht leiden kann. »Option 2: Wir schneiden alles raus, entnehmen das komplette Gewebe der linken Brust und rekonstruieren innerhalb einer OP. Dazu gibt es dann wieder mehrere Optionen: Gewebe vom Bauch, vom Po oder vom Rücken.«

Gewebeverpflanzung vom Hintern? Kann ich dann auch Cellulitis am Busen kriegen, oder was?

Frau Scholle deutet meinen fragenden Blick fast richtig. »Das Gewebe vom Rücken verspricht das beste Ergebnis und die schönste Narbe, obwohl gegebenenfalls ein Implantat nötig sein wird. Vorteil: Es gibt nur eine OP.«

Mir wird ein wenig wärmer ums Herz. Nur eine OP. Eine einzige.

»Und das Risiko, dass in derselben Brust noch mal etwas auftritt, reduziert sich natürlich drastisch«, fährt Dr. Scholle fort. »Wir können mit der Rekonstruktion auch bis nach Ihren weiteren Behandlungen warten, aber …«

Ich schüttele so heftig den Kopf, dass mein langer blonder Pferdeschwanz von links nach rechts fliegt. »Nein. Das kann ich nicht. Das ertrage ich nicht.«

Mir wird heiß und kalt, und urplötzlich rinnt mir der Schweiß an nahezu allen Stellen des Körpers hinunter. Die Vorstellung, eine leere Hülle oder einfach rein gar nichts mehr dort zu haben, wo sich jetzt mein linker Busen namens Gertrude befindet, macht mich krank.

»Ich will eine Operation. Nur eine«, sage ich. Meine Stimme klingt erstaunlich fest. »Ich möchte, dass Sie alles rausholen, was raus muss, aber mir direkt auch wieder was reinpacken. Denn, wenn da gar nichts mehr ist … das kann ich nicht …« Nun bricht mir die Stimme doch.

Dr. Scholle nickt. »Das verstehe ich gut.«

»Dann muss es wohl so sein.« Ich blicke Melanie an. »Gertrude muss beerdigt werden.«

Verwirrt schaut Dr. Scholle uns an.

»Das ist Gertrude, und das ist Bertha«, erkläre ich, während ich mit den Fingern auf die linke und die rechte Brust deute.

»Okay, in Ordnung«, grinst die Ärztin. »Sie sollten aber dennoch eine Nacht darüber schlafen, und wir müssten auch mit der Chefärztin sprechen, da wir Sie bei dieser Variante zu zweit operieren müssten.«

»Weißt du, ich hab eben nur gedacht: krass«, erklärt Melanie, als wir wieder im Auto sitzen. »Alles rausschneiden lassen … das ist echt heftig.«

Ich starre sie an.

»Und dann habe ich mir gedacht, dass du genau das Richtige tust. Und das ist total mutig.«

KAPITEL 8

Gestern Nachmittag habe ich damit verbracht, weiteren Freunden und Verwandten zu erklären, was los ist. Heute Morgen führe ich diese undankbare Aufgabe fort. Langsam gewöhne ich mich an die immer wiederkehrenden Reaktionen.

Die einfachste Methode ist tatsächlich die Augen-zu-und-durch-Variante. Eine kleine Vorwarnung, dass etwas nicht in Ordnung ist, dann sofort die traurige Botschaft hinterherschieben. Ich habe schlechte Neuigkeiten. Ich mache es kurz: Ich habe Brustkrebs. Ende der Nachricht. Es folgen Sprach- und Fassungslosigkeit. Erst später werden sie begreifen, was ich ihnen da gerade gesagt habe.

Doch obwohl ich langsam zu einer Art Spezialistin in Sachen Hiobsbotschaften werde, ist es anstrengend. Und furchtbar traurig.

»Dr. Nordhausen, kann ich Ihnen eine Frage stellen?«, frage ich nachmittags am Telefon den seltsamen Seelenklempner. »Ich bin mir nicht sicher, ob ich in der psychischen Verfassung bin, Entscheidungen zu treffen.«

Ich erkläre ihm meinen derzeitigen Wunsch, eine einzige große OP durchführen zu lassen, und berichte auch von den Alternativen, die ich nicht will.

»Sie haben sich das doch alles schon gründlich überlegt. Sie machen nicht den Eindruck, als könnten Sie keine Entscheidung treffen. Und ganz ehrlich, Frau Seeliger, hat Ihr Bauchgefühl Sie bislang getäuscht?«

Ich denke an meine allererste Untersuchung bei Herrn Dr. Beilharz. Wie er mich weggeschickt und mir gesagt hat, ich soll in ein paar Wochen wiederkommen. Ich denke daran, dass mir erst vor wenigen Monaten die Brust abgetastet wurde, bei der gynäkologischen Routineuntersuchung, und dass da noch kein Knoten war. Ich denke daran, was ich gefühlt, gespürt, mit jeder Zelle meines Körpers wahrgenommen habe. Und jetzt habe ich Krebs.

»Nein, mein Bauchgefühl hat mich nicht getäuscht.«

»Dann hören Sie auch weiterhin auf Ihren Bauch.«

*

Vollkommen egal, was die nächsten Wochen bringen, heute Abend wird gefeiert. Auch meine beste Freundin Linda aus Grundschulzeiten ist mit ihrem Freund vor wenigen Stunden angekommen, um dabei zu sein. Ich habe meine Freunde eingeladen, noch einmal mit mir die kleine Diskothek »Erdnüsschen« unsicher zu machen, bevor ich vielleicht schon nächste Woche ins Krankenhaus muss. Tatsächlich kommen alle mit. Jeder einzelne, den ich gefragt habe, ist da. Es ist unfassbar schön, wie sich alle um mich kümmern. Ich bin überglücklich, dass sie hinter mir stehen und einfach da sind. Ich genieße die Nacht, genieße es zu tanzen, und leider genieße ich ein wenig zu viel Sambuca.

Ich habe keinen Schimmer, wie spät es ist. Aber ich befürchte, ich bin ziemlich betrunken. Ingo hat mich eben ziemlich fest an sich gedrückt, mir gesagt, dass Basti mich nach Hause bringen wird, und dann ist er ganz schnell verschwunden. Der Filmriss erspart mir die Betrachtung weiterer Szenen, in denen ich grölend und wild zappelnd die Tanzfläche des »Erdnüsschens« stürme.

Zu Hause lege ich mich einfach neben Basti, einen meiner besten Freunde, in mein Bett und bewege mich bis zum nächsten Morgen keinen Millimeter. Bis ich bemerke, dass er aufstehen will. Ich halte einen Moment seine Hand, einfach weil ich froh bin, dass jemand da ist.

Nachdem er doch aufgestanden ist, versuche ich weiterzuschlafen, aber merke plötzlich, dass ich Halsschmerzen habe. Mein Schädel dröhnt, und obwohl mir klar ist, dass das theoretisch auch vom Alkohol kommen kann, fühlt es sich eindeutig eher nach Erkältungskopfschmerzen an. Ich werde krank. Das kann doch nicht wahr sein, ich bin doch schon krank! Mehr, als ich es mir jemals hätte vorstellen können …

Ich greife nach dem Handy, das in Reichweite auf dem Tisch liegt. Es ist schon Mittag. Linda, die mit Tim auf der Schlafcouch im Wohnzimmer übernachtet hat, hat mir eine SMS geschrieben, dass sie spazieren gegangen sind. Frustriert lasse ich mich ins Kissen zurücksinken. Am liebsten will ich mich gar nicht mehr bewegen. Also bleibe ich stumpf im Bett liegen.

Das ist leider keine gute Idee. Mein Körper verlangt nach Nahrung und Wasser, während mein Kopf sich weigert aufzustehen. Irgendwann ist mir dann so schlecht, dass ich es nicht länger im Liegen aushalten kann, also bleibt mir nur, auf allen vieren in die Küche zu krabbeln. Kurz spiele ich mit dem Gedanken, entscheide mich dann aber doch wieder dazu, liegen zu bleiben. Ich will nicht in den Flur kotzen, und selbst wenn ich es bis in die Küche schaffe, werde ich keine Kraft mehr haben, auch nur den Wasserhahn aufzudrehen.

Ich greife erneut nach meinem Handy und rufe auf der Festnetznummer von Lisa an. Die muss zu Hause sein. Es klingelt. Dummerweise in meinem Zimmer, denn das schnurlose Telefon liegt ebenfalls auf meinem Tisch. Die Wohnung ist ruhig und scheint verlassen. Ist Basti etwa weg, ohne sich zu verabschieden?

Na gut, vielleicht ist Melanie ja da und schläft noch. Ob ich Klopfzeichen geben soll? Immerhin ist sie meine direkte Zimmernachbarin. Aber ich versuche es doch lieber auf dem Handy – das höre ich im Nebenzimmer klingeln, doch Melanie geht nicht ran. Es ist wirklich zum Wahnsinnigwerden!

Meine nächste Option ist Ben, Melanies Freund, der nur ein paar Straßen weiter wohnt. Ich kann vor Halsschmerzen kaum sprechen und bringe mit heiserer Stimme gerade mal ein »Ich brauch Hilfe!« zustande. Bens Reaktion ist so präzise wie einfach: »Bin in drei Minuten da.« Dann legt er auf.

Müde und orientierungslos vor lauter Schwindelgefühl rolle ich mich unter der Decke zusammen, als ich ein Geräusch aus der Küche höre.

»Melanie?«, krächze ich.

Keine Reaktion.

»Basti?« Meine Stimme hört sich schon etwas lauter an.

Ich höre Schritte. Da kommt jemand! Tatsächlich, Basti macht vorsichtig die Tür auf. Als ob er einfach so abgehauen wäre.

»Ich brauche Hilfe …«

»Hase, was ist denn los?«

»Wasser, Brot und einen Eimer, bitte!« *Und zwar genau in dieser Reihenfolge.*

Sofort geht Basti los. Ich höre, dass Ben in die Wohnung poltert. Außer Atem steht er plötzlich in meinem Zimmer. Er ist zu uns in die WG gerannt. Ich muss mich echt schlimm angehört haben. Mittlerweile dröhnt mein Kopf, in meinen Ohren rauscht es. Ich kann vor Schmerzen kaum die Augen aufhalten. Es ist mir peinlich, dass ich den beiden solche Sorgen bereite.

Während ich über einer riesigen Tasse Tee brüte, kommen Linda und Tim nach Hause und lassen sich kurzerhand neben mich aufs Bett fallen.

Jetzt, da alle da sind und sich um mich kümmern, sollte es mir doch besser gehen. Aber mein Körper will immer noch nicht aufstehen.

Nachdem Ben und Melanie liebevoll den Frühstückstisch dekoriert haben, fordert mich Linda auf, mich mit ihnen an den Tisch zu setzen. »Komm mit, Hase.«

»Ich will nicht aufstehen.«

»Möchtest du hier frühstücken, im Bett?«

Ich schüttele energisch den Kopf und halte das Pochen hinter meinen Schläfen tapfer aus. Linda kriecht kurzerhand zu mir unter die Decke, um sich an mich zu kuscheln.

»Das ist so kacke, dass ich jetzt krank bin«, versuche ich mein Verhalten zu erklären. »Erkältung. Kater. Krebs. Kacke und unfair.«

Als ich mich selbst reden höre, muss ich an ein bockiges kleines Kind denken. Doch mittlerweile bin ich groß und stark und werde alles erreichen, was ich mir vornehme. Der Klang meiner eigenen weinerlichen Stimme gibt den Ausschlag dazu, dass ich endlich aufstehe.

*

Gestern Nacht habe ich mal wieder bei Ingo verbracht. Er hat mir Tee gekocht und den verspannten Rücken massiert, während wir weiter geübt haben, das Thema Beziehung totzuschweigen. Ingo ist einfach nur für mich da, was um Längen besser ist, als diese Nicht-Beziehung zu zerreden. Oder uns in ihr zu verlieren. Also gestalten wir es simpel. Er kümmert sich um mich, wenn ich ihn brauche. Und wir schlafen miteinander, wenn wir es wollen.

Gerade sitze ich in der Sonne bei einem feudalen Frühstück mit meiner Freundin Emma, die mich zu meinem zweiten Termin bei Frau Dr. Scholle begleiten wird. Ich habe sie vorgewarnt, um welche Details es bei diesem Termin gehen wird, doch sie lässt sich nicht davon abbringen.

Ich bin mir nicht sicher, ob sich meine Freunde bewusst sind, was sie in diesen Tagen alles für mich tun. All die Dinge, die sie für mich erledigen, die sie sagen, die ich ihnen nie vergessen werde. Die meine echten Freunde von den anderen trennen. Denn ist es nicht so, dass nur die wahren Freunde all diese Dinge als Selbstverständlichkeit erachten?

In Frau Dr. Scholles Büro bespreche ich mit ihr meine Entscheidung in Bezug auf die OP. Meine Meinung hat sich nicht geändert. Ich erkläre ihr, dass ich kein Risiko eingehen werde. Ich möchte, dass sie den Tumor und das gesamte Brustdrüsengewebe entfernt und dann meinen linken Busen mit einem Teil des Rückenmuskels und – falls nötig – einem Implantat wieder aufbaut.

»Ich dachte mir schon, dass Sie sich so entscheiden würden. Und das wird auch das Richtige für Sie sein.«

Sie beschreibt den Ablauf der Operation. Sie wird einen Teil des Musculus latissimus dorsi, des breiten Rückenmuskels, abtrennen und unter der Achsel hindurch nach vorn schieben, um ihn dann in der Haut meiner linken Brust zu drapieren, aus der vorher sämtliches Gewebe entnommen wurde. Wahrscheinlich wird zusätzlich ein kleines Implantat das Gewebe auffüllen, um die ungefähre Größe der rechten Brust zu erreichen.

»Außerdem werden die sogenannten Wächterlymphknoten vor der OP radioaktiv markiert, während des Eingriffs lokalisiert, entnommen und vom Pathologen geprüft«, fährt sie fort. »Diese Methode heißt Sentinel. Die Wächterlymphknoten sind die Lymphknoten, die im Lymphabflussgebiet der Tumoren liegen. Falls sie befallen sind, muss die Axilla, die Achselhöhle, ausgeräumt werden, das heißt, es müssen mindestens zehn weitere Lymphknoten entnommen und analysiert werden.«

Ich versuche, möglichst nicht in Bildern zu denken, doch trotz des blutigen Szenarios, das sich vor meinem geistigen Auge abspielt, bin ich mir immer noch sicher, dass ich diese Variante der Operation, die sich so erschreckend nach Science-Fiction anhört, will. Sobald wie möglich.

Doch daraus wird nichts. Krebskarte hin oder her. Meine Operation soll circa vier Stunden dauern, der OP-Plan für diesen Mittwoch ist schon sehr voll, und die möglichen Implantate können nicht so schnell geliefert werden. Außerdem bin ich immer noch erkältet, das heißt, ich werde erst nächste Woche Mittwoch operiert.

Emma sitzt schweigend neben mir, ihr Blick schweift immer wieder zu den Händen von Frau Dr. Scholle. Auch der Ärztin entgeht dieser Blick nicht, sodass sich Emma schließlich gezwungen sieht, ihr Verhalten zu erklären, und fragt: »Sie haben so kleine Hände, zittern die auch nicht?«

Dr. Scholle lacht.

Nein, sie zittern nicht. Sie sind ganz ruhig und stark. Es sind gute Hände zum Operieren. Hände, denen ich vertraue.

KAPITEL 9

Es ist seltsam, wie wenig ich die Arbeit vermisse. Ich habe immer gedacht, im Büro wäre ich unersetzbar, keinen einzigen Tag würde ich es ohne meinen Job aushalten. Und nun stelle ich bereits in der zweiten Woche meiner Abwesenheit fest, dass mir außer meinen Kollegen gar nichts fehlt. Ich genieße vielmehr die unverhoffte freie Zeit meiner Krankschreibung, so gut es neben dem ständigen Untersuchungsmarathon eben geht.

Am Mittwoch, genau eine Woche vor der Operation, ist mein Beauty- und Wohlfühltag: Morgens frühstücke ich mit Melanie, mittags gehe ich zur Kosmetikerin, nachmittags entspanne ich mit Emma in der Sauna, im Anschluss schneidet sie mir als Freundin mit Friseurausbildung sogar noch die Haare. Das habe ich mir verdient. Es tut gut, etwas für meine Sinne und meinen Körper zu tun, zu spüren, dass ich lebe, dass ich fühle, dass ich genieße. Das werde ich nicht aufgeben.

Es ist ein perfekter Tag, der einen krönenden Abschluss findet, weil ich bei Ingo übernachte. Und mit ihm schlafe. Schon wieder. Ich hab das Gefühl, ich muss so viel Sex wie möglich haben, nur um auf Nummer sicher zu gehen. Nur für den Fall, dass doch etwas schiefgeht und ich so entstellt bin, dass ich mich sowieso nicht mehr nackt zeigen mag.

*

Ich freue mich, heute Abend noch einmal vor die Tür zu kommen. Gemeinsam mit Melanie und Ben will ich auf die Erstsemesterparty gehen und unsere Clique treffen. Und natürlich Ingo. Die ganze Woche haben wir telefoniert, uns geschrieben, uns getroffen. Ich genieße die Zeit mit ihm.

Spät am Abend erscheine ich auf der Party und begegne ihm schon am Eingang. Ingo ist bereits ziemlich angetrunken und teilt mir zur Begrüßung mit, dass ich gut rieche und gut schmecke. Ich ahne Böses. Dieser Abend kann nicht gut enden. Zumindest nicht harmlos.

»Ich hab mein Bett für dich gemacht«, erklärt er grinsend.

Vor einigen Tagen habe ich mich beschwert und gefordert, er müsse sein Bett neu beziehen. Ich blinzele bei seiner ungeahnten Eröffnung und bin ein wenig sprachlos.

Ich liebe Ingo. Ich liebe ihn von Herzen. Aber wieso wartet er mit seinem Vorstoß nicht, bis ich die OP überstanden habe und den Krebs los bin? Ich will ihn, das steht außer Frage. Aber wie könnte ich mich mit dieser todbringenden Krankheit meinem besten Freund aufdrängen? Ich weiß, er wird auch so für mich da sein. Und wenn irgendetwas schiefgehen sollte, ist es vielleicht besser, wenn wir kein Liebespaar, sondern nur Freunde mit gewissen Vorzügen sind. Oder? Vielleicht sollten wir auf Nummer sicher gehen. Vielleicht sollten wir einfach das genießen, was wir haben, ohne ihm einen Namen zu geben. Ich weiß, dass Ingo immer für mich da sein wird, egal, ob wir ein Paar oder Freunde sind. Wir gehören zusammen, und wir halten zusammen.

»Nun, ich habe keine Sachen dabei und nichts für meine Kontaktlinsen«, entgegne ich kühl.

Ingo blinzelt. Sein Grinsen verblasst. Er hat gehofft, ich würde mich freuen. Das tue ich auch, doch ich bin nicht in der Stimmung, um mit ihm betrunken über unsere Nicht-Beziehung zu diskutieren. Zumindest denke ich das, bis er mir tief in die Augen sieht, und werde dann schwach: »Aber du kannst bei mir übernachten. Mein Bett ist auch schon bezogen«, höre ich mich sagen.

Sofort erscheint das verschmitzte Grinsen wieder auf Ingos Gesicht, er zieht mich in seine Arme, vergräbt sein Gesicht in meinem Haar und flüstert: »Schauen wir später mal.«

Ich löse mich vorsichtig aus der Umarmung, um meine anderen Freunde zu begrüßen. Ingo verliere ich aus den Augen. Stattdessen führe ich ein interessantes Gespräch mit Stevie, unserem liebenswürdigen Schürzenjäger, der das Herz auf der Zunge, aber dennoch am rechten Fleck trägt. Auch wenn er nicht immer mit dem Herzen denkt.

»Ich sag dir das jetzt, weil ich dich echt lieb hab und denke, dass du dich sonst in irgendetwas verrennst.«

Ich blicke Stevie skeptisch an. »Na ja, und du sagst es mir, weil ich Krebs habe.«

Stevie grinst verlegen. »Auch.«

Dann kann ich mir schon denken, worum es geht.

»Ich glaube nicht, dass das mit dir und Ingo noch mal was gibt.«

Ach, Stevie, wenn du wüsstest. Ich nehme ihn in den Arm und bedanke mich für seine ehrlichen Worte.

»Du weißt, wie ich das meine, oder?«

»Ja, Stevie, keine Sorge, ich nehme dir das nicht übel.«

»Ich will nicht, dass das doch noch böse ausgeht.«

Ich schüttle den Kopf. »Das wird es nicht. Mach dir da mal keine Sorgen.«

Ingo taucht auf und zieht mich auf die Tanzfläche. Doch er ist betrunken. Nein, nicht nur betrunken, er ist vollkommen fertig. Ich kann mir gut vorstellen, was in ihm vorgeht. Wahrscheinlich ist alles, was gerade passiert, etwas viel für ihn, und der Alkohol sorgt dafür, ihn vollends aus der Fassung zu bringen. Plötzlich bleibt er beim Tanzen wie angewurzelt stehen, schaut mich aus feuchten Augen an und sagt über die laute Musik hinweg: »Du solltest besser gehen.« Seine Stimme klingt brüchig – soweit ich das bei dem infernalischen Lärm überhaupt erkennen kann.

»Du willst, dass ich verschwinde?«

Er nickt.

Ich bin mir nicht sicher, was ich davon halten soll. Ich spüre förmlich, wie ihn die Sorge um mich innerlich zerreißt, doch ich habe keine Ahnung, wie ich jetzt reagieren soll. Er weiß es wahrscheinlich selbst nicht.

»Du willst wirklich, dass ich gehe? Gut, dann tu ich das auch.«

Ich will mich abwenden, doch er hält mich am Arm fest. »Nein, geh nicht. Bitte bleib.«

Wenn er doch einfach die Klappe halten und ich den Kopf ausschalten und mein Herz handeln lassen könnte … Es wäre alles so einfach. Aber mir sind die Hände gebunden. Ich kann ihm nicht gestehen, was ich fühle. Das wäre unfair.

Er versucht mich zu küssen, was ich nur allzu gern erwidere. Ich schmiege meinen Kopf an seine Schulter und erkläre: »Wir sollten nach Hause gehen.«

Er sagt nichts.

»Kommst du mit?«

Er sagt immer noch nichts, doch er nickt schicksalsergeben.

Es dauert eine Weile, aber ich verfrachte Ingo ohne weitere Vorkommnisse zum Ausgang, um ihn zu mir nach Hause zu bringen. Auch wenn wir die Menschenmenge der Party hinter uns gelassen haben, geht es hier draußen nicht schneller voran. Nach wenigen Metern übergibt sich Ingo lautstark über eine niedrige Backsteinmauer gelehnt auf den Rasen der evangelischen Diakonie. Ich hoffe, uns sieht niemand, und bin gleichzeitig froh, dass er schon mal einen Teil des Alkohols loswird.

»Wir zwei gehören zusammen«, sagt er plötzlich zwischen zwei Salven, die auf das Gras klatschen. »Ich will dich nicht verlieren.« Dann würgt er wieder.

Ich zögere. Genau so hatte ich mir eine Liebeserklärung von ihm vorgestellt. Alkoholvernebelt und vollgekotzt.

Andererseits: Sollte ich mich nicht freuen, dass auch Ingo sich endlich eingesteht, was mir schon länger klar ist? Dass wir ein Paar sein sollten, selbst wenn der erste Anlauf gescheitert ist?

Und wieder andererseits: Wieso fällt ihm das verdammt noch mal in dem Moment ein, in dem bei mir Krebs diagnostiziert wird? Das macht die Sache nicht unbedingt einfacher.

»Wurde auch mal Zeit, dass du das merkst. Und trotzdem ist jetzt nicht der richtige Zeitpunkt dafür.«

Doch sobald ich auch nur das kleinste Wort des Widerspruchs andeute, wird Ingo wütend. So kenne ich ihn nicht, er hält mich fest und hindert mich am Weitergehen. »Stoß mich nicht weg«, fordert er.

»Nein, dich niemals.« Ich schaue ihm fest in die Augen. »Du bist derjenige, der mich noch nie enttäuscht hat.«

Und obwohl wir uns nichts versprechen, bleibt er über Nacht.

KAPITEL 10

Meine Eltern kommen heute nach Buxtehude. Ich verbringe den Vormittag mit Sonnenbaden auf unserer Terrasse, hier oben sind es locker fünfundzwanzig Grad. Als die beiden dann anrufen, dass sie da sind, gehe ich gut gelaunt zum Parkplatz, um ihnen beim Ausladen zu helfen. Leicht gebräunt in kurzen Shorts und gelbem Tanktop, mit einem Lächeln auf dem Gesicht, winke ich schon von Weitem. Ich muss aussehen, als würde ich Urlaub machen.

Sie halten sich relativ gut. Endlich können sie sich davon überzeugen, dass sie sich nicht unentwegt Sorgen um mich machen müssen. Natürlich wird den ganzen Tag Händchen gehalten, und es wird auch ein bisschen geweint. Nur ich muss eigentlich gar nicht weinen. Wann habe ich überhaupt das letzte Mal eine Träne vergossen?

Das Wetter ist so gut, dass wir beschließen, auf unserem Balkon zu grillen. Gemeinsam mit meinen Liebsten schlage ich mir noch einmal den Bauch voll. Wer weiß, wann es das nächste Mal wieder so etwas Leckeres zu essen gibt. Oder ich es bei mir behalte. Nach der OP folgt die Chemo, dann die Bestrahlung. Und dann … wir werden sehen. Daran möchte ich heute nicht denken.

Es ist ein schöner Abend. Wir trinken Wein und lachen viel, und wenn ich nicht morgen ins Krankenhaus müsste, könnte man denken, wir feiern eine kleine Party.

*

Heute ist der Tag, der mein Leben ändern wird. Der Tag, der mein Leben verlängern soll.

Gestern Morgen haben mich meine Eltern ins Krankenhaus gebracht, und die folgenden Stunden bin ich von Behandlungszimmer zu Behandlungszimmer, vom Labor in die Physiotherapie und wieder zurück marschiert und habe mich von Kopf bis Fuß durchchecken lassen. Ich bin mir sicher, es gibt keinen Quadratmillimeter an meinem Körper, der nicht vermessen, getestet, gescannt und katalogisiert wurde.

Ich stehe früh auf, um noch einmal duschen zu gehen. Doch bevor ich das Bad, oder besser: die kleine Zelle in meinem Zimmer, die sich Badezimmer schimpft, betrete, rufe ich Ingo an.

»Ist alles in Ordnung, Kleines?«

»Ja«, schluchze ich plötzlich, selbst überrascht von meinem plötzlichen Gefühlsausbruch.

»Was ist los?«

»Nichts. Ich … bevor ich in den OP muss, wollte ich dir nur sagen, dass – also, ich liebe dich«, sage ich mit erstickter Stimme.

So. Jetzt habe ich diese Grenze also auch überschritten, denn in dieser Deutlichkeit habe ich ihm das schon seit Monaten nicht mehr gesagt. Jetzt sind wir also ganz offiziell Freunde, die alles miteinander teilen, miteinander schlafen *und* die sich gegenseitig sagen, dass sie sich lieben. Also zumindest der krebskranke Teil des Gespanns.

»Ich dich auch, Kleines«, erwidert er sofort. »Und jetzt hör auf zu weinen. Wir sehen uns später.«

Macht das unsere Nicht-Beziehung jetzt mehr oder weniger kompliziert? Sind wir zusammen, wenn ich die OP überlebe? Keine Ahnung, aber für den Augenblick fühlt es sich verdammt gut an.

Wir legen auf, und ich gehe duschen, als es plötzlich klopft.

Ich stecke den Kopf durch den Duschvorhang. Schwester Kira steht in der Tür vom Badezimmer.

»Frau Seeliger, ich wollte nur kurz Ihre Achsel rasieren«, begrüßt sie mich fröhlich.

»Das hab ich gerade selbst gemacht.« Ich schmunzle, sie schaut mich zweifelnd an. »Sie wollen sicherlich nachsehen«, errate ich ihre Gedanken.

»Ja, das wäre gut.«

Kurzerhand ziehe ich den rosa Duschvorhang zur Seite und stehe nackt vor Schwester Kira zum Achselcheck. Es ist schon bemerkenswert, wie leicht es mir mittlerweile fällt, mich unbekannten Menschen gegenüber im Evakostüm zu zeigen.

Schwester Kira ist mit meiner Rasur zufrieden, lässt mich zu Ende duschen und stellt mir eine kleine rosa Tablette in einem kleinen rosa Plastikbecher auf den Tisch.

»Bitte nur einen kleinen Schluck Wasser dazu trinken. Und Sie können auch gleich den OP-Kittel anziehen«, ruft sie noch, bevor sie die Tür wieder schließt.

Als ich aus dem Miniaturbadezimmer komme, entdecke ich auf dem Bett einen OP-Kittel sowie eine Art Höschen. Ich ziehe beides zweifelnd an. Das Höschen besteht lediglich aus einem komischen Netz, der Kittel in Einheitsgröße ist für meine eins sechzig natürlich viel zu groß. Ich schlucke die Tablette, die mich innerhalb kürzester Zeit von der heranschleichenden Nervosität befreit und auf eine rosa Wolke befördert. Vielleicht ist es aber auch nur die Bettdecke meines Krankenbetts.

Die Chefärztin, Frau Dr. Jäckl-Krapp, kommt noch einmal in mein Zimmer, um die Schnitte auf Brust und Rücken anzuzeichnen. Ich schaue sicherheitshalber nicht mehr in den Spiegel, um mir den Anblick zu ersparen, wo sie mich überall aufschneiden und wie viel Haut sie wegschneiden möchte. Meine Lala-Tablette funktioniert einwandfrei, und ich bin vollkommen tiefenentspannt, als ich kurze Zeit später von Schwester Kira eine Etage tiefer gefahren werde. Unten angekommen, verschwimmt meine Wahrnehmung.

Ich glaube, ich klettere noch selbstständig aus meinem Bett über eine seltsame Durchreiche, die einem Kassenband im Supermarkt ähnelt, auf die OP-Liege. Die ist erstaunlich bequem, und der Narkosearzt bestätigt, dass diese Liegen besonders geformt sind, damit mich die Ärzte auch vernünftig umlagern können.

Ich kann mich kaum noch konzentrieren, während mir irgendjemand eine Nadel in den linken Arm sticht. Ich weiß auch nicht mehr, worüber wir uns unterhalten. Doch plötzlich werde ich wieder munter.

»Ich hab noch was ganz Wichtiges vergessen«, rufe ich dem Mann mit Mundschutz entgegen, den ich für den Narkosearzt halte.

»Was denn?«, wundert er sich, seine Stimme klingt alarmiert.

»Das ist ganz wichtig: Ich knacke«, lalle ich.

»Sie knacken?«

»Ja, wenn Sie mich nachher bewegen und umlagern und meine Knochen knacken, keine Sorge. Das machen die immer, das ist normal.«

»Wir haben Sie dann also nicht kaputt gemacht.«

»Sie haben mich dann nicht kaputt gemacht, nein«, sage ich glückselig und lache.

»So, Sie können jetzt schlafen.«

»Ehrlich?«

»Ja.«

»Ganz sicher?«

»Ja, klar, schlafen Sie ruhig.«

»Zählen Sie nicht mit mir von hundert rückwärts oder so?«

Er lacht wieder. »Nein, Sie können einfach schlafen.«

»Na gut, dann versuche ich das mal.«
Ich schließe die Augen.
Und verliere Gertrude.

*

Stunden später wache ich benebelt im Aufwachraum auf. An meinem Oberkörper kleben seltsame Saugnäpfe, irgendein Apparat neben mir piept vor sich hin, und eine Blutdruckmanschette an meinem rechten Arm zieht sich alle paar Minuten zusammen. Der Pfleger, den die Krankenschwestern Freddy nennen, springt durchs Zimmer und versorgt die Patienten. Ich versuche zwar aufzuwachen, doch mein Bewusstsein driftet immer wieder weg.

In einem wachen Augenblick stelle ich fest, dass drei Schläuche aus meiner linken Körperhälfte baumeln. Meine Gedanken dazu sind abgeklärt und klar. Kein gutes Zeichen. Der Schnitt in der Achsel muss größer gewesen sein. Der Krebs hatte vermutlich schon in die Lymphknoten gestreut. Aber jetzt bin ich erst einmal glücklich, dass alles draußen ist.

Mir wird plötzlich heiß. Das muss das Schmerzmittel sein. Mir quillt der Schweiß aus jeder Pore, sogar im Gesicht. Trinken erlaubt mir Pfleger Freddy nicht, doch ich bekomme ein eklig schmeckendes Spray, das ich dann doch lieber ausspucke, statt es herunterzuschlucken.

Irgendwann kommt eine Narkoseärztin und wechselt mir das schweißnasse OP-Hemd. Die Lernschwester, eine exotische, dunkelhäutige Schönheit, und Schwester Kira, die sich wirklich rührend um mich kümmern, erscheinen vor meinem Bett. Kira stöpselt mich von den piepsenden Gerätschaften ab, und wir fahren wieder in die Gynäkologie. Ich bin zwar müde, doch ich fühle mich befreit und gut, ich freue mich richtig. Als mich die Schwestern in mein Zimmer fahren, erwarten mich bereits meine Eltern und Lisa. Ich winke mit beiden Armen, um zu zeigen, dass es mir gut geht. Rote Tulpen stehen auf meinem Tisch.

»Die wollen nur gucken, ob ich noch lebe«, erkläre ich den Schwestern gut gelaunt.

»Bist du überhaupt operiert worden?«, fragt mein Vater erstaunt.

»Ja, klar. Wir können schon bald wieder Party machen. Blaues Licht, grünes Licht, rotes Licht.« Dazu bewege ich die Finger auf und ab.

Die drei sind beeindruckt, wie gut es mir geht, und dann werde ich von ihnen abgeknutscht, bevor alle bis auf meine Mutter das Zimmer verlassen.

Wir kümmern uns erst einmal um ein bisschen Kleidung. Sie hilft mir mit dem Kompressionsbustier, einer Art modernem Brustpanzer, den ich während eines erniedrigenden Besuchs in einem Sanitätshaus in der Woche vor der OP erworben habe, und wir ziehen mir auch eine Hose an, dabei stößt meine Mutter aus Versehen gegen den ersten Blasenkatheter meines Lebens. Das fühlt sich ganz schön komisch an.

Dann kommt die Chefin, Frau Dr. Jäckl-Krapp, und bestätigt meine Vermutung, dass der Krebs auch schon in einem der Wächter-Lymphknoten war. Deswegen mussten sie noch weitere Lymphknoten entnehmen, und wir müssen das Ergebnis abwarten.

»Aber es ist jetzt alles weg?«

»Ja. Alles ist weg.«

Ich lächele sie an. Alles ist raus. Gott sei Dank. »Danke.«

»Übrigens waren es nur zwei Tumoren, nicht drei. Das war wohl ein Fehlbefund im MRT.«

Entgeistert starre ich sie an, doch dann muss ich kichern. Hatten die blöden MRT-Tussis am Ende also doch recht. Es fühlt sich irgendwie gut an, dass ich nur zwei statt drei Tumoren hatte.

Kurz darauf darf ich sogar aufstehen, auch wenn ich lediglich mit je einer Schwester an jeder Seite durchs Zimmer und wieder zurück gehe. Ehrlicherweise schlurfe ich eher über den Boden, als dass ich wirklich gehe. Doch ich kann aufstehen, und das ist das Einzige, was zählt.

Abends kommt endlich Ingo. Er bringt mir Blumen mit und ist sichtlich froh, dass es mir gut geht. Meinen Anruf vom Morgen erwähnt keiner von uns.

KAPITEL 11

Ich wache auf, als die Schwester ins Zimmer kommt.

»Na, Frau Seeliger, ist alles in Ordnung bei Ihnen?«

»Ja, ich glaube schon.«

»Was machen die Schmerzen?«

Es ist mein vierter Tag im Krankenhaus, Tag drei nach der Operation. Ich weiß mittlerweile, wann ich mehr als die übliche Tagesdröhnung brauche, und antworte: »Es geht noch. Ich warte auf die Mittagsration.«

»Okay«, lächelt die Schwester.

Kurz nach dem Frühstück stürmt plötzlich ein Großaufgebot an Ärzten und Schwestern in mein Zimmer. Wo kommen die bloß alle her? Die wollen sicherlich alle gucken. Ich glaube, ich muss bald eine Gebühr verlangen. Gucken kostet fünf Euro, Anfassen kostet extra. Tagtäglich kommen hier allerhand Leute herein und wollen meine Operationsnarbe begutachten. Oder die Schläuche, die aus mir heraus oder in mich hineinführen. Oder meinen Puls nehmen. Und tatsächlich wollen sich alle, die gerade hereingekommen sind, das gelungene Kunstwerk, meine neue linke Brust, anschauen, aber sie drängen sich glücklicherweise nicht auf, als Dr. Scholle und Schwester Kira die Verbände wechseln.

Dabei fällt Dr. Scholle auf, dass der Schlauch, der aus der Achsel hängt und die Wundflüssigkeit abfließen lassen soll, schon relativ locker sitzt. »Den könnte man ja schon fast herausziehen.«

Sofort gerate ich in Panik. Alles, was mit aus mir rausziehen und in mich reinpiken zu tun hat, erinnert mich sofort an die Stanze. Der Schock sitzt immer noch tief.

»Moment, Moment, Moment«, beeile ich mich zu sagen. »Sie ziehen da doch jetzt nichts raus, oder?«

Mittlerweile bin ich so weit, dass mir meine Panikattacke vor diesen ganzen Leuten, die immer noch um mein Bett herumstehen, kein bisschen peinlich ist. Mir steigen stattdessen Tränen in die Augen, mein Herzschlag beschleunigt sich, ich schwitze.

Dr. Scholle setzt sich auf meine Bettkante und legt mir behutsam eine Hand auf die Schulter. »Frau Seeliger, hier zieht überhaupt niemand irgendetwas aus Ihnen heraus, ohne Ihnen vorher Bescheid zu sagen.«

»Okay. In Ordnung.«

»Habe ich jemals etwas gemacht, ohne Sie vorzuwarnen?«

»Nein.«

»Sehen Sie. Der Schlauch wird frühestens morgen gezogen.«

»Morgen?«

»Ja, ich denke schon.«

»Mit Lala-Tropfen?«

Dr. Scholle lacht, und auch Schwester Kira schmunzelt.

»Wenn Sie wollen, auch mit Lala-Tropfen. Wir schießen Sie dann schön ab.«

Beruhigt lehne ich mich in meine Kissenburg zurück, und die Schaulustigen verlassen mein Zimmer. Nur eine Ärztin bleibt zurück. Eine weitere Infusion mit Antibiotikum zur Infektionsvorsorge muss noch irgendwie in meinen Körper, doch mal wieder geht eine Vene hops, als die Ärztin verzweifelt versucht, den Zugang zu legen.

Vollkommen bewegungsunfähig motze ich den gesamten Morgen herum. Ich rege mich schrecklich über diese schmerzhafte Nadel in meinem Handrücken auf, die einzige Stelle an meinem Körper, wo nach unzähligen Versuchen der Ärztin noch eine brauchbare Vene zu finden war. Mein rechter Arm sieht aus, als hätte mich jemand misshandelt. Und außerdem fühlt sich das Zeug aus der Infusion furchtbar kalt und unangenehm an, wenn es über die Hand in mich reingepumpt wird.

Nachdem ich den Vormittag über vor mich hin gemeckert und geflucht habe, beruhige ich mich zum Nachmittag wieder. Als meine Eltern kommen, verhalte ich mich wieder wie ein erwachsener Mensch statt wie ein quengeliges Kind. Vor allem, weil die zwei mir wieder etwas Leckeres zu essen mitbringen.

Als es dann an der Tür klopft, steht die Chefärztin Frau Dr. Jäckl-Krapp samt Schwester Kira im Zimmer. Chefarztvisite. Natürlich will auch sie ihr Werk begutachten, und auch meine Eltern, die im Zimmer bleiben, sind begeistert von dem Ergebnis.

»Hast du der Frau Doktor schon von dem Namen erzählt?«, fragt meine Mutter freudig.

Fettnäpfchen. Ich wollte meine Brust auf den Namen Edith taufen – wie Edith Scholle, da Gertrude nun mal beerdigt worden ist, doch jetzt muss ich improvisieren. Den Vornamen der Chefin kenne ich nicht.

»Von welchem Namen?«, fragt die Chefin.

»Nun ja, dazu müssen Sie wissen, dass ich meinen beiden Brüsten Namen gegeben hatte. Gertrude und Bertha.« Ich deute auf die jeweilige Brust. »Und Gertrude, nun, Gertrude musste gehen und wurde beerdigt. Also brauchte ich einen neuen Namen.«

»Edith«, nimmt meine Mutter mir vorweg.

»Ja, ich kenne den Vornamen von Frau Dr. Scholle, aber Ihren Namen nicht«, ergänze ich schnell.

Meine Mutter bemerkt ihren Fehltritt und sagt gar nichts mehr.

Aber die Chefärztin lacht und erklärt: »Meine Mutter heißt Edith. Das passt also schon beinahe. Und mein Vorname ist Iris.«

»Iris. Das passt doch super. Iris-Edith. Oder Edith-Iris.«

Frau Dr. Jäckl-Krapp schüttelt ein wenig ungläubig den Kopf. »Sie machen das schon, Frau Seeliger. Sie machen das alles schon ganz richtig«, sagt sie, als sie wieder aus dem Zimmer geht.

KAPITEL 12

*D*ie Tage hier im Krankenhaus folgen einem eigenen Rhythmus. Der Ablauf wird durch die Mahlzeiten und Visiten bestimmt, morgens und nachmittags kommen meine Eltern zu Besuch, Lisa und Melanie schauen ebenfalls mehrmals die Woche vorbei, und Ingo erscheint immer nach Feierabend.

Eines Abends, als ich mit Ingo Hände haltend von einem Spaziergang zurückkehre, fragt mich Schwester Kira: »Ist das Ihr Freund?«

Ich zögere und lächele. »Das ist mein bester Freund.« Ich drücke seine Hand noch ein wenig fester, und auch er lächelt. Er widerspricht mir nicht, doch Schwester Kira zieht wissend die Augenbrauen hoch.

Seit meiner Liebeserklärung kurz vor der OP haben wir nicht mehr über uns oder unsere Nicht-Beziehung gesprochen. Und bevor ich nicht wieder auf der Höhe bin, können wir dieses »Ding« auch so lassen, wie es ist. Ich für meinen Teil koste jeden Augenblick mit Ingo voll aus. Jeden Tag kommt er mich besuchen, und dennoch wird er mir nie langweilig.

Mit Lisa und Melanie spiele ich Karten, gehe spazieren, bestelle beim Chinesen und mache Blödsinn. Basti besorgt mir auf Anruf Essen, und alle sind da, wenn ich sie brauche. Auch von anderen Freunden und Kollegen bekomme ich Besuch, zwischendurch erhalte ich immer wieder Physiotherapie, um die Beweglichkeit meines Armes wiederherzustellen. Ich erhole mich schnell. Mittlerweile sind meine Eltern wieder abgereist, und meine Mutter hat ihre Reha begonnen. Wir telefonieren jeden Tag. Wenn ich gerade keinen Besuch oder Termine habe, setze ich mich mit einem Buch auf die Terrasse und halte mein Gesicht in die Aprilsonne.

Heute habe ich zwei weitere Frauen mit der Diagnose Brustkrebs kennengelernt. Karla ist 31 und hat die Diagnose während der Schwangerschaft gestellt bekommen. Helga ist 52 und kriegt noch vor ihrer OP eine Chemotherapie. Ihr Tumor ist so groß, dass ansonsten nicht brusterhaltend operiert werden kann, sodass diese Variante die beste Option ist. Wir unterhalten uns lange, und es tut gut zu wissen, dass ich nicht allein bin.

*

Es steht ein langes Gespräch mit Frau Dr. Scholle an. Gestern hat sie mir den letzten Schlauch gezogen, und ich hoffe, vor Ostern entlassen zu werden. Zunächst wollen wir aber über meine weitere Therapie sprechen. Ich soll das Gesamtpaket bekommen: Chemotherapie, Bestrahlung, Antihormontherapie. Damit habe ich schon gerechnet.

Was ich nicht geahnt habe, was mir bis zu diesem Gespräch nicht klar war, ist die Dauer dieser Therapien.

»Die Chemo und die Bestrahlung haben Sie dann in circa sechs Monaten hinter sich gebracht«, erklärt Dr. Scholle ruhig.

Sechs Monate für Chemotherapie und Bestrahlung? Ein halbes Jahr. Das sitzt. Es treibt mir einmal mehr die Tränen in die Augen. Eine riesige Welle der Angst rollt über mich hinweg.

»Wissen Sie, Frau Seeliger, ich bin ja beruhigt, dass auch Sie ab und zu mal die Fassung verlieren. Das ist ja schon geradezu unheimlich, wie ruhig Sie sind.«

Mir ist das nicht unheimlich. Mir ist das ganz recht, denn

eine ständige Gefühlsachterbahn würde ich weitaus schlechter ertragen als den letzten Rest sachlicher Vernunft, den ich mir mühsam erhalte.

Sie eröffnet mir noch eine weitere Hiobsbotschaft: »Bei Ihren schlechten Venen sollten Sie sich überlegen, sich einen Port implantieren zu lassen.«

»Nein«, sage ich sofort entschieden. »Kein Port.«

»Okay, das war deutlich«, lächelt Dr. Scholle, die mich mittlerweile ein bisschen kennengelernt hat. »Aber sprechen Sie auch noch einmal mit der Onkologin und denken Sie noch einmal darüber nach.«

»Nein, ich will keinen Port. Ich kann das nicht. So einen Fremdkörper in mir, das will ich nicht. Das ist eklig.«

Und *wie* eklig ich das finde! Dieses Ding besteht aus einer Kammer, die unter die Haut gesetzt wird und über die man Infusionen leicht anschließen kann. Die Kammer ist mit einem Schlauch verbunden, der direkt zu einer Vene in Richtung Herz führt. Die Vorstellung, so ein Ding unter der Haut zu tragen, gruselt mich so sehr, dass es mich schüttelt.

Glücklicherweise ist Lisa hier. Ich kann mich ein wenig von dem Schrecken ablenken, den ich beim Gedanken an die nächsten sechs Monate empfinde.

»Sagen Sie, haben Sie schon mal in den Spiegel geschaut?«, fragt mich Schwester Kira, die uns kurz darauf auf unserer Sonnenterrasse aufsucht.

»Wie jetzt? Sehe ich so schlimm aus?«

»Nein«, lacht sie. »Ich meine, ob Sie schon mal Ihren Rücken und das Gesamtbild im Spiegel betrachtet haben.«

Das habe ich allerdings noch nicht. Der kleine Spiegel auf Augenhöhe im Bad sowie der Handspiegel, mit dem ich mich beim Kompressionswechsel begutachten durfte, haben nicht viel gezeigt. Also schauen wir uns gemeinsam mit Lisa das Endergebnis im Ganzkörperspiegel an, der sich in einem der Mehrzweckzimmer versteckt.

Meine Brust hat Lisa schon gesehen, aber die lange Rückennarbe erschreckt sie, ihrem Gesichtsausdruck nach zu urteilen, doch ein wenig.

Mich schockiert sie nicht. Sie reicht zwar von meinem oberen linken Rippenbogen quer über den Rücken und sogar ein Stück über meine Wirbelsäule hinaus, doch ich schrecke nicht vor ihr zurück.

Sie gehört jetzt zu mir.

*

Ingo hat mir versprochen, etwas zu essen mitzubringen, da ich den Krankenhausfraß mittlerweile wirklich nicht mehr runterbekomme. Er schleppt zwar eine kleine Reisetasche mit, doch nach Essen sieht das noch nicht aus.

»Was hast du vor?«, frage ich vorsichtig.

»Wir gehen raus und picknicken bei dem schönen Wetter.«

»Super«, freue ich mich und ziehe mir Schuhe und eine Kapuzenjacke an. »Was gibt's denn?«

»Hotdogs.«

»Hotdogs? Aber die werden doch kalt!«

»Nein, nein, keine Sorge, du wirst schon sehen«, schmunzelt er.

Mit der Tasche in der Hand verabschieden wir uns von den Schwestern, die mir neidisch hinterherblicken, nachdem ich ihnen gesagt habe, woraus Ingos Überraschung besteht.

Draußen angekommen suchen wir uns eine ruhige sonnige Bank an einer Wiese. Ingo packt nicht nur Hotdogwürstchen, Brötchen, Soßen, Röstzwiebeln und Gürkchen aus, sondern sogar einen Campingkocher, eine Flasche Wasser und einen Topf.

Die Brötchen grillt er direkt auf der Flamme, und die Würstchen kocht er im Anschluss auf dem Campingkocher. Ich lächele zufrieden. Was für ein großartiges Abendessen! Auf eine solch tolle Idee kommt auch nur Ingo.

Dennoch, unser Festmahl wird von meinem weiteren Behandlungsplan getrübt. Als ich Ingo berichte, was in den nächsten Monaten anstehen wird, sinkt meine Stimmung merklich.

»Dann muss das halt gemacht werden«, erklärt er sofort. »Das bekommen wir schon hin.«

Wir. Wir bekommen das schon hin.

»Ich habe dann keine Haare mehr. Dann sieht jeder, dass ich Krebs habe.« Mir läuft eine dicke Träne die Wange hinunter.

»Dann sieht das halt jeder. Das ist doch egal. Hauptsache, du wirst wieder gesund.« Er setzt sich neben mich, und ich schmiege mich an seine Schulter.

»Ich habe Angst.«

»Das brauchst du nicht. Ich bin doch da. Wir sind alle da.«

KAPITEL 13

Nur zehn Tage nach der Operation werde ich Karfreitag aus dem Krankenhaus entlassen. Nach dem Abschlussgespräch darf mich Ingo endlich abholen. Während der Autofahrt habe ich das Gefühl, dass alles anders aussieht. Ist es in der kurzen Zeit, die ich im Krankenhaus war, tatsächlich Frühling geworden? Alles ist grün und blüht und strahlt. Was für eine Begrüßung, Buxtehude, herzlichen Dank dafür. So darf das Leben bleiben.

Doch mein Rücken schmerzt, und ich bin unendlich müde. Zu Hause angekommen, zeige ich Ingo zum ersten Mal meine Narben und meine neue Brust. Und obwohl diese Offenbarung viel weniger schlimm ist, als ich befürchtet habe, und Ingo beeindruckt ist – positiv von der Brust und augenscheinlich erschrocken von der Narbe am Rücken –, bin ich irgendwie schlecht drauf. Vielleicht liegt es daran, dass ich für nächste Woche einen Termin in einem Perückenfachgeschäft vereinbart habe. Nach meiner ersten Krebsdiagnose kommt nun also das Thema Zweithaar. Hoffen wir mal, dass sich das mit den Dritten wenigstens noch eine Weile herausschieben lässt.

*

»Bereit?«, fragt Melanie.

»Bereit.«

Gemeinsam machen wir uns auf den Weg. Schon von Weitem können wir ein Schaufenster im Siebzigerjahre-Style erkennen, in dem zahlreiche Perücken auf Schaufensterköpfen stehen. Es ist der Laden von Frau Hoffmann, *der* Perückenfachfrau in Harburg.

Wir betreten das Geschäft, in dem sich die unechten Haare nicht nur in den Fenstern und an den Wänden türmen, sondern auch auf dem Kopf von Frau Hoffmann selbst. Die ist gerade damit beschäftigt, ihren Mann rundzumachen, der offensichtlich noch einige Besorgungen erledigen muss. Der Lakai verschwindet mit gesenktem Blick durch die noch offen stehende Tür, und ich ergreife die Gelegenheit, um mich vorzustellen.

»Guten Tag, mein Name ist Rebecca Seeliger.« Ich reiche ihr die Hand, doch sie winkt ab und unterbricht mich barsch.

»Jaja, wir haben telefoniert, richtig?«

»Äh, ja, richtig.« Ich lasse meine ungeschüttelte Hand wieder sinken. »Ich habe angerufen, weil …«

»Sie eine Perücke brauchen. Das ist mir klar. Was würden Sie sonst hier wollen?«

Ich bin sprachlos. Melanie steht schräg hinter mir und stärkt mir wortlos den Rücken. Ansonsten würde ich mich jetzt umdrehen und gehen. Keine Begrüßung, kein nettes Wort, keine freundliche Regung. Stattdessen winkt Frau Hoffmann uns zu sich heran.

»Kommen Sie mal mit!« Es ist keine Einladung, es ist ein Befehl. Sie führt uns in eine kleine Kammer, ausgestattet mit einem großen Spiegel hinter einem kleinen Stuhl, auf dem sie mich bittet, Platz zu nehmen. »Verstärkung haben Sie ja, wie ich sehe, auch mitgebracht.«

Höre ich da einen missbilligenden Unterton in ihrer Stimme?

»Na ja, das ist ja doch etwas, was man ungern allein entscheidet«, antworte ich kühl.

»Na ja, Sie haben ja auch andere Sorgen im Kopf. Sie bekommen Chemo?«

Wie bitte? Taktgefühl? Pietät? Irgendjemand zu Hause?

»Wissen Sie, ich betreue schon seit vierzig Jahren Krebspatienten«, plappert Frau Hoffmann weiter, ohne auf eine Antwort meinerseits zu warten. »Und eines kann ich Ihnen sagen: Die erste Perücke, die ich Ihnen aufsetzen werde, die passt. Das ist bei all meinen Kunden bislang so gewesen.«

»Okay«, bringe ich lediglich raus.

Melanie schaltet sich in die schräge Unterhaltung ein: »Haben Sie denn auch Echthaarperücken?«

»Das können Sie sich abschminken. Echthaarperücken führe ich nicht. Nur Kunsthaar. Und zwar aus Überzeugung.«

»Was ist denn der Unterschied zwischen Kunst- und Echthaar?«, möchte ich wissen.

»Ich verkaufe aus Überzeugung nur Kunsthaarperücken.«

Oh. Ach so. Melanie wirft mir einen skeptischen Seitenblick zu, in dem alles liegt, was ich denke. Ich habe langsam das Gefühl, ich spreche mit einer Wand. Will Frau Hoffmann überhaupt Perücken verkaufen? Oder nur die Kundschaft vergraulen?

»Warum verkaufen Sie keine Echthaarperücken?«

»Weil ich mit denen aus Kunsthaar bessere Erfahrungen gemacht habe.« Frau Hoffmann stampft mit diesen Worten aus dem kleinen Raum und lässt uns fassungslos zurück. Ich tausche mit Melanie einen weiteren schockierten Blick, die ebenfalls entsetzt den Kopf schüttelt. Uns bleibt keine Gelegenheit, uns über diese wahnsinnige Frau auszutauschen, denn da trampelt sie schon wieder ins Zimmer und zupft an einem blond-braunen Fifi herum.

»So, ich habe Ihnen etwas herausgesucht, und, wie gesagt, es ist IMMER die erste Perücke, die ich den Kunden aufsetze, die sie dann auch kaufen«, verkündet sie.

Sie zieht mir einen Nylonstrumpf über die Haare, kämmt

noch einmal die Perücke durch und setzt sie dann auf meinen Kopf.

Ich schaue in den Spiegel und weiß nicht, ob ich lachen oder weinen soll. Das bin nicht ich. Die Frau, die mich da im Spiegel anschaut, hat einen fransigen schulterlangen Haarschnitt, der wie eine Vokuhila-Matte aus dem Manta-Manta-Film aussieht und in alle Richtungen wild vom Kopf absteht. Ich sehe aus wie …

»Tina Turner«, sagt Melanie hinter mir.

Ja, genau, ich sehe aus wie Tina Turner. Irgendwann in den Achtzigern, wohlbemerkt. Ich entscheide mich zu lachen, statt zu weinen, doch Frau Hoffmann findet das Ganze offensichtlich weniger lustig.

»Nein, also wirklich, nein. Tut mir leid, aber das geht absolut nicht.« Prustend nehme ich den Mopp vom Kopf. »Vielleicht können wir noch ein anderes Modell versuchen?«

»Geht's auch ein wenig konkreter?«, motzt Frau Hoffmann mich an.

So langsam wird es mir hier zu bunt. »Na ja, ich habe keine Ahnung, was es überhaupt gibt. Ich hatte ja noch nie eine Perücke.«

»Dann müssen Sie vielleicht mal zur Konkurrenz gehen, ich habe leider kein geeignetes Modell für Sie.«

Ich blicke die Frau entgeistert im Spiegel an. Hat die noch alle Latten am Zaun? Offensichtlich ist diese unmögliche Person wirklich von der Kundenabwehr.

»Würden Sie noch einmal schauen, ob es nicht vielleicht doch etwas gibt, das mir passen könnte?«, frage ich betont freundlich.

Frau Hoffmann seufzt theatralisch und wackelt davon. Als sie zurückkommt, trägt sie in der Hand einen kurzen blonden Bob. Der gefällt mir schon viel besser als der Tina-Turner-Look, allerdings hat die Ladenbesitzerin offensichtlich schon mit uns abgeschlossen. Eine Frau, die soeben den Laden betreten hat, erhält nun ihre ungeteilte Aufmerksamkeit.

»Die Dame ist langjährige Kundin bei mir«, grinst sie süffisant, als Melanie und ich vorgeben, uns selbst auf die Suche nach einer geeigneten Perücke für mich zu machen.

»Ich raste gleich aaaus«, flöte ich Melanie zu, während wir unsere Sachen packen.

»Dann lass uns sofort verschwinden«, schlägt sie lachend vor.

Ich gebe auf. Hier will ich keine Perücke kaufen. Was bildet sich diese Frau eigentlich ein? Vermutlich sitzt ihre eigene Perücke ein wenig zu eng. Ohne ein weiteres Wort verlassen wir den Laden.

*

Einen Tag später, knapp drei Wochen nach meiner Operation, habe ich den ersten Termin in der Onkologie in Stade. Meine Chemotherapie wird besprochen.

Dr. Dammer ist eine schlanke Frau mit streichholzkurzen braunen Haaren und einer ruhigen Persönlichkeit. Sie beantwortet mir gern alle Fragen, begutachtet meine Narben, horcht mich ab und beschließt: »Sie sollten einen Port bekommen.«

»Nein, nein, das glaube ich nicht.« Ich klammere mich an den Stuhl.

»Bei Ihren schlechten Venen … wenn die Chemo ins Gewebe läuft, kann es nekrotisch werden, also absterben. Ein Port ist definitiv die bessere Lösung.«

»Sind … sind Sie sicher?«

»Ja, ganz sicher.«

Ich breche in Tränen aus. Das Panikmonster, das so lange seine Klappe gehalten hat, ist anscheinend wieder hungrig. Nach einem kurzen Schreck ringe ich es nieder und stopfe ihm das

Maul mit meiner Entschlossenheit, mit meinem unbedingten Lebenswillen. Ich will diesen ekligen Port nicht in mir haben, doch es führt offensichtlich kein Weg daran vorbei. Da muss ich jetzt durch. Ich stimme dem Eingriff zu und schließe das Gespräch mit der Frage zum Zeitplan der Chemo ab. Alle drei Wochen eine Chemo, sechs Mal insgesamt. Das klingt nicht gerade wenig.

»Können wir die Chemos denn so legen, dass ich in Urlaub fahren kann?«

Verdutzt schaut Frau Dr. Dammer mich an.

»Also, Anfang Juli fliege ich nach Rom. Ich habe keine Reiserücktrittsversicherung. Ich konnte ja nicht ahnen, dass ich da mitten in der Chemotherapie stecke, als ich die Reise gebucht habe. Und außerdem würde ich Pfingsten gern an die See fahren.«

Jetzt grinst meine Ärztin mich an. Sie sieht hübsch aus, wenn sie lächelt.

»Also, natürlich nur, wenn es mir gut geht und ich nicht unter irgendwelchen schrecklichen Nebenwirkungen leide«, füge ich einsichtig hinzu.

»Keine Sorge, Frau Seeliger. Das kriegen wir hin.«

KAPITEL 14

»Hallo, Frau Seeliger«, begrüßt mich die junge Frau Riemer. »Prinzessinnen« heißt ihr Laden in Hamburg, und so werde ich auch empfangen. Ich habe ein mulmiges Gefühl im Bauch, denn meine letzte Erfahrung mit Perückenstudios war nicht unbedingt gut. Deshalb habe ich einen Entschluss gefasst: Wenn ich heute nichts finde, was mir gefällt, gehe ich eben oben ohne. Basta.

»Mensch, Sie sind ja jung. Können wir uns duzen?«

Ich nicke begeistert. »Na klar. Ich bin Rebecca.«

»Ich bin Ann-Kathrin. Komm doch rein.«

Nach dem Schrecken in Harburg ist die Frau, die nur ein paar Jahre älter sein kann als ich, wie Balsam für die Seele. Sie macht erst einmal einen Kaffee, setzt sich mit mir in die bequeme Sesselecke und bietet mir Schokolade an, zur Beruhigung, wie sie augenzwinkernd verrät. Im Hintergrund läuft klassische Musik, das Telefon hat sie ausgestellt, das Rollo an der Tür hinuntergelassen. Sie konzentriert sich nur auf mich und mein Anliegen: eine Perücke.

Ann-Kathrin vermisst meinen Kopf und probiert verschiedene Modelle an mir aus. Und sie erklärt mir den Unterschied zwischen Kunst- und Echthaar: »Echthaar kannst du genauso behandeln wie deine eigenen Haare. Du kannst es normal waschen, föhnen, stylen und so weiter. Bei Kunsthaar gibt es bestimmte Pflegemittel. Nach dem Waschen brauchst du die Haare dann nur trocknen lassen, einmal durchkämmen und aufschütteln, und schon sitzt die Frisur.«

Ich lächele sie an. Hier bin ich richtig. Wir probieren zahlreiche Modelle aus, und spätestens nach dem Gespräch über den finanziellen Unterschied zwischen Echt- und Kunsthaar entscheide ich mich für das Kunsthaar. Ich habe gerade keine tausendachthundert Euro für Haare übrig. Auch meine seelische Unterstützung in Form von Melanie und Lisa trifft ein, denn allein will ich dieses Teil, mit dem ich die nächsten Monate herumlaufen soll, nicht aussuchen – egal, ob es tausendachthundert oder sechshundert Euro kostet.

Während Ann-Kathrin an der Perücke namens »Marietta« herumzupft, sehe ich mich im Spiegel an. Immerhin, die Perücken hier sehen wirklich alle gut aus, wenn auch nicht unbedingt auf meinem Kopf. Zum Schluss unserer Sitzung bleiben zwei Favoritinnen übrig: »Melissa«, lang und glatt, in der Farbe Vanilla Rooted, oder »Marietta«, schulterlang, in Honey Toast. Nach langem Überlegen, und nachdem ich auch die Meinungen der Mädels eingeholt habe, entscheide ich mich dann für »Marietta«. Die Haare sitzen gut, die Farbe entspricht fast meinem Naturton, das Kopfteil ist hochwertig und sie passt einfach zu mir.

Mit in die Tüte packt mir Ann-Kathrin auch noch Shampoo, Balsam und einen Styroporkopf, über den ich mich riesig freue. Das Ding sieht wirklich lustig aus.

Und ich bin unheimlich beruhigt, dieses Stück Normalität und Selbstsicherheit mit mir nach Hause zu tragen. Ich muss nicht »oben ohne« rumlaufen, und niemand wird mit dieser tollen Perücke merken, dass ich eine Glatze habe.

Ich bin glücklich und zufrieden. »Danke«, sage ich, als ich mich von Ann-Kathrin verabschiede.

Sie lächelt. »Gar kein Problem.«

»Nein, ernsthaft.« Sie kann nicht ahnen, wie dankbar ich ihr bin. »Vielen Dank.«

»Also, deine neue Brust heißt Edith, und du trägst bald eine

Marietta auf dem Kopf«, freut sich Lisa mit mir über meine neue Errungenschaft, als die Tür hinter uns ins Schloss fällt.

»Stimmt. Aber die Haare werden ebenfalls umbenannt. Und so, wie ich Edith getauft habe, verleihe ich meinen neuen Haaren den Namen Ann-Kathrin«, erkläre ich feierlich und stimme in das Lachen der Mädels ein, bis uns die Tränen in die Augen steigen.

*

Es fühlt sich alles so unwirklich an. Ich fühle mich, als würde ich dieses ganze Drama gar nicht erleben. Alle fragen mich, wie es mir geht. Und meine Antwort ist immer: »Gut.«

Das ist keine Lüge, mir geht es eigentlich ganz passabel, ich fühle mich jedenfalls nicht schlecht. Ich bin zu 80 Prozent gut drauf, freue mich meines Lebens und muss ab und zu die schlechteren Tage durchstehen. Doch ich habe das Gefühl … nein, tatsächlich ist es eher die Abwesenheit eines Gefühls. Ich fühle zu wenig.

Auch Melanie hat mich heute gefragt. Ich stand an der geöffneten Balkontür und starrte nach draußen. Sie hat sich hinter mich gestellt und mir die Arme um den Bauch geschlungen. »Wie geht's dir?«

»Gut.«

»Und wie geht's deinem Kopf und deinem Herzchen?«

»Gut, glaube ich. Taub.«

Das ist es. Alles fühlt sich unwirklich, taub, stumpf an. Ich verspüre schon lange keine Traurigkeit mehr, doch was mir Angst macht, ist: Ich spüre auch keine Wut. Ich fühle nicht mehr diese aufwallende Panik. Die letzte Welle kam, als ich mich zu dem Port entschlossen habe. Und dem Gefühl habe ich dann ziemlich schnell den Garaus gemacht. Ich fühle nicht mehr diesen

Wechsel von Wut und Angst. Ich hänge irgendwo dazwischen, irgendwo in der Luft, und weiß nicht genau, wie es von hier aus weitergehen wird. Wie schlimm wird die Chemo? Werde ich den ganzen Tag über der Kloschüssel hängen? Werde ich Entzündungen im Mund haben? Werde ich Herzprobleme bekommen? Werde ich den ganzen Tag nur noch schlafen wollen? Ich habe doch vor, den Sommer zu genießen. Ich will mich unter einen schattigen Baum im Freibad setzen und die Sonne genießen. Ich will meinen fünfundzwanzigsten Geburtstag in Rom feiern. Was passiert, wenn die Trauer doch irgendwann ausbricht?

Klappe ich dann zusammen?

*

Großartig, dass das Wetter mitspielt und mir ununterbrochen Sonnenschein, gute Laune und einen strahlenden Teint beschert. Schon das gesamte Wochenende habe ich das gute Wetter genossen. Ich habe Melanie ein paar krebsfreie Tage verordnet, die sie mit ihrem Vater verbringt, der zu Besuch gekommen ist. Ich mache mir nichts vor, wir alle brauchen einmal eine Auszeit von dem ganzen Stress und dem elenden Thema. Also habe ich mich von Ingo mit deftigen Rinderrouladen bekochen und mich von der ausgelassenen Stimmung in seiner WG anstecken lassen. Als wir mit Freunden im Hof sitzen, herumblödeln und furchtbar unanständige Witze reißen, scheint es, als wäre alles in Ordnung. Und ich werde zu einem aufregenden Plan verführt: Freibad.

Ich habe mich mit Stevie und Lisa für den Nachmittag verabredet. Natürlich werde ich noch nicht ins Chlorwasser springen, doch der Gedanke an eine ganz normale Aktivität mit Freunden macht mich ganz kribbelig.

Es stellt sich die Frage: Wie sieht Edith-Iris im Bikini aus? Stunden vor der Verabredung stehe ich in meinem Zimmer vor dem Spiegel und teste die Möglichkeiten, die mein Kleiderschrank hergibt. Am Ende entscheide ich mich für ein altbewährtes Triangel-Modell. Praktisch: In den Cups sind kleine Kissen, die man einfach herausnehmen kann. Bei einseitig geschwollenem Busen empfiehlt es sich also, das Kissen vom linken Cup mit in den rechten Cup zu stopfen, und siehe da, es ist kein Größenunterschied sichtbar.

Zufrieden drehe ich mich vorm Spiegel hin und her. Ein schulterfreies Top und blaue Shorts runden den Seht-mich-an-mir-geht-es-gut-Look ab, doch im Schwimmbad traue ich mich dann noch nicht, das Oberteil auszuziehen. Ich erkenne an Stevies verständnisvollem Blick, dass er meine Nervosität bemerkt. Und ich bin ihm dankbar, dass er einfach gar nichts dazu sagt. Ich atme noch einmal tief durch, erinnere mich daran, dass alles in Ordnung ist, und dann runter mit den Klamotten.

Ich schaue mich vorsichtig um. Und tatsächlich, niemand starrt mich an. Niemand fragt nach der riesigen Narbe an meinem Rücken.

Geht doch. Auftrag »Zurück in die Normalität« wurde erfolgreich ausgeführt. Und wir haben gelernt: Es gibt nichts zu verstecken, Schätzchen.

Doch als ich mit Lisa nach Hause komme, möchte sie mir etwas gestehen. Ich solle ihr bitte nicht böse sein. Sie sagt, dass das nichts mit mir zu tun hat. *Ui, hab ich was falsch gemacht?*, ist mein erster Gedanke, doch es stellt sich heraus, dass es tatsächlich nichts mit mir zu tun hat.

»Timo und ich möchten nächstes Jahr im März oder April zusammenziehen.«

Zack, das sitzt. Es tut verdammt weh. Denn obwohl ich ihr alles Glück der Welt gönne, passt ihr Lebensplan so gar nicht zu meinem. Das ist ein denkbar schlechter Zeitpunkt. Was wird Melanie machen? Wird sie auch ausziehen? Muss ich dann umziehen? Eine Wohnung suchen? Das Geld dafür auftreiben? Werde ich das können? Oder wird meine Therapie bis dahin vorbei sein?

Aber das Schlimmste ist: Ich bin neidisch. Ich bin furchtbar eifersüchtig, dass Lisas Leben einfach so weitergeht, dass sie schematisch einen Schritt nach dem nächsten machen und solche Pläne überhaupt austüfteln kann. Denn mein Leben besteht nur noch aus Ärzten, aus Krebs und aus meiner Behandlung. Ich traue mich gar nicht, Pläne fürs kommende Jahr zu machen.

Diese neu entdeckte Wahrheit trifft mich hart und ohne Vorwarnung. Mir wird bewusst, dass ich neidisch auf alle Menschen bin, die unbeschwert leben dürfen. Mir ist auch klar, dass ich Lisas Unbeschwertheit ziemlich auf den Kopf gestellt habe. Obwohl ich nichts dagegen tun kann, bin ich eifersüchtig, und das tut mir unendlich leid und verursacht ein schlechtes Gewissen, gerade weil ich Lisa so lieb habe.

Doch aus dem gleichen Grund können wir offen darüber sprechen. Ich teile ihr meine Sorgen und meine Ängste mit, sage ihr, dass ich mich frage, was meine Zukunft bringt. Ich erkläre ihr, dass ich nicht weiß, ob ich überhaupt einmal planen werden kann, mit jemandem zusammenzuziehen und ein gemeinsames Leben aufzubauen. Sie versteht das, und wir verschieben das Thema einfach, denn bis April ist es noch ein langer, langer Weg.

KAPITEL 15

Ich verspüre unendliche tiefe Trauer. Schon seit Längerem habe ich auf das Eintreten dieses Gefühls gewartet, doch nun ist es da – eine unsägliche bodenlose Traurigkeit.

Der Auslöser kommt vollkommen unerwartet.

Nachdem die Chefärztin Dr. Jäckl-Krapp bei der Nachuntersuchung einen Blick auf ihr Werk geworfen und mir bestätigt hat, dass alles bestens sei, wird ihr Blick plötzlich ernst. »Ich wollte noch über eine Sache mit Ihnen reden, Frau Seeliger.«

Oje, das kann ja heiter werden. Immer, wenn in den letzten zwei Monaten Menschen mit so einem Gesicht auf mich zukamen, gab es richtig schlechte Neuigkeiten. Oder einen Schwerbehindertenausweis.

»Okay, was denn?«, frage ich lauernd.

»Haben Sie sich schon einmal Gedanken zum Thema Fertilitätsreserve gemacht?«

Fertilitätsreserve. Was soll das denn jetzt?

»Durch die Chemotherapie wird sich die Produktion Ihrer Eierstöcke einstellen. Die Onkologin ist der Meinung, dass sich Ihre Eierstockfunktionen wiederherstellen werden. Aber es gibt keine Sicherheit, dass die Funktion im Anschluss an die Behandlung tatsächlich wieder zurückkehrt.« Sie wartet einen Augenblick ab und schaut mich an. »Ich möchte jedenfalls, dass Sie das zumindest wissen und sich über Fertilitätsreserven informieren können.«

Ich versuche, die Informationen zu verarbeiten.

Keine Eierstockfunktion während der Chemo?

Keine Funktion während der Antihormontherapie, okay, das wusste ich schon, aber wieso bei der Chemo? Warum hat mir das niemand vorher gesagt? Wenn die Medikamente meine Eierstöcke beeinträchtigen, warum hat mir meine Onkologin nichts von dieser Nebenwirkung erzählt?

Ich fühle mich taub, als ich die Tür zu meiner Wohnung aufschließe. Auf Lisas Frage, wie es bei der Ärztin war, bekomme ich nur ein winziges »Gut« heraus und verkrieche mich dann in meinem Zimmer. Ich trauere nicht um meinen Busen, um meinen ehemals vollkommenen narbenfreien Rücken, um meine Haare, die mir ausfallen werden, nein, noch nicht einmal um meine Gesundheit. Aber jetzt liege ich hier auf meinem Bett, die Mädels sind irgendwo im Wohnzimmer, und ich trauere um ein ungeborenes, ungeplantes, vielleicht sogar ungewolltes Leben.

Ich habe noch nie einen konkreten Gedanken in meine persönliche Familienplanung investiert. Ich bin (halbwegs) Single, wohne in einer WG und züchte derzeit Tomatenpflanzen auf dem Balkon. Ich brauche und will zurzeit doch gar kein Kind. Und dennoch: Was wollen die Ärzte mir noch alles nehmen? Meine Brust, meine Schönheit, meine Jugend und jetzt meine Fruchtbarkeit? Das fühlt sich an wie Kastration. Das ist so unfair.

Der Nachmittag ist also eigentlich gelaufen. Irgendwann traue ich mich ins Wohnzimmer, starte wortlos den Computer, und mein Herz fängt schon zu bluten an, als Melanie leise fragt: »Was ist passiert?«

Ich starre über meine kleinen Babytomaten hinweg durch unser Fenster nach draußen. Wenn die Tomaten und die Zimmerpflanzen trotz norddeutschem Schietwetter so gut wachsen, vielleicht werde ich dann mal eine gute Mama sein?

»Mir wurde nahegelegt, mir Gedanken über eine Fertilitätsreserve zu machen.«

Meine mühsam aufrechterhaltene Beherrschung bricht. Ich sacke regelrecht in mich zusammen und hocke mit gesenkten Schultern heulend und schluchzend auf dem Stuhl. Ich höre, wie meine Freundinnen vom Sofa aufstehen, um mich zu beruhigen, und spüre ihre sanften tröstenden Hände, doch ich rühre mich nicht.

Ich habe keine Kraft für einen Eingriff zum Fertilitätserhalt vor der Chemo. Und dennoch will ich mir nicht die Weiblichkeit nehmen lassen. Also hilft nur eins: Mir jetzt schnell ein Baby machen lassen.

Schnapsidee. Von wem denn, bitte? Von Stevie, dem Schürzenjäger? Oder Ingo, der zwar mit mir zusammen ist, aber irgendwie auch nicht?

Schwachsinn.

Als ich kurz darauf allein in der Wohnung bin, rufe ich Ingo an. Ich brauche jetzt seine Bodenständigkeit und seinen Pragmatismus. Auch wenn ich ihn nicht bitte, mich spontan zu schwängern. Er kommt kurz darauf bei mir vorbei und bringt Eis von unserer Lieblingseisdiele mit. Zur Belohnung führe ich Ingo meine neue großartige »Frisur« vor. Und sie gefällt auch ihm gut.

»Das fühlt sich sogar an wie deine Haare«, meint er, als er mir über den Kopf streichelt.

Ich wiederhole mich gern: Es ist beinahe unheimlich, welche Ruhe Ingo auf mich ausstrahlt.

KAPITEL 16

*F*reitag, der 13. Die Dreizehn ist meine Glückszahl, das heißt, es muss ja eigentlich alles gut gehen heute.

Die Fruchtbarkeitsklinik ist eine wirklich schicke Praxis im Zentrum Hamburgs. Die Einrichtung ist teuer, die Assistentinnen schick geschminkt. Um neun Uhr lerne ich einen weiteren Doktor in meiner bislang so kurzen Karriere als Krebspatientin kennen: Dr. Nielsen. Übrigens ist er einer der wenigen Ärzte in letzter Zeit, die meine Brust nicht sehen oder anfassen wollen. Ich mag ihn trotzdem nicht besonders.

»Haben Sie einen Partner?«

Uff. Die schwierigste Frage am Anfang. Ja, habe ich eigentlich … Ich weiß, dass ich Ingo will, und ich weiß, dass er mich will. Aber ich weiß nicht, ob wir zwei je über unseren Schatten springen werden.

»Nun ja, also … nein«, antworte ich deswegen widerwillig.

»Also niemanden, mit dem Sie zurzeit ein Kind bekommen würden?«

Autsch! Das hat jetzt wirklich wehgetan. Ingo ist der einzige Mann auf der ganzen Welt, mit dem ich mir vorstellen könnte, irgendwann ein Kind zu bekommen. Aber ich schüttele den Kopf und sage gar nichts mehr.

Dr. Nielsen holt stattdessen weit aus und erklärt mir, dass mein Risiko für eine Unfruchtbarkeit nach der Chemotherapie bei circa 50 Prozent liegt. Es gibt drei Optionen.

Option 1: Eizellen einfrieren, das bedeutet, Hormone nehmen, Eizellen rausholen und schockfrosten. Diese Option fällt allerdings flach aufgrund der einfachen Tatsache, dass Hormone den Krebs fördern könnten.

Option 2: Spritzen geben, um die Eierstöcke schlafen zu legen. Das könnte das Unfruchtbarkeitsrisiko um 10 Prozent reduzieren. Kostenpunkt: 180 Euro im Monat. Und die Meinungen hierzu gehen auseinander. Diese Option fällt aber auch flach, denn ich möchte ungern noch weitere Medikamente in mich hineinpumpen.

Option 3: Eierstockgewebe durch eine Endoskopie entnehmen und einfrieren lassen. Das kann dann wieder transplantiert werden, wenn ich es brauche. Als aufmerksame Patientin erkundige ich mich natürlich nach dem Erfolg dieser Methode: Fünfhundert Proben wurden in Deutschland schon entnommen. Acht wieder eingepflanzt. Eine Frau ist schwanger.

Noch Fragen?

Ganz abgesehen von meiner Angst, dass sich in dem Gewebe eine winzige Tumorzelle befinden kann, die ich mir dann wieder einpflanzen lasse.

»Klingt alles nicht so wirklich verlockend«, gestehe ich Dr. Nielsen.

Der seufzt, schaut mich dann mit einem Lächeln an und klappt den Notizblock zu, der vor ihm auf dem Schreibtisch liegt. »Gut, Frau Seeliger, ich will Ihnen mal was sagen.«

Auweia, jetzt kommt's.

»Sie sind jung. Und bis auf den Krebs sehr gesund. Es gibt keine hundertprozentige Sicherheit, dass die Chemo keine Auswirkungen auf Ihre Fruchtbarkeit hat. Aber: Ich bin der Meinung, dass das Risiko nicht besonders hoch ist.«

Er zwinkert mir freundlich zu, und plötzlich sehe ich hinter dem weißen Kittel einen Mann, der einen echt undankbaren Job hat, weil er krebskranken Frauen die Vorzüge ihrer eingefrorenen

Eier schmackhaft machen muss. Also sage ich: »Das ist jetzt aber nicht besonders geschäftstüchtig, Herr Dr. Nielsen.«

»Nein«, lacht er, »vermutlich nicht. Aber ich bin ja nicht nur Ökonom, sondern auch Arzt, nicht wahr?«

Ich nicke. »Danke.«

*

Ich habe meine Entscheidung getroffen: keine Fertilitätsreserve für mich. Zumindest vorerst. Zur Feier des Tages entschließen sich Melanie, Lisa und ich, tanzen zu gehen. Und ich beschließe, heute ausnahmsweise ohne Brustpanzer aus dem Haus zu gehen. Heute packe ich meine beiden Freundinnen Edith-Iris und Bertha in einen bügelfreien BH und werfe mich in Schale, weißes Shirt, kurzer grauer Rock und halbhohe Stiefel.

Während ich mir die Haare frisiere, wird mir klar, dass das eines der letzten Male sein wird, zumindest mit langen Haaren. Doch das heutige Ergebnis kann sich sehen lassen. Zwar sprießen hier und da ein paar Stresspickel und die Müdigkeit lässt sich nicht ganz wegretuschieren, doch die Frau, die mich da im Spiegel anschaut, sieht alles andere als krebskrank aus. Vor mir steht ein junger heißer Feger. Glücklicherweise leide ich nicht an Selbstüberschätzung, denn an diesem Abend, als ich durch Stevies Tür gehe, sieht mich Ingo mit großen Augen an. Unsere Begrüßung fühlt sich seltsam an, ich habe tatsächlich Schmetterlinge im Bauch, als Ingo mich in seine starken Arme schließt und mir einen vorsichtigen Kuss auf die Stirn drückt.

Ich schiebe ihn ein Stück von mir weg und lächele ihn an. Ist das mein Herz, das da so laut schlägt, oder seines?

Ich bin mir nicht sicher, wie lange wir Arm in Arm in Stevies Wohnzimmer stehen, doch irgendwann unterbricht er unsere Begrüßung: »Ihr könnt euch auch vor mir küssen, ich weiß doch eh, was abgeht.«

Ja? Was geht denn ab? Würde ich auch ganz gern mal wissen.

Plötzlich nimmt mich Ingo beiseite und schaut mich ernst an. Nüchtern. Ich weiß nicht, welcher der Momente der ganzen letzten Woche den ausschlaggebenden Grund gegeben hat. All die Augenblicke und Gedanken, die ich mit Ingo geteilt habe. Vielleicht war es die Tatsache, dass ich mir Sorgen über meine Fruchtbarkeit gemacht habe.

Oder über meine Sterblichkeit.

Oder einfach darüber, dass das Leben zu kurz ist.

»Rebecca?« Er lächelt mich an.

»Hm?« Ich lächele zurück. Der Tonfall, in dem er mit mir spricht, verursacht bei mir eine Gänsehaut. Ich glaube, gleich wird er merken, dass meine Hände schwitzen.

»Wir gehören zusammen«, erklärt er trocken.

Ich nicke. »Ist mir bekannt.«

»Und wir sind zusammen.«

Ich nicke wieder, zögernder diesmal, und fühle mich wie ein sechzehnjähriges Mädchen. Diese beiden Sätze reichen aus, um mein Inneres in einen Zustand euphorischer Ekstase zu versetzen.

Wir gehören zusammen.

Und wir sind zusammen.

Punkt.

Er hat es nach all den Monaten des Schwebezustands endlich kapiert, und ich will mich ihm aufgrund meiner Diagnose nicht entziehen, sondern mit ihm zusammen sein. Es ist mir egal, was ich vor einem Monat noch dachte. Ich habe die OP überlebt, ich werde die Therapien überstehen, und ich werde auch dann noch mit Ingo zusammen sein.

Ich bin überglücklich. In der dunkelsten Stunde meines Lebens entschließt sich Ingo nicht nur dazu, mir beizustehen, sondern mein Partner sein zu wollen. Niemals hätte ich mich gewagt, danach zu fragen, niemals hätte ich mich erdreistet, ihn darauf anzusprechen. Niemals hätte ich mich aufgedrängt.

Doch er will es von sich aus. Er will mit mir zusammen sein, er weiß, was auf ihn zukommt. Er will mich, mit oder ohne Haare, mit einer unversehrten Brust und einer, der man die Geschichte, die mein Leben gerade schreibt, ansieht.

Der Abend wird ein voller Erfolg, ich tanze, trinke Bier und helfe Stevie, sich vor seiner Exfreundin zu verstecken. Ich tanze mit Ingo, der mich so wild herumwirbelt, dass ich ihn schon bremsen muss, da ich immer noch nicht richtig fit bin und die Narben noch ganz schön kneifen. Aber ich genieße jeden Augenblick. Ich beobachte meine Freunde auf der Tanzfläche, die glücklichen Gesichter, das ausgelassene Tanzen, die Freude, der Spaß, ich sauge alles gierig auf.

Es fühlt sich so gut an, dass das Leben noch nicht zu Ende ist. Dass mein Leben nicht zu Ende ist. Dass es gerade erst losgeht.

Gegen zwei Uhr muss ich dann doch das Handtuch werfen. Mein Rücken schmerzt, und mein Körper gibt mir unmissverständlich zu verstehen, dass ich genug getanzt habe. Natürlich kommt Ingo mit mir nach Hause, und wir reden, reden, reden. Er meint es mehr als ernst. Es gibt so viele Dinge, die er heute Nacht preisgibt. Nicht nur, dass er findet, dass ich großartig aussehe und mir keine Sorgen machen muss. Und er findet, dass wir gemeinsam alt werden sollten. Er verspricht mir, dass er sich jetzt und in den kommenden Monaten um mich kümmern wird. Dass es jetzt kein *Ich* mehr gibt, sondern nur noch ein *Wir*.

Ich werde fast verrückt vor lauter Liebe zu ihm, und ich spüre: Es war kein Fehler, dass er sich vor über sechs Monaten von mir getrennt hat, denn so haben wir erst gemerkt, dass wir gar nicht ohne einander können und wie viel wir einander bedeuten.

KAPITEL 17

Heute ist es so weit. Ich sitze im Wartezimmer der gynäkologischen Gemeinschaftspraxis. Heute werde ich zu Dr. Beilharz gehen, um ihm in die Augen zu schauen und ihm zu sagen … Ja, was will ich ihm eigentlich sagen?

Es ist tatsächlich so, dass ich nicht hier bin, um ihm Vorwürfe zu machen. Er ist kein Hellseher und erst recht kein Halbgott in Weiß, der erahnen kann, dass dieser Knoten, den er als harmlos abgetan hat, ein bösartiger Tumor war. Er kann nicht ahnen, dass bei einer jungen, augenscheinlich gesunden Frau ohne Brustkrebs in der Familie oder anderen Risiko erhöhenden Vorerkrankungen zwei Wochen später die Diagnose von zwei bösartigen Tumorherden gestellt wird.

Dennoch, er hatte kein Recht, bei einem nicht vollkommen eindeutigen Befund zu sagen: »Machen Sie sich keine Sorgen. Sie haben keinen Krebs.«

Dieser Satz hallt in meinem Kopf nach wie ein böses Echo. Und ich erinnere mich wieder genau an meine Reaktion. Die Botschaft von Dr. Beilharz kam zwar in meinem Gehirn an, und mein Verstand versuchte, dem Arzt Glauben zu schenken. Doch mein Herz sagte etwas ganz anderes. Dr. Beilharz' Diagnose vermochte mich nicht zu beruhigen.

Trotzdem bin ich nicht hier, um dem Gynäkologen deswegen Vorwürfe zu machen. Von Frau Dr. Scholle weiß ich, dass er sogar regelmäßig im Krankenhaus angerufen hat, um sich nach mir sowie der OP zu erkundigen. Seine Fürsorge rechne ich ihm hoch an. Hat er sich seinen voreiligen Befund selbst eingestanden? Was wird passieren, wenn ich vor ihm sitze? Ich bin immer noch die Gleiche, immer noch eine attraktive junge Frau, trotz kleiner Lädierung immer noch selbstbewusst und lebensfroh. Und er? Wird er sich winden, sich verteidigen? Oder einfach schweigen?

Er tut keines von beiden. Das Erste, was er sagt, lautet stattdessen: »Ach, Frau Seeliger, ich habe Sie erst gar nicht erkannt. Haben Sie eine neue Frisur?«

Mein Gesicht verdüstert sich. Eine neue Frisur? Das soll ja wohl ein Scherz sein. Nicht gerade das, was man eine Krebspatientin fragen sollte. »Nein.«

»Neuer Schnitt, neue Farbe?«

Ich kann mir nicht helfen, aber das ist eine Steilvorlage, die ich nicht ignorieren kann: »Noch nicht. Aber übermorgen habe ich eine neue Frisur«, antworte ich mit hoch erhobenem Haupt.

So, das hat gesessen. Ich kann ja mal die Perücke holen, dann kann ich ihm die neue Frisur vorführen.

Nun sitzt er vor mir, seine Mimik verrät, was in seinem Kopf vorgeht. Er ist entsetzt über seine eigene Gedankenlosigkeit. Das Zweite, was er sagt, ist deswegen: »Es tut mir leid.«

Diese Worte gehen nicht nur runter wie Öl, sondern laufen wie warme Schokolade bis hinunter in meinen Magen, wo sie sich wohltuend ausbreiten. Ich deute ein Nicken an und hoffe, es genügt, um zu zeigen, dass ich seine Entschuldigung annehme.

»Sie konnten nicht ahnen, dass der Knoten bösartig ist, aber Sie haben mir gesagt, ich soll mir keine Sorgen machen. Nun bin ich froh, dass ich mir dennoch Sorgen gemacht habe. Ich wüsste nicht, wie meine Chancen stünden, wenn ich noch zwei Monate gewartet hätte. Die Tumoren in meiner Brust waren äußerst aggressiv. Bei der Vorsorgeuntersuchung im Januar waren sie nämlich noch nicht da.«

»Ich weiß«, sagt Herr Dr. Beilharz leise.

»Ich möchte Sie nicht dafür verurteilen, Herr Dr. Beilharz. Ich bin hier, weil ich eine Bitte habe. Wenn eine Frau, vor allem eine junge, hier aufschlägt, und sie hat einen unklaren Befund. Schicken Sie sie weiter. Empfehlen Sie ihr, eine Stanzbiopsie zu machen. Nicht jede Frau wird ihrem Gefühl trauen, so wie ich das getan habe. Wenn Sie jeder Frau empfehlen, auf Nummer sicher zu gehen, dann wäre mir schon geholfen.«

»In Ordnung. Das werde ich tun.«

Ich bin zufrieden. Wir unterhalten uns normal weiter, er will wissen, wie es mir ergangen ist, wie die Wunde verheilt. Ich werde erst einmal in dieser Praxis bleiben. Hier kennt man mich. Hier weiß man Bescheid. Ich muss mich nicht mehr erklären.

*

Vielleicht liegt es an mir, vielleicht an der Krankheit, vielleicht ist es eine Art Nebenwirkung, wenn man dem Tod ins Gesicht blickt.

Moment mal, dem Tod? Nein.

Es mag an meinen Verdrängungsstrategien liegen, doch ich bin diesem Gedanken gegenüber immer noch neutral eingestellt. Ich sterbe nicht. So einfach ist das. Heute nicht und morgen erst recht nicht. Ich hab nämlich einfach keine Lust zu sterben, so.

Wenn man beschließt, nicht zu sterben, stellt man plötzlich fest, dass alles anders wirkt, alles anders aussieht, alles anders riecht und sich anders anhört. Das Leben schmeckt einfach anders als zuvor.

Ingos Lachen. Ich kenne sein Gesicht so gut, doch plötzlich sehe ich noch viel mehr, wenn er lächelt oder lacht. Das mag die Liebe sein, die uns beide verbindet. Das mag das Wir sein, dass wir jetzt sind. Aber es fühlt sich noch so viel schöner als zuvor an.

Oder es sind Bilder, alte Fotos, die ich betrachte. Plötzlich sehe ich die Menschen mit anderen Augen. Freunde, Bekannte, Fremde – sie sehen plötzlich anders aus. Ich erkenne vielleicht tiefere Emotionen oder sehe einfach nur etwas, das hinter ihrer Mimik schlummert. Ich weiß nicht genau, was es ist, aber es fühlt sich seltsam an.

Melanies Tränen. Sie hat sich auch schon früher an meiner Schulter ausgeweint, doch es fühlt sich plötzlich anders an. Ich spüre, wenn ich etwas tun, was ich sagen oder wenn ich einfach nur da sein muss. Meine emotionalen Fühler scheinen gewachsen zu sein.

*

Heute Abend ist Basti zu Besuch und erfüllt das klassisch männliche Klischee. Er sitzt schon seit bestimmt zwanzig Minuten hier, futtert mit uns selbst gemachten Erdbeerquark und sagt einfach nichts zu meiner Frisur. Heute Morgen hat Emma mir einen frechen, kürzeren Haarschnitt verpasst, der genauso aussieht wie meine neue Perücke Ann-Kathrin. Basti guckt zwar ständig zu mir rüber, aber gesagt hat er noch keinen Ton.

Mir kommt ein Verdacht. Ich werfe mich neben ihn aufs Sofa und lächele ihn provozierend an.

Nichts.

»Basti, du bist heute echt unmöglich«, bemerkt Lisa.

»Warum das denn?«

»Na, da musst du schon selbst draufkommen«, schimpft Lisa.

»Du hast bestimmt gedacht: Warum zum Teufel hat sie die Perücke auf? Richtig?«, sage ich.

»Ja«, lacht Basti nun, läuft rot an und verkriecht sich hinter einem Sofakissen. Also ehrlich mal. Ich lauf doch nicht freiwillig mit Falschhaar durch die Gegend, wenn ich es nicht muss. Ich bin vielleicht bekloppt, aber *so* bekloppt dann auch wieder nicht.

*

Um mich von einem Facharzt zum Thema Immunsystem beraten zu lassen, spreche ich heute mit Dr. Reinartz, einem auf Naturheilverfahren spezialisierten Allgemeinmediziner in Buxtehude. Zumindest behauptet das Google.

Eine Arzthelferin führt mich nach der Anamnese in einen freien Behandlungsraum. Insgesamt scheint hier alles sehr verlassen zu sein. Einige Minuten später bei zu lauter Meditationsmusik, die den Zweck der Beruhigung und Entspannung leider nicht erfüllt, weiß ich auch genau, warum das so ist.

Ein Mann Mitte fünfzig mit grau melierten längeren Haaren und schmaler Brille betritt das Zimmer und schüttelt mir kurz und viel zu fest die Hand. »So, Frau Seeliger, ich habe Ihre Unterlagen durchgesehen. Sie sind ja noch sehr jung. Fünfundzwanzig.«

»Vierundzwanzig.«

»Und Sie haben den Knoten vorher nicht ertastet?«

»Doch, ich habe den selbst ertastet.«

»Ja, aber erst später, oder etwa nicht?«

Es hagelt Minuspunkte. Was zum Geier hat der denn für ein Problem?

»Nun, ich war im Januar noch zur Vorsorge, und da wurde nichts gefunden.«

»Wurden Sie denn da abgetastet?«

»Natürlich, das war eine ganz normale Kontrolluntersuchung.«

»Aha, aha. Und warum haben Sie den Tumor dann erst so spät bemerkt?«

Ich starre ihn an. Was will er mir damit sagen? Dass ich ihn früher hätte bemerken müssen? Dass ich selbst schuld bin, dass der Krebs schon in meinen Lymphknoten war? Ich schweige fassungslos.

»Nun gut, ich habe ja im Bericht hier gelesen – sehr ausführlich übrigens –, dass alles gut gelaufen ist. Zeigen Sie doch mal.«

Ich starre ihn weiterhin schweigend an. Das ist jetzt hoffentlich nicht sein Ernst. Es gibt überhaupt keinen Grund, mich schon wieder vor einem fremden Arzt zu entblößen. Vor allem, wenn ich mit ihm über mein Immunsystem sprechen will.

»Ich muss mich doch davon überzeugen, dass alles gut verheilt ist«, versucht er mich zur Einsicht zu bringen.

»Wenn ich Ihnen sage, dass alles gut verheilt ist, dann können Sie mir das auch glauben. Und außerdem bin ich nicht wegen meiner Narben hier«, erkläre ich möglichst freundlich.

»Na, wozu dann?«

Meine Güte, eine derartig schlechte Behandlung hatte ich in meinem ganzen Leben noch nicht. Das übertrifft sogar die Begegnung mit Frau Hoffmann mit ihrem Tina-Turner-Skalp.

»Ich bin hier, weil ich wissen möchte, wie und ob ich mein Immunsystem während der Chemotherapie unterstützen kann. Da Sie als Schwerpunkt Immunologie angeben und unter anderem auch Naturheilverfahren anbieten, dachte ich mir, Sie können mir helfen.«

Na, und wie er mir helfen kann. Ich muss mich sogar gar nicht ausziehen. Dafür bekomme ich einen Vortrag über ein angebliches Wunderpräparat, das in meinem Fall sehr geeignet sein soll. Wenn ich dieses Zaubermittelchen bei ihm in der Praxis kaufe, gibt es sogar zwanzig Prozent Rabatt im Vergleich zur unverbindlichen Preisempfehlung des Herstellers. Ich versuche herauszufinden, was denn alles in diesem Zeug drin ist, und weise Dr. Reinartz vorsichtig auf eine Information meiner Ärztin hin:

»Meine Onkologin hat mir empfohlen, kein hoch konzentriertes Vitamin C als Nahrungsergänzungsmittel zu nehmen.«

»Wer?«

»Meine Onkologin.« Ich vermute, Dr. Reinartz ist schwerhörig, denn er pustet sich zwischendurch immer wieder die Nebenhöhlen durch, indem er sich die Nase zuhält und kräftig schnäuzt. Unfassbar.

»Wie kommt die denn darauf? Was hat denn Vitamin C damit zu tun?«

»Die Wirkung von Vitamin C könnte eine Wechselwirkung mit den Medikamenten der Chemo haben«, erkläre ich.

»Also, ich kann mir nicht vorstellen, warum Sie kein Vitamin C nehmen sollten«, wischt er meinen Einwand im Nullkommanix vom Tisch.

»Es gibt unterschiedliche Medikamente für Chemos, und meine könnten eine ungewünschte Wechselwirkung verursachen«, wiederhole ich.

»Ja, ja, das haben Sie eben schon mal erwähnt.«

Aha, er hört also doch zu. Ich senke den Kopf und kann mir ein irres Grinsen nicht verkneifen. Wo bin ich hier bloß gelandet?

»Das brauchen Sie gar nicht zu belächeln.«

Was ist denn jetzt los? Schon mal was vom Servicegedanken gehört?

»Dann dürfen Sie ja gar kein Obst mehr essen.«

»Doch, natürlich darf ich Obst essen – warum denn nicht?«

»Da ist schließlich auch Vitamin C drin.«

Jetzt bloß nicht ausrasten, Rebecca. Lieber weiter im Text. Vielleicht bekomme ich ja doch noch irgendeine brauchbare Information aus diesem Verrückten heraus.

Fehlanzeige. Es folgt der Rat, viel Sport zu treiben.

»Da können Sie Ausreden suchen, wie Sie wollen, aber ich kann Ihnen sagen: Sie müssen Sport machen.«

»Ich mache Sport.«

»Ach ja?«, zweifelt er mit einem unverschämten Seitenblick auf meinen flachen Bauch an. Sehe ich etwa so schlimm aus, dass ich es derart nötig habe, Sport zu treiben?

»Ja, allerdings. Erst heute Morgen.«

»Was haben Sie denn gemacht?«

»Wenn Sie es unbedingt wissen wollen, ich war beim Rückenkurs im Fitnessstudio.«

»Ja, aber Sie müssen Ausdauersport machen. Sie müssen laufen gehen.«

»Das mache ich wieder, wenn ich richtig fit bin. Meine OP ist noch nicht lange her.«

»Sehen Sie, also doch eine Ausrede.«

Ich erwidere darauf bewusst gar nichts, sondern funkele ihn nur böse an. Mittlerweile schlägt mein Herz bis zum Hals. *Hör einfach auf zu fragen, sonst eskaliert das Ganze hier noch.*

Auf die Beratung warte ich jedoch vergeblich, dafür bekomme ich eine Tasche voller Prospekte. Immerhin. Die sind sicherlich vertrauenswürdiger als dieser irre Kurpfuscher.

*

Ich habe kaum geschlafen und bin nervös. Ich habe Angst. Es ist Freitag, der 20. Mai. Endlich ist es so weit, nach der emotionalen Leere folgt ein schwarzer Kelch voller namenloser Furcht. Ein Festmahl für das dunkle Panikmonster mit seinen spitzen Zähnen und seinem schwarzen Schlund. Der Operationstermin für den verhassten Port rückt näher und mit ihm die erste Chemo. Ich weiß, dass ich mich mit diesem Schlauch in meiner Vene anfreunden muss, doch die Chemotherapie ist eine Reise ins Ungewisse.

Ich konnte die ganze Nacht nicht schlafen. Während Ingo

friedlich neben mir schnarchte, lag ich wach und spielte Sudoku auf meinem Handy, bis auch ich merkte, dass ich müde wurde. Aber geschlafen habe ich nicht.

Als ich im Krankenhaus ankomme, bringt mich Schwester Kira auf mein Zimmer. Nr. 35, direkt neben meinem alten Zimmer und mit demselben schönen Ausblick. Doch heute regnet es leider in Strömen. So ist das nun mal immer, wenn ich operiert werde. Der Himmel weint, weil ich Angst habe.

Ich ziehe meine altbekannte OP-Kluft an und werde von Schwester Kira nach unten in die Chirurgie gefahren, leider ohne kleine Lala-Pille, denn es hatte vorher niemand angerufen, dass es für mich bald losgeht.

»Was haben Sie eigentlich mit Ihrem OP-Kittel gemacht?«, fragt mich Schwester Kira, als sie das Schleifengewirr an meinem Hals sieht.

»Warum? Mit der Öffnung nach vorn, oder?«

»Nee, Frau Seeliger. Nach hinten. Huch, das habe ich ganz vergessen, Ihnen zu sagen. Ich dachte irgendwie, Sie wüssten das vom letzten Mal«, lacht sie.

Nee, das letzte Mal, als ich dieses Teil angezogen habe, wurde ich als Milchkuh beim MRT missbraucht. Und an die letzte OP kann ich mich nun wirklich nicht mehr erinnern. So falsch kam mir die Kittelöffnung vorn auch gar nicht vor. Müssen die nicht irgendwie an mich drankommen? Ziehen die mich etwa wieder aus, wenn ich auf dem Tisch liege? Das will ich eigentlich gar nicht so genau wissen …

Einen Vorteil ohne Vormedikamentation gibt es: Ich bekomme tatsächlich bei vollem Bewusstsein alles mit, was hier unten so passiert. Das ist mir letztes Mal komplett entgangen. Oder ich habe es schlicht und einfach aufgrund der Drogen vergessen.

Da kommen auch schon der Narkosechefarzt und sein Kollege, die mich in den nächsten Raum schieben. Die zwei sehen echt ganz nett aus, irgendwie väterlich. Der Assistenzarzt trägt eine lustige Kopfbedeckung, die ihm über das gesamte Kinn reicht, da er offenbar einen Bart hat und auch diese Haare abdecken muss. Fast wie ein Taliban.

»Dann legen wir Ihnen mal die Nadel und spritzen gleich etwas zur Beruhigung«, sagt der Chef und greift nach meinem linken Arm.

»Aber bitte vorwarnen«, stammle ich nun schon merklich nervöser meinen Standardsatz.

»Na klar. Achtung, jetzt pikst es kurz.«

»Alter Schwede. Autsch«, entfährt es mir. Das war ein ordentlicher Piks.

Die zwei Ärzte lachen. »Alter Schwede, hihihi.«

»Ja, sorry, das hat doch ganz schön wehgetan.« Ich spüre die Nadel. Und ich spüre, dass mir irgendwas eingeflößt wird. Eigentlich gut, dass ich kurzsichtig bin und meine Brille nicht anhabe.

Der Assistent platziert die Elektroden, um während des Eingriffs meine Vitalfunktionen im Auge zu behalten. Eine auf dem Arm, eine an den Rücken.

»Sie brauchen nicht nervös zu sein«, versucht mich der Chef zu beruhigen.

»Nett, dass Sie das sagen«, gestehe ich, und eine Träne rollt meine Wange hinab, »das nützt nur leider nichts.«

Warum müssen mich diese fremden Menschen in einem der ehrlichsten und verletzlichsten Augenblicke erwischen?

»Aber noch viel mehr Angst habe ich vor der Chemo am Montag. Und wenn wir jetzt den Port legen, rückt das alles noch näher und wird so real«, weine ich jetzt hemmungslos.

Der Assistenzarzt kommt näher und wischt mir mit seiner warmen sanften Hand die Tränen vom Gesicht. Eine schönere und beruhigendere Geste kann ich mir in diesem Moment nicht vorstellen.

»Wissen Sie was, Frau Seeliger? Das wird alles halb so schlimm. Und die kleine OP hier, die machen Sie sowieso mit links.«

Während ich kurzatmig schluchze, hält er mir eine Maske vors Gesicht: »Hier kommt jetzt ein bisschen Sauerstoff raus, riecht ein bisschen nach Gummi, aber nehmen Sie mal ein paar tiefe Züge.«

Ich atme das Gas aus der Maske ein und werde schlagartig ruhiger, und das Letzte, was ich weiß, ist, dass ich mich frage, ob das wirklich nur Sauerstoff ist.

KAPITEL 18

Ich wache auf und erkenne zwei Dinge: Ingos Bett. Und Ingo neben mir, der den Wecker ausschaltet.

Vorsichtig berühre ich mein Schlüsselbein. Seit Freitag sitzt da ein dicker harter Knubbel, der dafür sorgt, dass die Medikamente, die mir eingeflößt werden sollen, ohne Umweg direkt zu meinem Herzen gelangen. Von dort aus werden sie dann bis in die letzten Kapillaren meines Körpers gepumpt.

Ich bin müde. Aber an Schlaf ist jetzt nicht mehr zu denken. Heute ist der große Tag, der große Schritt in Richtung Ungewissheit. Ein warmer, starker Arm legt sich um mich und zieht mich an einen ebenso warmen, starken Körper.

»Hast du Angst?«

»Ja«, flüstere ich. »Weil ich nicht weiß, was heute mit mir passiert.«

»Das wird gut gehen, da bin ich mir sicher.«

Ingo und sein unerschütterlicher Optimismus, vor allem wenn es um jegliche Ängste, Befürchtungen oder Ähnliches meinerseits geht. Und diese wahnsinnige Grundentspannung, die dieser Mann ausstrahlt. Wir sollten unsere Welt nicht nur nach Südpol und Nordpol ausrichten, sondern nach den Menschen, die uns zur Ruhe bringen.

*

Ich stehe draußen auf dem Parkplatz und warte auf mein erstes Chemotaxi. Lisa hat sich für mich freigenommen. Langsam lege ich diesen dummen Gedanken »Wie soll ich das bloß je alles wiedergutmachen?« ab, denn ich weiß, dass meine Lieben und vor allem die Mädels und Ingo wissen, dass ich das alles auch ohne mit der Wimper zu zucken für sie tun würde. Jedenfalls sagen sie das immer, wenn ich mich mal wieder für irgendwas bedanke oder entschuldige. Und die Chancen stehen nicht schlecht, dass Lisa bei der nächsten Entschuldigung handgreiflich wird.

Sie erscheint auf dem Hof und reißt mich aus den Gedanken. »Alles gut?«, fragt sie vorsichtig.

»Puh. Hm-hm.« Gute Frage. Rebecca, was denkst du? Schon jemand zu Hause? Hallo, ist da jemand? »Ja. Doch. Ich denke schon. Ich bin müde.«

»Das ist gut.« Sie lächelt.

Im Auto ist die Stimmung dennoch angespannt. Deswegen drehen wir die Musik auf und jaulen zu »Barbra Streisand« die Straße an wie junge Wölfe den Vollmond. Zumindest, bis wir in Stade ankommen. Da wird mir wieder flau im Magen.

Was wird mit mir passieren?

Lisa parkt, wir gehen in die Klinik, und ich fülle einen Anmeldebogen aus. Dann werden wir gebeten, im Wartezimmer Platz zu nehmen.

Also warten wir. Ich muss gestehen, so schwer wie heute ist mir das Warten noch nie gefallen. Kann es endlich losgehen? Ich habe wirklich versucht, mich in Geduld zu üben, aber bislang war ich nicht sonderlich erfolgreich. Seit meiner Diagnose hetze ich von Termin zu Termin, von Ärzten zu Physiotherapeuten und habe sowieso keine Ruhe und keine Zeit. Jetzt soll das anders werden. Jetzt will man mich ganz absichtlich außer Gefecht setzen. Mich und, na ja, zugegeben: auch den Krebs.

Meine Unruhe schlägt langsam in Aggression um. Das dauert

mir alles zu lange, es muss jetzt endlich losgehen, sonst überlege ich es mir doch noch mal anders. Ich habe nicht schlecht Lust, einfach wieder zu gehen – doch da Lisa das Chemotaxi ist, funktioniert das nicht so einfach.

»Frau Seeliger. Wir können loslegen.« Endlich geht die Tür auf, und Frau Dr. Dammer holt uns rein.

Das folgende Gespräch dient in erster Linie dazu, dass sich die Ärztin davon überzeugen kann, dass es mir physisch und psychisch gut geht. Zumindest gut genug, um die Chemo zu bekommen. Kurze Zeit später sind wir dann endlich auf der Chemostation angekommen.

Ich suche mir einen bequemen Sessel am Fenster aus, und Lisa besorgt sich einen Stuhl, um sich dazuzusetzen. Als wir schon wieder warten müssen, gehe ich im Kopf noch einmal kurz meine Fluchtmöglichkeiten durch, doch da taucht auch schon eine Schwester mit osteuropäischem Akzent auf, um die Nadel zu legen. Sie macht ein mürrisches Gesicht.

»Ich bin Nadeschda. Werde ich mich kümmern um Sie.«

Oh Mann, ist ja gruselig. Die Frau kann einem echt Angst einjagen. Obwohl sie ein hübsches Gesicht hat, versprüht sie den Charme einer russischen Kugelstoßerin.

Ich versuche, die Situation mit ein wenig Small Talk aufzulockern. »Ich habe neuerdings einen Port, aber der wurde noch nie angestochen.«

Ich habe neuerdings einen Port? Ich habe neuerdings wohl eher eine Vollmeise!

Nadeschda guckt mich komisch an, reagiert aber nicht auf mein kommunikatives Angebot. Das Anstechen geht aber auch ohne nette Worte viel besser als gedacht. Es tut nur ganz kurz weh, dann ist es schon vorbei, und aus meiner rechten Schulter hängt ein kurzer Schlauch. Verschiedene Beutel werden an den langen Infusionsständer gehängt, dazu kommen einige Tabletten, die ich einnehmen muss, und Spritzen. Zunächst erhalte ich Medikamente zum Schutz meiner Organe, wie beispielsweise ein Präparat für die Nieren. Während die Schwester die durchsichtige Flüssigkeit injiziert, beobachten Lisa und ich jeden ihrer Schritte ganz genau.

»Da sind Luftblasen im Schlauch«, bemerke ich plötzlich besorgt.

Lisa starrt ebenfalls mit großen Augen auf die zwei Blasen, die sich immer weiter Richtung Port schieben.

»Ja, sehe ich«, erklärt Nadeschda nüchtern.

»Ja, ich auch!« Panik schwingt nun in meiner Stimme mit. Sehen ist ja gut, aber was tun wir nun dagegen?

»Machen Sie keine Sorge, ist in Ordnung. Ihnen nichts passiert.«

»Sicher?«, frage ich noch einmal nach, bevor sich die Luftblase in meine Vene Richtung Herz schiebt.

»Ganz sicher.«

Ich tausche noch mal einen panischen Blick mit Lisa aus. Die Luftblase ist verschwunden. Die Bilder aus verschiedenen Krimiserien, in denen der Killer mit einer Spritze Luft in die Infusion injiziert, bewahrheiten sich nicht. Ich lebe noch.

Fragt sich nur noch, wie lange, denn nur wenige Augenblicke später schließt mich Schwester Nadeschda an meine erste Infusion an. Mein Medikamentencocktail aus Zytostatika soll das Zellwachstum und die Zellteilung möglicher Tumorzellen hemmen, aber im Moment sieht das rote Zeug in dem Beutel über mir doch eher aus wie roter Gummibärchensaft. Ob ich nach der Einnahme auch so hoch springen kann?

Während sich die ersten roten Tropfen ihren Weg in meinen Port bahnen, weint Lisa fast. Ich bleibe erstaunlicherweise ruhig. Bei Infusion Nummer zwei fühle ich mich dann hingegen komplett betrunken.

»Da ist doch Hochprozentiges drin«, meint Lisa und tippt mit dem Finger gegen den Infusionsbeutel.

»Warum?«, lalle ich.

»Na, schau dich doch mal an!«

Infusion Nummer drei ist ein wenig besser. Ich fühle mich jedenfalls nicht mehr allzu gaga. Dafür stellen wir auf der Toilette, auf die mich Lisa begleitet, erschrocken fest, dass mein Urin rot ist. Schwester Nadeschda hat zwar gesagt, dass der rote Farbstoff vom Gummibärensaft wieder mit dem Urin ausgeschieden wird, aber mein Pipi ist tatsächlich richtig tiefrot. Verrückt.

Jedes Mal, wenn eine Infusion durchgelaufen ist, piepst mein Ständer. Damit ich möglichst schnell wieder hier rauskomme, unterstütze ich dieses Geräusch mit einem eigenen gezwitscherten »Piep!« inklusive gestischer Untermalung durch hektisches Flattern mit den Armen. Die Schwestern halten mich wahrscheinlich für total durchgeknallt.

Nach der letzten Infusion zieht mir Schwester Nadeschda die Nadel. Vor dieser Frau habe ich wirklich ein wenig Angst, alle anderen sind sehr mütterlich, aber diese hier mit ihrem osteuropäischen Akzent und ihrer brachialen Art schüchtert mich ein wenig ein. Doch auch das Ziehen der Nadel überstehe ich schadlos.

»Und das war's dann?«

»Ja, das war.«

Schönen Dank, beehren Sie uns bald wieder, bis zum nächsten Mal. Hui, das war ja gar nicht so schlimm wie gedacht. Ich habe mich nicht übergeben, ich bin nicht umgekippt, mir geht es eigentlich ganz gut. Zur Belohnung gibt es erst einmal zwei Kugeln Eis und im Anschluss eine Portion Nudeln, da mein Magen nach Essen verlangt. Als Melanie kommt, stehe ich gerade im Flur und tue so, als ob ich auf einem imaginären Brett stehe und surfe.

»Äh, ja nee, is' klar«, begrüßt sie mich kopfschüttelnd.

Pff! Chemo. Das ist ja wie ein Vollrausch. Gut, beim Feiern kann ich aufhören zu trinken, wenn ich genug habe. Jetzt rechnet meine Onkologin die ausreichende Dosis Drogen aus, die mich abschießen soll.

KAPITEL 19

Alles gut bei dir?«, fragt Ingo. Der Wecker hat eben geklingelt. Es ist noch früh. Zu früh für mich.

»Ja, alles drin, alles dran.«

Als keine Minute später mein Magen rebelliert, korrigiere ich meine Aussage und nehme sofort die Tablette gegen Übelkeit, die ich für die ersten beiden Tage nach der Chemo bekommen habe. Direkt nach dem Aufstehen einnehmen, stand in dem Beipackzettel. Das hat also auch seinen Sinn und ist heute, am zweiten Morgen nach dem Giftcocktail, genauso notwendig wie gestern.

So viel zum Thema »Mir geht es eigentlich ganz gut«. Und dabei wollte ich fit sein, denn heute muss Ingo ins Krankenhaus. Morgen werden ihm die Mandeln rausgenommen. Obwohl er sich anfangs gesträubt hat, lässt er es doch zu, dass ich ihn ins Krankenhaus begleite. Wir füllen gemeinsam die Fragebögen aus, mit denen ich mich schon gut auskenne, dann lasse ich ihn allein, sonst wird er noch nervös.

Als ich nach Hause komme, trifft mich unerwartet eine Abrissbirne am Hinterkopf. Ich werde so unendlich müde, dass ich mich gerade noch in mein Bett schleppen kann, um dort sofort einzuschlafen. Zwei Stunden liege ich regungslos in meinem warmen Bett, bis Melanie nach Hause kommt. Ich bin den ganzen Tag nicht mehr in der Lage, irgendwas zu tun, und schaffe es noch nicht einmal, mir über diese Tatsache Sorgen zu machen. Ich bin einfach zu müde.

Es nützt auch keine frische Luft, kein Spaziergang mit den Mädels. Lediglich erneuter wahnsinniger Hunger holt mich aus meiner Lethargie heraus. Ich esse. Ich schlafe. Ich wache auf, als ich höre, wie Lisa und Melanie aufräumen und die Wohnung putzen.

Und ich bin einfach immer noch müde. Und vollkommen nutzlos. Ich kann keinen klaren Gedanken fassen, nur hier sitzen und dumm aus der Wäsche gucken und heulen. Grandios.

*

Heute wird Ingo operiert. Und ich bin natürlich nervös. Immerhin schaffe ich es, gegen zehn Uhr aufzustehen, und vertreibe mir die Zeit mit Fernsehen. Hartz-IV-TV. Super. Um elf Uhr halte ich es nicht mehr aus und rufe im Krankenhaus an.

»Ja, der ist wieder heil bei uns auf der Station angekommen.«

Es ist alles in Ordnung. Ich mache mich also auf den Weg ins Krankenhaus, obwohl ich mich ein wenig sorge, dass mir gleich wieder die Abrissbirne begegnet. Ingo ist wach, als ich ankomme, aber gut geht es ihm nicht. Er kann nicht sprechen, kann nicht schlucken, nur genauso müde rumblinzeln, wie ich mich seit Tagen fühle. Doch ich spüre, wie froh er ist, dass ich da bin, und ich bin froh, endlich ein kleines bisschen zurückzugeben.

Nachdem wir über den Flur spaziert sind, möchte er, dass ich mich zu ihm ins Bett lege. *Du, mein Schatz, kriegst all die Liebe, die ich zu geben habe, so viel du willst und noch viel mehr.* Es fällt mir schwer, mich in meiner Fürsorge um Ingo zu zügeln. Es ist leichter, sich auf die Krankheit anderer zu konzentrieren, als über die eigenen Therapien zu grübeln. Es ist gut, dass ich etwas habe, das mich von meinen Chemonebenwirkungen ablenkt. Also fahre ich in den folgenden Tagen wieder zu Ingo ins Krankenhaus, besorge ihm eine Zeitschrift gegen die Langeweile und bade in seinem freudestrahlenden Blick. Sprechen kann er noch nicht gut, aber seine Augen sagen mehr, als er je in Worte fassen würde.

»Es ist so schön, ein so verliebtes Paar zu sehen«, sagt sein Zimmergenosse, als wir gerade aus dem Zimmer gehen wollen. »Das sieht man selten.«

Wir schweigen und lächeln.

*

Mir ist schlecht. Speiübel.

Aber ich schaffe es. Ich habe mich bisher nicht übergeben und werde es auch nicht tun. Ich habe sogar mit Lisa gewettet, dass ich nicht kotzen werde. Wenn ich richtig gerechnet habe, steht es 3:0 für mich.

Meine Übelkeit fesselt mich aber einmal mehr ans Sofa und bringt mich zum Grübeln. Ich hab da mal 'ne Frage. Wie funktioniert das eigentlich, so eine Beziehung mit einer todkranken Freundin? Werde ich mich jemals aufhören zu fragen, was passiert wäre, wenn ich nicht krank geworden wäre? Ist das überhaupt relevant? Was ist eigentlich in Ingo vorgegangen die ganze Zeit über? Wird dieser stille Kerl mir irgendwann einmal erzählen, ob er auch Angst hatte, dass ich sterbe?

Werde ich bald sterben?

KAPITEL 20

Entschuldigung, Sie wissen, dass das hier kein Parkplatz ist?«, frage ich in freundlichem Tonfall. Diese dämlichen Menschen, die immer vor meiner Garage parken und mir die Einfahrt versperren. Diesmal habe ich einen auf frischer Tat ertappt. Gleich kommt sicherlich die Ausrede »Ich wollte nur kurz was abholen« oder so was in der Richtung.

»Ach Gott, jetzt kommt der Scheiß wieder!«

Huch, der ist aber unfreundlich. Der Mann, der mich böse anfunkelt, erinnert mich an einen Maulwurf. Klein und schmal, mit wenigen, kurzen grauen Haaren und einer randlosen Brille auf der Nase.

»Das ist kein Scheiß. Sie können und dürfen hier nicht parken, da man so nicht mehr in die Garage kommt«, erwidere ich immer noch betont freundlich.

»Als ob Ihnen hiervon eine Garage gehört! So ein Blödsinn.«

»Mir gehört diese Garage.« Ich zeige auf das Tor, vor dem er sein Auto geparkt hat.

Der Maulwurf schweigt. Dann scheint ihm eine Idee zu kommen: »Na und, fahren Sie einen Lastwagen, oder was? Hier ist doch massig Platz, stellen Sie sich nicht so an.«

Langsam strapaziert der Typ wirklich meine Geduld. Ich habe doch wohl schon genug am Hals, da darf ich ja wohl bitten, so zu parken, dass ich in meine Garage fahren kann. Ich lächle weiter. »Das ist kein Parkplatz.«

»Das ist doch eine Scheiße«, wird er plötzlich ausfällig. »Lassen Sie mich doch mit diesem Mist in Ruhe! Ich kann hier parken, und ich *werde* hier parken!«

Während der Maulwurf noch vor Zorn wild mit den Armen herumfuchtelt, wende ich mich von ihm ab. »Das habe ich nicht nötig, auf so einem Niveau mit Ihnen zu diskutieren.«

Wahnsinn, wie ruhig ich bleiben kann. Ich bin viel gelassener geworden seit meiner Diagnose. So schnell lasse ich mich nicht mehr provozieren. Und wahrscheinlich bringt das den Maulwurf nun wirklich auf die Palme. Ich setze sogar noch einen drauf. »Ich wünsche Ihnen noch einen wunderschönen guten Abend«, sage ich freundlich, aber mit einem tödlichen Lächeln.

Na, was kommt jetzt?

»Ja, ich Ihnen auch. Und ich möchte mich entschuldigen.«

Entschuldigen? Innerhalb von dreißig Sekunden ist sein Zorn verraucht? Meine Mimik zeigt wohl Überraschung, denn er fährt fort: »Ich möchte Sie wirklich in aller Form um Verzeihung bitten. Ich habe einfach einen echt beschissenen Tag.«

Ich sehe ihm in die Augen. »In Ordnung. Aber wissen Sie was? Ich habe ein echt beschissenes Jahr und bin trotzdem nicht so unfreundlich.«

Er nickt. »Sie haben recht, Entschuldigung.«

Ich nicke ebenfalls. »Akzeptiert. Parken dürfen Sie hier trotzdem nicht. Aber einen schönen Abend wünsche ich Ihnen.«

KAPITEL 21

Lisa hat eben angerufen und gefragt, ob ich mit ins Freibad möchte. Ich überleg's mir, habe ich gesagt. Ich komme vielleicht nach.

Ich kann nicht, habe ich gedacht. *Auf gar keinen Fall.*

Denn heute Morgen beim Kämmen, da fielen viele Haare. Überall waren sie, in der Bürste und auf meinen Schultern. Ich konnte sie einfach so vom Kopf ziehen.

Ich habe ja gar keinen Grund mich zu beschweren, denn seit Tagen quengele ich, dass ich nicht mehr auf den Haarausfall warten will. Am ersten Tag nach der Chemo fühlten sich meine Haare schon ganz stumpf und trocken an. Seitdem warte ich jeden Tag darauf, dass sie ausfallen. Denn das ist bei der Chemo nun mal unausweichlich. Es ist ein Dilemma zwischen Warten auf den Moment, in dem es losgeht, und der Angst, die Haare tatsächlich zu verlieren.

Jetzt habe ich beinahe zwei Wochen ausgeharrt, und eigentlich war es schon fast so, als wäre ich gar nicht krank. Diese Illusion, dass es mir gut geht und dass ich auch genauso aussehe wie vorher, war einfach angenehm. Bequem.

Nur ist es damit nun vorbei. Ab jetzt werden die Haare fallen wie trockenes Laub. Ich merke, dass mein guter Vorsatz gerade flöten geht. Von wegen erhobenen Hauptes auch ohne Haare durch die Welt gehen. In wenigen Tagen kann jeder sehen, dass ich Krebs habe. Oder hatte. Oder gehabt haben werde. Einfach jeder, wenn ich meine Perücke nicht trage.

Mir ist es egal, wenn Bekannte, Freunde, Verwandte das sehen, ich scheue mich nicht davor, denn sie wissen Bescheid und stehen hinter mir. Aber was mache ich bloß, wenn fremde Menschen mich ansprechen? Habe ich genügend Energie, um jedes Mal wieder zu erklären, was mit mir geschieht, was ich gerade durchlebe? Kann ich den fragenden, neugierigen, vielleicht auch kritischen Blicken standhalten? Was ist, wenn sie hinter vorgehaltener Hand über mich tuscheln? Wie komme ich damit klar?

Schluss mit diesen dämlichen Ängsten. Die anderen sollen doch denken, was sie wollen – wenn es jemandem nicht passt, dass ich eine Glatze habe, dann soll er halt wegschauen!

Das gilt allerdings nicht für alle, denn wenn meine Mädels oder vor allem Ingo doch ein Problem damit haben sollten, dann sitze ich richtig in der Tinte. Damit würde ich nämlich nicht klarkommen.

Ich betrachte mich im Spiegel. Wie schnell mag das Ausfallen jetzt wohl gehen? Ich fahre mir mit gespreizten Fingern durchs Haar. Ein paar Strähnen bleiben hängen. Ich greife mit der linken Hand fest in mein dichtes Haar und ziehe sie von Scheitel bis Schulter hindurch, ganz schön viele Haare wickeln sich da um meine Finger.

Mir schießen plötzlich die Tränen in die Augen, wie ich da so meine Haare in den Händen halte. Die Haare, die ich seit beinahe fünfundzwanzig Jahren auf dem Kopf trage. Die Haare, die schon geschnitten, getönt, gefärbt, die schon so oft gewaschen, gebürstet und geföhnt wurden. Die sind doch ein Teil von mir. Ein großer Teil. Der mir jetzt einfach so genommen wird. Nicht sofort, nicht kurz und schmerzlos. Nein, ich darf dem Verlust scheibchenweise zusehen.

»Wenn das erste Haar fällt, rasier ich mir den Rest ab«, habe ich vor ein paar Wochen zu Melanie gesagt. Wo sind die starken Worte hin? Nichts ist mehr davon geblieben. Hier stehe ich nun heulend vorm Spiegel und will mich nicht trennen. Ich will meine Haare so lange wie möglich behalten. Lass sie doch ausfallen. Dann sehe ich halt aus wie eine Vogelscheuche! Ich will sie nicht gehen lassen. Aber wie schlimm wird es noch? Werde ich sie mir büschelweise vom Kopf pflücken können? Tut es irgendwann weh?

Ich hasse die Ungewissheit und das Gefühl, das sich gar nicht richtig in Worte fassen lässt. Ich kann es nicht mehr leugnen. Es ist so weit: Mir fallen die Haare aus. Und jetzt habe ich doch Angst vor den Konsequenzen. Wo ist die lebensfrohe Rebecca hin? Wo ist der Optimismus? Der Lebensmut? Der Spaß? Der Wahnsinn? Die Verruchtheit? Bin ich denn komplett bescheuert, das alles von meinem Haarschopf abhängig zu machen? Was ist bloß los mit mir?

»Jetzt reiß dich aber mal zusammen, Rebecca«, beschimpfe ich mich selbst. Doch das nützt nichts.

Während ich im Spiegel meine Narben mit Wund- und Heilsalbe versorge, ertönt im Radio einmal mehr Adele.

See how I leave with every piece of you
Don't underestimate the things that I will do

Nein, unterschätze nicht, was ich bereit bin zu tun. Du wirst es bitterlich bereuen, dich bei mir eingenistet zu haben, du scheiß Krebs! Und du wirst mich nicht dazu bringen, mich zu verstecken. Nein, du bekommst mich nicht.

Vorsorglich style ich noch einmal ausgiebig meine Haare, nehme mir vor, mich ein wenig zu betrinken, und gehe mit meinen Freunden zusammen zum Altstadtfest. Leise klingen die Worte von Frau Dr. Dammer in meinem Kopf: »Sie sollten Menschenmengen meiden.« Nun ja. Zu spät. Ich werde trotzdem leben und feiern, lieben und tanzen. Ohne schlechtes Gewissen und ohne Angst. Was soll mir denn noch passieren?

*

Nach dem Frühstück am nächsten Morgen fahre ich noch einmal vorsichtig durch meine Haare. Sie fallen weiter. Um meine Finger wickeln sich die einzelnen Haare wie kleine dünne Algen.

»Ingo?«

»Hm?«

Ich weiß jetzt schon, dass die nächste Frage unnötig ist, doch ich kann nicht anders. Ich brauche die Bestätigung. »Wirst du es sehr schlimm finden, wenn ich keine Haare mehr habe?«

»Ach Quatsch.« Er legt seinen Arm um meine Schultern und drückt mir einen Kuss auf die Stirn. »Das habe ich dir doch schon mal gesagt. Um mich brauchst du dir keine Sorgen machen. Ich finde das nicht schlimm.«

Dankbar lehne ich den Kopf an seine Schulter. »Okay.« Trotzdem vergieße ich einzelne Tränen. »Ich weiß nicht, was ich jetzt machen soll.«

»Warum?«

»Soll ich warten oder sie sofort abschneiden lassen?«

»Solange es geht, kannst du doch deine Haare behalten.«

»Dann findest du es doch schlimm, wenn sie mir ausfallen?«

Das ist wohl ein typisches Frauen-Männer-Gespräch und könnte ohne Weiteres zu einer Diskussion und ganz viel Tränen meinerseits führen. Doch Ingo grinst mich breit an und schüttelt den Kopf. »Ich hab's mir anders überlegt. Geh los und lass sie dir abschneiden.«

Nun muss ich auch grinsen. »Schon gut. Sorry.«

*

Mein Arm schmerzt nur noch leicht, das Hämatom vom Port versteckt sich immer noch irgendwo, aber ich fühle mich wieder fit. Ich will an die frische Luft, Energie tanken, und tarne es bei Melanie als »Walken«.

Mein Kopf pocht, wie um mich daran zu erinnern, dass ich mitten in der Chemo stecke, doch das hält mich nicht davon ab, aus dem Walk heimlich einen Lauf zu machen, indem ich das Tempo langsam anziehe. Es fühlt sich toll an, sich zu bewegen.

»Äh, Rebecca, bist du dir ganz sicher, dass du schon laufen willst?«

»Ja«, rufe ich und renne davon.

Ich sauge die Luft gierig in die Lungen ein und lasse mich von meinen Füßen vorwärtstragen. Es fühlt sich toll an. Nein, es fühlt sich *besser* als toll an. Ich kann es in zwei Worten beschreiben: Ich lebe.

Als wir den See fast umrundet haben, geht mir langsam die Puste aus. »Ich glaube, ich brauche eine kleine Pause«, keuche ich.

»Kein Problem.«

Wir drosseln das Tempo, und erst jetzt merke ich, wie schnell mein Herz schlägt und wie das Blut in meinen Ohren rauscht. Puh, das fühlt sich jetzt gar nicht mehr *so gut* an.

»Oh-oh«, stelle ich fest.

»Was, oh-oh?«, fragt Melanie alarmiert.

»Oh-oh, ich glaub, mir wird schlecht.«

»Dann gehen wir jetzt einfach nach Hause. Langsam.«

»Hm-hm.«

Zumindest tragen mich meine Füße kommentarlos weiter. Zu meiner leichten Übelkeit kommt jetzt auch noch ein Flimmern vor den Augen. Es fühlt sich an, als würde um die Realität ein schwarzer zuckender Rahmen gespannt werden, der sich mit jedem Schritt ein wenig mehr zuzieht. Der Vorhang fällt.

»Ähm – Melanie? Mir wird schwarz vor Augen.«

»Dann gehen wir jetzt einfach ganz langsam zum nächsten Stein.«

Ruhig greift Melanie nach meiner Hand und führt mich weiter. Innerlich danke ich ihr für ihre Ruhe, denn ich hätte auch kein Problem damit, mich hier und jetzt in den Wald zu legen. Nicht, nachdem das Pochen in meinem Kopf sich endlich und mit Nachdruck Gehör verschafft hat: *Ach, stimmt ja. Fast vergessen, wir sind ja Chemopatient.*

Nachdem mich Melanie sicher und ohne Zusammenbruch nach Hause geführt hat, stelle ich mich unter die Dusche. Mein toller Entschluss von gestern hat eine Halbwertszeit von genau vierundzwanzig Stunden, denn nach der Dusche kleben an meinem nackten Körper lange blonde Haare. Überall. Ich trockne mich ab und wickele mir ein Handtuch um den Kopf.

Ich habe keine Lust, meine Haare im ganzen Bad aufzusammeln, also gehe ich zum Kämmen kurzerhand hinaus auf den Balkon. Los geht's. Vorsichtiges Bürsten ergibt keinen Sinn, die losen Haare kommen jetzt so oder so mit raus. Nicht mehr behutsam rechts und links striegeln, sondern einfach kraftvoll durchbürsten. Innerhalb von Sekunden ist meine Bürste ein reines Wollknäuel, und auch am Balkongeländer verheddern sich ein paar blonde Strähnen. Ich fahre mit den Fingern durch die Haare. Die Anzahl, die sich da nun so einfach um meine Finger wickelt, ist seit gestern ganz schön angestiegen.

Ich betrachte sie noch einen Augenblick, dann lasse ich sie frei. Ich beobachte, wie sie sich leicht und sanft in die Lüfte erheben. Die Morgensonne lässt sie golden schimmern. Gute Reise.

Ihr werdet mir fehlen.

*

Es juckt. Ein leichtes penetrantes Stechen auf der Kopfhaut, hier und dort. Dann ist es wieder vorbei, aber nur vorübergehend, denn gleich wird wieder eine andere Stelle anfangen zu jucken und zu piksen. Den ganzen Tag.

Für wie lange? Wie lange werde ich das durchhalten? Nicht besonders lange.

Ich renne nur noch mit einem Tuch um den Kopf herum, damit mir nicht ständig ein Büschel ausgefallener Haare hinterherfliegt.

So geht das natürlich nicht. Schon am nächsten Tag habe ich einen Termin bei Emma ergattert – mit freundlicher Unterstützung meiner Mädels, die wie selbstverständlich mit am Start und wahrscheinlich noch viel nervöser sind als ich.

Ich werde mir die Haare abrasieren lassen. Ratzekahl. Ich kann nicht mehr abwarten. Ich will sie nicht waschen, damit sie den Abfluss nicht verstopfen. Ich will sie nicht kämmen, damit ich nicht wieder aussehe, als hätte ich mit einem blonden Langhaardackel gekämpft. Ich will mir nicht die Haare aus dem Gesicht streichen, um dann wieder ein Bündel goldener Strähnen in der Hand zu halten. Nein, ich will nicht mehr. Ich will nicht warten, bis ich aussehe wie ein gerupftes Huhn. Pock.

*

Gleich nach der Physiotherapie, die zumindest einen Teil meiner Nervosität mithilfe von entspannender Lymphdrainage wegschwemmt, sammle ich die Mädels vor der Haustür ein. Ein Blick in ihre Gesichter, und ich weiß: Sie sind tatsächlich noch nervöser als ich. Ich hingegen ziehe mit einem Lächeln im Gesicht los Richtung Friseursalon. Und das sogar mit bester Laune, denn das Warten hat endlich ein Ende. Ich scherze, lache und freue mich, endlich etwas tun zu können.

Doch als wir dann den Friseursalon von Emma erreichen, wird mir schlagartig schlecht. Als ich die Tür aufdrücke, möchte ich mich übergeben. Wir werden in die zweite Etage in einen kleinen Raum samt Spiegel und Sitzmöglichkeiten geführt. Als ich hier oben sitze und mit Melanie und Lisa auf meine Freundin Emma warte, ist die Gefühlsachterbahn schon wieder vorbei.

Emma kommt und setzt sich zu uns. Sie macht keine langen Worte: »Fallen dir schon viele Haare aus?«

»Nun …« Ich ziehe mein Tuch vom Kopf und fahre mit der rechten Hand durch die Haare. Eine dicke Strähne hängt da an meinem Finger. Beeindruckend, noch viel mehr als heute Mittag beim Haarekämmen.

»Okay, ich verstehe.«

Was mache ich nun mit den Haaren in meiner Hand? Aufwickeln? Einen Pulli stricken? Ratlos starre ich Emma an.

»Lass sie einfach fallen.«

Emma verhält sich in den kommenden Minuten vorbildlich. Wie aus dem Lehrbuch zum Umgang mit Krebskranken. Gekonnt lenkt sie mich mit harmlosem Geplänkel ab, das ich dankbar aufgreife. Bald schon rede ich über alles Mögliche. Worüber? Keine Ahnung, ich plappere einfach drauflos und warte darauf, dass der Monster-Krebskopf vor mir im Spiegel auftaucht.

Zunächst macht Emma mir jedoch einen Zopf am Hinterkopf und legt die Schere an. »Sag mal, wo hast du jetzt deine Perücke her? Warst du in Harburg?«

Gutes Thema. Sehr gutes Thema zum Ablenken.

»Oh ja, da war ich. Aber da habe ich keine Perücke gekauft. Schickt niemals jemanden zu Frau Hoffmann.«

Während ich von meinen Erlebnissen mit dieser schrecklichen Hexe berichte, spüre ich die Schere an meinen Haaren.

»Ich schneide jetzt, ja?«

»Ja, ich merk's schon. Immer weitermachen, deswegen bin ich ja hier.«

Aus den Augenwinkeln sehe ich, dass Melanie rechts von mir drohend den Finger hebt. Ein Blick nach links verrät mir, warum: Lisa steigen schon die ersten Tränen in die Augen.

Ich hingegen habe nur leichtes Herzklopfen. Ich bete innerlich, dass mein Kopf tatsächlich so hübsch aussehen wird, wie ich mir seit Wochen versuche einzureden. Ich will kein Monster sein.

Zusammenreißen, Mädels, heulen bringt nichts, sonst ist der Moment hier vorbei, und wir haben alles verpasst. Weinen können wir später noch, wenn es nötig sein sollte.

Emma schneidet den dicken Zopf am Hinterkopf und noch drei weitere Zöpfe an den Seiten ab. Ich sehe aus, als hätte ich versucht, mir in betrunkenem Zustand selbst eine asymmetrische Trendfrisur zu verpassen. Gut, dass ich zu diesem Anlass keine Kamera mitgenommen habe.

Meine Zöpfe liegen vor mir auf dem Tisch. Emma zückt die Haarschneidemaschine.

»Wie kurz machen wir das denn jetzt?«, frage ich mit mulmigem Gefühl im Bauch.

»Ich würde vorschlagen, ganz ab.«

»Ganz ab?«

»Ganz ab.«

»In Ordnung.«

Emma setzt die Maschine zunächst am Nacken an. Melanie geht an mir vorbei zu Lisa, um sie in den Arm zu nehmen. Händchen halten will ich nicht, das macht es wahrscheinlich nur schlimmer. Obwohl ich meine beiden Mädels nicht sehen kann, bin ich mir sicher, dass sie jetzt doch weinen. Ein bisschen zumindest. Die Maschine summt, und jetzt ist auch der Moment da, in dem mir Tränen in die Augen steigen. Ich habe zwar schon

Abschied genommen, doch nun ist der Moment der Beerdigung gekommen.

Als ich demütig den Kopf senke, damit Emma besser an den Haaransatz kommt, denke ich: *Jetzt geht es los. Jetzt muss ich doch heulen.*

Und dann fange ich stattdessen urplötzlich an zu kichern, weil die Maschine im Nacken kitzelt. Erst versuche ich noch, es zu unterdrücken, doch dann muss ich laut lachen: »Das kitzelt!« Ich schüttele mich vor Lachen, in das auch die Mädels ungläubig einstimmen, während sie sich verstohlen mit dem Handrücken über die Augen wischen.

Es geht weiter. Erst der Nacken. Dann der Hinterkopf. Melanie und Lisa werden wieder ganz still. Von meiner Position aus sehe ich nur meine zotteligen Haare, die mir am Vorderkopf geblieben sind, und mache mich darüber lustig, wie bescheuert ich doch gerade aussehe. Sie sehen schon meinen kahlen Hinterkopf.

Nachdem ich so kitzelig im Nacken war, kommt mir noch ein ganz anderer Gedanke. Ich muss schon wieder lachen. »Vielleicht habe ich ja jetzt ganz neue erogene Zonen«, pruste ich.

Ich werde mit erneutem Gelächter von den drei anderen belohnt. Emma fragt sich wahrscheinlich, wie verrückt ich in der Zwischenzeit geworden bin – nicht, dass ich jemals normal gewesen wäre, aber der Wahnsinn hat in den letzten Monaten doch deutlich um sich gegriffen. Ich frage mich, ob das ein unheimlicher Verdrängungsmechanismus ist, den ich da gerade erfolgreich anwende, und ob alle Krebspatienten so drauf sind.

Nun geht es an die Seiten. Wir scheren meinen gesamten Kopf, und die Haare fallen. Nein, es ist nicht traurig. Es ist wie eine Erlösung. Ich muss nicht mehr warten, dass ich aussehe wie eine Vogelscheuche, dass ich ständig Haare überall aufsammeln muss. Ich muss vor allem nicht mehr warten, bis mir ein hübsches Gesicht mit kahlem Kopf entgegenblickt. Ob alle so verwundert sind wie ich?

»Und?«, frage ich vorsichtig. »Wie sieht mein Schädel aus?«

»Sehr gut«, sagt Emma überzeugt.

»Keine komischen Dellen oder Beulen? Keine komischen Leberflecken oder so was?«

»Nein, gar nicht.«

»Ganz sicher?« Ich drehe den Kopf ein wenig hin und her.

»Ja. Auch von hinten sieht er hübsch aus«, bestätigt Melanie.

»Viele haben so eine komische Platte, aber deiner ist schön rund«, meint Lisa.

Meine Zweifel zerstreuen sich langsam. Dort sitzt ja gar kein hässliches Krebsmonster.

»Wirklich, du hast einen richtig schönen Kopf. Und ein hübsches Gesicht, das jetzt noch viel mehr zur Geltung kommt.«

Ich lächle Emma dankbar an. Das Kompliment ist ernst gemeint.

Mein Mantra, das ich mir seit Tagen aufsage, wird plötzlich wahr: Ich brauche mich nicht zu verstecken. Ich brauche keine Angst zu haben, mich zu zeigen, denn ich bin nicht entstellt. Ich kann mich immer noch sehen lassen.

Vorsichtig streiche ich mit der flachen Hand über die letzten Stoppeln auf meinem Kopf.

»Das fühlt sich komisch an.«

Stille.

»Nicht schlimm«, beruhige ich die Mädels, die wahrscheinlich gerade doch einen Nervenzusammenbruch befürchten, »nur komisch. Ganz stoppelig.«

Nachdem mich Emma noch mal im Nacken kitzelt, um die letzten Haare zu beseitigen, darf Ann-Kathrin, meine Perücke, endlich zum Einsatz kommen. Vorsichtig habe ich sie am Abend zuvor gewaschen, noch vorsichtiger mittags gekämmt. Ehrfürchtig ziehe ich sie nun über den Kopf und bin überrascht, wie einfach das nun geht, so ganz ohne störende Haare darunter. Sie sitzt perfekt.

Beeindruckt betrachtet Emma meine neue Haarpracht. »Die ist ja wirklich richtig toll. Und so schön verarbeitet. Und diese Strähnchen. So hübsch bekommt man die in echtem Haar gar nicht hin.«

Ich lache. »Ja, wir haben auch genug Zeit darauf verwendet, sie zu finden.«

Da sitze ich nun mit Ann-Kathrin auf dem Kopf. Man könnte meinen, ich hätte mir die Haare einfach dunkler gefärbt, wenn da nicht die ganzen Haare auf dem Boden rings um mich herumliegen würden.

*

»So, und zur Belohnung gehen wir jetzt ein Eis essen«, beschließe ich, als wir den Friseursalon verlassen.

Bloß nicht einschließen, nehme ich mir ganz fest vor. Es gibt keinen Grund, sich zu verstecken, also fangen wir damit erst gar nicht an.

Auf dem Weg zu unserem Lieblingseiscafé bemerke ich, wie stolz ich auf die Mädels bin. »Danke schön. Ihr habt das echt ganz toll gemacht.«

Böse Blicke durchbohren mich.

»Okay, ich hab nichts gesagt.«

»Du brauchst dich nicht immer zu bedanken«, meint Melanie.

»Oder dich entschuldigen«, fügt Lisa hinzu.

»Und auf gar keinen Fall darfst du uns loben«, schließt Melanie.

Ich kichere. »Dann sag ich jetzt nichts mehr.«

»Ahhh, deutsche Manner! Habe einfach keine Temperamente!« Unsere Lieblingseisverkäuferin Lucia, eine Italienerin mit langen dunklen Haaren um die vierzig, schüttelt den Kopf. Verwirrt schauen wir sie an.

»Warum, was ist denn los?«, frage ich.

»Steht er hier mit Fahrrade und brauchte zehn Minute, um sich für eine Kugel Eis in die Waffel zu entscheide!«

Wir lachen.

»Das muss wie bei die Italiener mit mehr Temperamente gehen! Hier, prego, eine Kugel Eis, und nicht hm, hm, ich weiße noch nicht …« Die Italienerin lacht. »Habt ihr Feierabende?«, fragt sie und packt mir zwei monströse Kugeln in die Waffel.

»Ja. Sozusagen. Belohnungseis«, erkläre ich.

Sie reicht mir mein Eis über die Theke. »Hast du neue Frisure?«

»Ja«, ertönt es dreistimmig im Chor.

Innerlich muss ich laut auflachen. Von links kommt Melanies Hand, um mir zu Hilfe zu eilen, falls ich doch noch in Tränen ausbreche.

»Hast du dunkler?«, fragt die Italienerin.

»Ja. Ich dachte, ich probiere mal eine neue Farbe. Mit mehr Temperamente.«

»Sieht gut aus! Bellissima!«

Ich grinse. »Ja, danke. Ich finde es auch gut.«

*

Wir sind an der Ostsee. Im Urlaub.

Wir, das sind Melanie, Basti, Lisa und Timo. Ingo ist zu Hause und muss arbeiten – als wir die Reise gebucht haben, waren Ingo und ich schließlich noch nicht zusammen. Oder nicht mehr. Wie auch immer.

Mein Handy habe ich ausgeschaltet. Ich will keine Anrufe erhalten, ich will keine aufmunternden SMS lesen. Ich habe jetzt mal frei, selbst vom Krebs.

Die beruhigende Wirkung des Meeresrauschens ist grandios. Seit gestern habe ich beschlossen, meinen Bikini an- und Ann-Kathrin auszuziehen. Mit Lichtschutzfaktor fünfzig und einem leichten Baumwolltuch auf dem Kopf kann ich wärmende Sonne und frische Meeresluft genießen. Ich gehe lange am Strand spazieren, stecke die Füße ins kühle Wasser und ruhe mich aus.

Ich habe keine Lust auf die Chemo am Dienstag. Ich will nicht wieder so nutzlos sein. Ich will weiter mein Leben genießen. Nicht, dass wir das am vorherigen Abend nicht getan hätten. Wir haben gefeiert, und ich war so angeschäkert, dass ich vollkommen grundlos einen Lachanfall im Bett hatte. Und dann bin ich, eng an Melanie gekuschelt, eingeschlafen.

Heute Morgen sind meine Fingerspitzen jedoch schon wieder taub, und auch die dunklen Augenringe erinnern an die Chemonebenwirkungen. Doch selbst das trübt nicht meine gute Laune. Wir liegen in unserem Strandkorb am Meer, verstecken uns vor dem aufkommenden Wind und genießen die letzten Strahlen der Abendsonne.

Erst als ich ganz allein spazieren gehe und mir einen flachen Felsen zum Ausruhen suche, kochen meine gut verschlossenen Emotionen plötzlich wieder hoch. Der Safe in meinem Herzen ist mir wohl bekannt, die Kombination kenne ich nur allzu gut, und ich weiß auch, dass der Tresor irgendwann einfach implodiert, wenn ich ihn nicht ab und zu öffne, um den Gefühlen freien Lauf zu lassen. Jetzt ist es zu spät. Sie brechen durch, brechen aus, und da ist es wieder, dieses unsägliche Gefühl der Angst.

Der Horizont strahlt vor mir in seinem schönsten Blau, die Segelboote leuchten weiß auf dem ruhigen Meer. Ab und zu bricht eine kleine Welle an dem großen Steinbrocken, auf dem ich sitze. Die beständige leichte Dünung nimmt meine stummen Tränen auf, die sich zahlreich in meinen Augen versammeln, mich kurz alles verschwommen sehen lassen, meine Wangen hinunterrollen und dann mit einem lautlosen Tropfen ins Meer fallen.

Jetzt weiß ich auch wieder, warum ich sie vergieße.

*

Am Abend ist mein kurzfristiges Tief schon längst wieder überstanden. Vor allem, als Basti damit anfängt, mir Tanzen beizubringen. Ich bin als Tanzpartnerin zwar viel zu klein für ihn, doch ich lerne schnell. Basti ist ein guter Lehrer, der mit mir immer und immer wieder die Schrittfolgen aller möglichen Standardtänze durchgeht. Wir probieren Walzer, Discofox, Salsa und Mambo – ich weiß nicht, ob sich mein chemoverseuchtes Hirn auch noch in ein paar Monaten an diese Tänze erinnern kann, doch die Gewissheit, dass ich selbst jetzt schon beginne, meine Liste abzuarbeiten, meine Träume zu verwirklichen, gibt mir ein ungeahnt gutes Gefühl.

Wir grillen, lachen und feiern, bis Frau Müller, die Frau des Eigentümers, in dessen Haus wir uns eingemietet haben, in ihrem Leoparden-Morgenmantel auftaucht. »Ihr seid aber laut hier!«

Die Musik haben wir schon längst heruntergedreht, das kann sie uns nicht anlasten.

»Aber die Musik ist doch ganz leise«, entgegne ich.

»Ja, aber ihr lacht viel zu laut. Ich bekomme schon Beschwerden von den Nachbarn.«

Wie bitte, wir lachen zu laut?

Ich bin froh, dass ich noch was zu lachen habe.

*

Wir sind wieder zu Hause, und heute Abend steht mir eine große Herausforderung bevor. Ich werde Ingo meine Glatze zeigen. Obwohl ich den ganzen Tag über sicher war, dass sich mein Kopf zeigen lassen kann, bin ich jetzt nervös.

Gestern habe ich ihm schon meinen neuen Look mit Ann-Kathrin auf dem Kopf präsentiert. Wir waren gemeinsam beim Chinesen essen und im Anschluss im Kino. Meine Perücke mochte er. »Deine braunen Augen kommen jetzt noch viel mehr zur Geltung«, hat er erklärt. Doch so ganz oben ohne hat er mich noch nicht gesehen.

Während wir heute Abend das Fernsehprogramm nach einem Film durchforsten, kuschle ich mich an ihn, überlege es mir dann doch anders und setze mich kurzerhand rittlings auf seinen Schoß. Außergewöhnliche Augenblicke erfordern außergewöhnliche Maßnahmen.

»Was hast du vor?«, fragt er.

Ich zögere und senke den Blick.

»Du planst doch was.«

Ich nicke und beiße mir auf die Unterlippe, dann fasse ich mir ein Herz und schaue Ingo fest in die Augen. »Ich ziehe jetzt die Perücke aus.«

»Na, irgendwann müssen wir das ja hinter uns bringen, oder?«, grinst er.

Ich lächle, puste jedoch gleichzeitig schwer die Luft aus. »In Ordnung. Auf los geht's los.«

Bevor ich es mir anders überlegen kann, schließe ich die Augen, packe Ann-Kathrin im Nacken und ziehe sie vorsichtig über den Hinterkopf nach vorn. Ich halte meinen Haarschopf in der Hand und schlage die Augen wieder auf. Nervös schaue ich Ingo an. Und was macht der? Er fängt an zu grinsen. Von einem Ohr bis zum anderen. »Cool!«, ist das Erste, was er zu meiner Glatze sagt. »Das sieht cool aus.«

Ich lache. »Ich habe einen hübschen Schädel, was?«

»Aber hallo!« Er fährt mit der flachen Hand vorsichtig über die letzten Haarstoppel. »Und es fühlt sich auch super an. Geil«, freut sich Ingo.

Ich falle ihm dankbar in die Arme und kuschle mein Gesicht ganz nah an seines. Er streichelt weiter meinen stoppeligen Kopf. Das, was ich gerade für ihn empfinde, ist nicht in Worte zu fassen.

KAPITEL 22

Chemotag.

»Du hast keine Lust, was?«

»Nein, absolut nicht.« Zumal ich seit heute Morgen das Gefühl habe, mir eine Erkältung eingefangen zu haben.

»Du musst da jetzt durch. *Wir* müssen da jetzt durch. Und wir schaffen das.«

Ingo und seine Zuversicht. Manchmal sind die beiden echt anstrengend.

Bewaffnet mit Chemofrühstück vom Bäcker, belegten Käsebrötchen und Milchkaffee, fahren wir los. Schwester Nadeschda, die mich heute wieder mit dem Gummibärensaft vollpumpen möchte, erkenne ich auf Anhieb wieder, doch trotz der bescheidenen Wiedersehensfreude und des Gefühls, mich hier auszukennen, bin ich total erledigt und fühle mich schlapper als je zuvor.

Bevor der Gummibärensaft Tropfen für Tropfen in mich hineinlaufen darf, erscheint meine Onkologin, Frau Dr. Dammer, und fragt nach meinem Wohlbefinden.

»Ich glaube, ich bin krank.«

»Wie krank?«

»Husten, Schnupfen …«

»Fieber?«

»Nein.«

»Nun, aus ärztlicher Sicht spricht dann nichts gegen eine Chemo. Ihre Blutwerte sind auch in Ordnung. Aber Sie sollten dann zum Wochenende hin ein Antibiotikum nehmen. Und falls Sie Fieber bekommen, müssen Sie sich umgehend bei uns melden.«

Ich schlucke. Das hört sich irgendwie gar nicht gut an. »In Ordnung.«

»Wollen Sie trotzdem mit der Chemo fortfahren?«

Ich zögere nicht. »Ja, klar.« Wenn ich mich zwischen der Behandlung von Krebs oder der Grippe entscheiden muss, fällt mir die Wahl nicht schwer. Obwohl es eine Grippe meiner Meinung nach auch getan hätte.

*

Bis heute Nachmittag ging es mir nicht gut. Ich bin müde. Kaputt. Ausgeknockt. Die letzten Tage habe ich mich schon so gefühlt. Diese Mischung aus Grippe und Chemo hat es in sich. Ich habe keinen Bock mehr.

Warum wird das denn nicht besser? Ich will jetzt wieder gut drauf sein, wieder nachdenken können. Ich will wieder klare Gedanken fassen.

Abends geht es endlich ein wenig bergauf. Ingo holt mich ab, und gemeinsam mit Stevie gehen wir einkaufen. Im Supermarkt rauscht immer noch alles an mir vorbei. Mein Kopf fühlt sich an wie in Watte gepackt. Das kann ja was werden.

Irgendwie schaffe ich es heil zu Ingo nach Hause. Ohne die ganzen Menschen und Geräusche dreht sich auch nicht mehr alles. Ich schaffe es sogar zu kochen. Endlich mal eine sinnvolle Beschäftigung. Wir essen Nudeln mit Hähnchen in Frischkäse-Champignon-Soße, und zum Dessert wird gekuschelt.

Ich fühle mich jetzt sogar so gut, dass ich mich mit Ingo noch einmal in den Hof setze, wo Stevie seinen Geburtstag feiert. Ich bleibe nüchtern, aber es ist schön, Menschen um mich herum ertragen zu können. Zumindest bis halb elf, dann kommt der Schwindel wieder und reißt mich fast vom Hocker.

»Gibst du mir die Schlüssel?«, frage ich Ingo. »Ich muss mich hinlegen.«

»Ja, klar. Meld dich einfach, wenn irgendetwas ist oder du was brauchst, okay?«

»Okay. Und, hey ...«

»Ja?«

»Trink nicht so viel, dass dir schlecht wird. Das schaff ich noch nicht.«

Ingo grinst. »Mach dir keine Sorgen.« Er drückt mir einen Kuss auf die Stirn. »Wir sehen uns später.«

*

Es ist mitten in der Nacht. Das Licht geht an. Ingos Gesicht taucht neben dem Bett auf. Ich kuschle mich tiefer in die Decke und kneife die Augen zusammen. Ich spüre, dass sich ein Körper neben mir auf die Matratze legt, und höre ein tiefes Schnaufen.

»Alles in Ordnung?«, frage ich.

»Ich glaube, ich bin ein bisschen betrunken.«

Oh ja, das glaube ich auch. Irgendwie habe ich das schon kommen sehen.

»Tut mir leid.«

»Ist nicht schlimm. Wirklich nicht. Ist dir schlecht?«

»Nein.«

»Holst du trotzdem einen Eimer?«, bitte ich ihn, denn diesen Tonfall kenne ich nur zu gut. Das schafft er nicht, ohne sich zu übergeben. Verdammt, hätte ich vorhin besser nichts gesagt.

»Mir ist nicht schlecht.« Er würde sich eher die Zunge abbeißen, als es zuzugeben.

»Ja, aber mir wäre es lieber, wenn du trotzdem einen holen

würdest, vielleicht auch für mich, mir ist immer noch schwindlig«, erkläre ich ruhig.

»Du bist doch alles, was ich habe«, schnieft er plötzlich.

Mir schießen sofort die Tränen in die Augen, und auch in seinen Augenwinkeln sehe ich es feucht schimmern. Daher weht der Wind also. Alkohol macht Männer immer so furchtbar sentimental.

»Ist schon gut. Wir kriegen das hin.« Ich nehme ihn in den Arm, und er besinnt sich wohl wieder seines Mantras, dass er ein starker Mann ist, denn die Tränen versiegen. »Ich liebe dich, Rebecca.«

»Ich liebe dich auch.«

Ich rolle mich wieder neben ihm im Bett zusammen. Das Licht lasse ich vorsichtshalber an, nur für den Fall der Fälle. Der leider keine fünfzehn Minuten später eintritt. Ich bemerke plötzlich, dass Ingo sich bewegt. Bevor ich richtig wach bin, höre ich ihn auch schon würgen.

»Geht's?« Ich setze mich aufrecht hin. Hossa, das schaukelt. Natürlich bekomme ich keine Antwort von Ingo, der hat ja den Mund voll. So gut wie möglich versuche ich, die Decke in Sicherheit zu bringen, und streiche ihm vorsichtig über den Rücken.

Doch so gern ich ihm helfen will: Ich kann das gerade nicht. Ich ertrage nicht, wie er sich hier neben mir die Seele aus dem Leib reihert. Mir ist doch sowieso schon konsequent schlecht, das ist einfach zu viel des Guten.

»Brauchst du … nicht«, bringt Ingo hervor. Offenbar habe ich laut gedacht.

Schwach vor Schwindel lasse ich mich nach hinten sinken und warte ab. Doch da steigt mir plötzlich der säuerliche Geruch in die Nase.

Nein, ich will mich nicht übergeben. Ich will kotzfrei bleiben. Ich atme vorsichtig ein und aus, besinne mich auf mein Powerhouse, und mein rebellierender Magen beruhigt sich tatsächlich wieder. Auch, weil Ingo nicht mehr würgt.

Ich setze mich wieder vorsichtig auf und schaue zu Ingo, der mit sorgenvollem Blick immer noch den Kopf über den Eimer stützt. Immerhin spuckt er nicht mehr.

Er weint. »Tut mir leid.«

»Ist nicht schlimm, wirklich, es ist alles gut. Ich kann dir gerade nur nicht helfen, mir wird auch schlecht.«

»Tut mir wirklich leid.«

»Ich weiß, ist schon gut.«

Während ich darauf lausche, dass Ingo einschläft, kriege ich nun kein Auge mehr zu. Bis vier liege ich wach und grüble. Wie viel Kummer kann ich meinen Liebsten eigentlich noch antun?

*

Es nützt nichts. Chemo und Grippe vertragen sich nicht. Ich bin immer noch fix und fertig. Während ich heute allein zu Hause bin, da alle normalen und gesunden Menschen arbeiten, und faul und müde vorm Fernseher herumhänge, fasse ich nach einigen Tagen auf dem Sofa einen Entschluss.

Nach einer Woche Erschöpfung, Müdigkeit, Verwirrtheit und geistiger Abwesenheit stelle ich nüchtern fest, dass ich diesen Zustand einfach hinnehmen muss. Ich muss akzeptieren, dass ich mich schwach fühle, dass mein Körper sich die Ruhepausen so holt, wie er sie gerade braucht, dass ich keinen Gummibärensaft bekomme, auch wenn er so aussieht, sondern Gift, das mich zwar heilen soll, aber mein Gehirn auch zu einem matschigen Brei schmelzen lässt. Es nützt also nichts, wenn ich mir dieses tiefe Loch buddele, in dem ich mich nach jeder Chemo verkrieche. Es nützt nichts, wenn ich mich aufrege und selbst bemitleide, dass ich nicht klar denken kann und erschöpft bin.

Nein, ganz im Gegenteil: Es zermürbt mich.

Also muss ich es hinnehmen und, schlimmer noch, es zu ertragen lernen. Warten und geduldig sein. Das heißt im Klartext: weiter auf dem Sofa rumgammeln und fernsehen, bis der Arzt kommt.

Ach nee. Lieber nicht.

KAPITEL 23

Es ist Ende Juni. Wie gestern Abend und den Abend zuvor liege ich wach im Bett und kann nicht einschlafen.

Ich habe Angst.

Nicht so stark wie letzte Woche, als ich vor einfach allem Angst hatte, vor den Nebenwirkungen, vor den Reaktionen meines Körpers, vor dem Krebs, vor allem.

Denn das ist das Problem: Ich bin sowieso kein Typ, der sich tagelang ruhig hinsetzen kann. Doch wenn man nichts tun kann, fangen die Gedanken wieder an zu rasen. Sie galoppieren in eine Richtung, die mir ganz und gar nicht gefällt und die ich mir schon von Beginn an verboten habe einzuschlagen. Ich werde leben. Nicht sterben.

Aber da ist er, der Gedanke, der zu Beginn meiner Diagnose, nein, sogar schon nach der Stanze, als kleiner Samen in mein Herz gesät wurde: Ich habe Angst zu sterben. Ich will das nicht. Könnte ich?

Doch wie soll ich jemandem von meiner fundamentalen Sorge erzählen? Und wen sollte ich damit belasten?

Nicht, dass wir uns falsch verstehen: Meine Lebenslust, meine gute Laune, meine hedonistische Lebensweise, das ist alles echt. Nichts davon ist gespielt, denn so bin ich. Aber da wo Licht ist, da ist auch Schatten, eine dunkle Seite, die mich vielleicht niemals wieder verlassen wird.

Ich verstehe so langsam, dass ich auch über die Dunkelheit sprechen muss. Über die Ängste, die meine Liebsten selbst geplagt und die sie mittlerweile vermutlich größtenteils verdrängt haben, während ich voll auf Kampf programmiert bin.

Wer würde sich mir da schon in den Weg stellen und zugeben wollen, dass er sich davor fürchtet, dass ich sterbe?

Wenn ich nicht über die Dunkelheit spreche, werden die schwarzen Gedanken weiter wachsen, so weit, bis mir vielleicht doch noch meine gute Laune und mein Lachen vergehen. Bis mir einfach die Puste ausgeht, während ich noch mitten in der Schlacht stecke. Doch ich kann niemandem antun, mit mir darüber zu sprechen und noch mehr zu leiden.

*

Ich bin verdammt neidisch. Ich will es nicht, doch ich bin es. Jetzt sitze ich hier allein zu Hause. Das erste Mal an einem Freitagabend seit einer gefühlten Ewigkeit.

Lisa ist bei Timo. Melanie ist bei einer Freundin. Ingo ist bei Stevie. Und alle gehen sie heute Abend noch aus.

Es ist nicht so, dass ich es ihnen nicht gönnen würde, ganz im Gegenteil. Ich bin froh, dass sie feiern und sich auch mal von mir erholen können.

Ich bin einfach nur unendlich neidisch, dass sie gehen können und ich nicht. Stattdessen hocke ich hier, immer noch mit Dauerschniefnase und Kopfschmerzen und will auch etwas trinken gehen und tanzen.

Und das Schlimmste: Ich kann mich selbst nicht leiden, weil ich tatsächlich neidisch bin. Das ist kein feiner Zug, Rebecca. Nein, ganz und gar nicht.

*

Ich habe Basti zum Frühstück eingeladen. Während er mir von seinem Liebeskummer berichtet, versuche ich ihm gute Ratschläge zu erteilen. Da kocht es wieder in mir hoch, das Gefühl: Wenn ich es jetzt nicht jemandem sage, werde ich platzen.

»Alles okay bei dir?«

Ich sehe auf, blicke in Bastis sorgenvolles Gesicht.

»Ich kann nicht mit dir darüber sprechen. Das geht einfach nicht«, erkläre ich.

»Klar kannst du.«

»Aber ich will dich nicht noch mehr belasten.«

»Ich kann das ab. Ich mach doch sowieso immer nur blöde Sprüche.«

Das stimmt allerdings. Trotzdem … mir fehlen die Worte. Ja, ich müsste wirklich mal über meine Angst sprechen, das Zeitliche zu segnen. Nächste Woche. Bei der Psychoonkologin Frau Dr. Gröger. Der Termin ist am Mittwoch. Oder doch besser jetzt?

»Ich muss das mit mir selbst ausmachen«, beschließe ich.

Und breche dann in Tränen aus. Na super. Ich weine, schniefe und keuche und werde regelrecht geschüttelt von meinem Schluchzen. Basti krault mir den Rücken und hält mit der anderen Hand meinen Kopf, während ich ihm das ganze T-Shirt vollheule.

Genau das habe ich gebraucht, wird mir klar, als ich aufhöre zu weinen. Wir sprechen nicht darüber. Basti fragt mich nichts. Ich nehme mir ein Taschentuch, und wir wechseln das Thema, als wäre nichts gewesen.

Ja, genau das habe ich gebraucht.

*

Es klingelt an der Haustür.

»Hallo? Hier ist der Herr Prior von den Stadtwerken Buxtehude. Ich möchte Ihre Heizkörper ablesen.«

Nun gut, immer rein in die gute Stube. Die im Übrigen aussieht, als hätte eine Bombe eingeschlagen, da ich gerade dabei bin, die Küche auszumisten und zu putzen. Was man halt so alles macht, wenn man auf unbestimmte Zeit krankgeschrieben ist.

»Ich hoffe, ich habe Sie nicht geweckt«, entschuldigt sich Herr Prior. Eine Anspielung auf das Tuch auf meinem Kopf?

»Nein, nein, ich war schon wach. Ich räume gerade auf.«

»Sie haben ja eine tolle Wohnung«, sagt er, als er im Flur steht und sich umguckt. »Direkt in der Altstadt.«

»Ja, die Lage ist wirklich gut. Vor allem braucht man nicht lange bis zum Bahnhof.«

»Müssen Sie denn oft mit der Bahn fahren?«, fragt er und marschiert in die Küche.

»Ja, ich arbeite in Hamburg.«

»Ach so, dann halte ich Sie von der Arbeit ab.«

»Nein, nein, ich habe … frei.« Mein Zögern bleibt ihm wohl nicht verborgen, doch er deutet es komplett falsch.

»Oder suchen Sie gerade Arbeit?«

Wie jetzt? Sehe ich aus, als wäre ich arbeitslos? Na toll, herzlichen Dank auch!

Nein, ich habe bloß Brustkrebs und mache gerade eine Chemotherapie. Daher bin ich für etwa neun Monate krankgeschrieben. Diese Antwort liegt mir auf der Zunge. Sie materialisiert sich bereits, als ich tief Luft hole, und dann sehe ich das nette Lächeln von Herrn Prior und sage stattdessen: »Nein, ich habe Urlaub.«

Schön wär's.

KAPITEL 24

Lisa ist krank. Und ich habe ein furchtbar schlechtes Gewissen, da ich versuche, mich möglichst von ihr und ihrem Husten fernzuhalten. Endlich bin ich nach der Grippe wieder halbwegs auf dem Damm, da traue ich mich nicht, mich auch nur den kleinsten Viren auszusetzen. Wie bescheuert das doch ist. Dabei würde ich mich viel lieber ein bisschen um sie kümmern und die Tage mit ihr verbringen, statt sie bloß hinter vorgehaltener Hand zu ermahnen, Tee zu trinken.

Irgendwann, während ich an meinem PC sitze und versuche, ein paar Brocken Italienisch für unsere bevorstehende Romreise zu lernen, wird mir bewusst, dass ich mich nicht nur vor Lisas Erkältung, sondern auch vor den Mädels verkrieche. Ich traue mich nicht mehr, über alles zu sprechen, was in mir vorgeht, weil ich sie nicht noch mehr belasten will, als ich es ohnehin schon tue.

Ich verkrieche mich. Nicht unbedingt in der Wohnung, denn ich gehe auch vor die Haustür, gehe shoppen, einkaufen, spazieren. Aber ich verkrieche mich vor dem Großteil meiner Verwandten und Freunde, auch, damit ich manchmal vergessen kann, dass ich krank bin und eine Chemotherapie mache.

Umso härter wird mich wahrscheinlich nächste Woche Mittwoch die Erkenntnis treffen, dass ich der gesamten Situation und erst recht der Chemo nicht entfliehen kann. Vor allem nicht, nachdem ich übers Wochenende und an meinem Geburtstag der Realität – zumindest kurzfristig – entfliehen und nach Rom fliegen werde.

Dazu kommt, dass ich Angst davor habe, morgen zur Psychoonkologin zu gehen. Werde ich dann komplett zusammenbrechen? Ist es denn überhaupt schlimm, dass ich da hingehe? Nein. Es ist wahrscheinlich ganz normal in diesem Wahnsinn. Aber dennoch habe ich es niemandem gesagt.

Also fasse ich mir ein Herz. Während Lisa in ihrem Zimmer kramt und ausmistet, rufe ich von der Küche aus über den Flur: »Ich fahre morgen nach Stade.«

»Was machst du da?«, kommt es aus ihrem Zimmer.

»Ich gehe … zur Psychoonkologin. Damit bin ich dann ganz offiziell verrückt.«

Lisa steht plötzlich in der Küchentür. »Das ist doch okay.«

»Na ja.«

»Du bist doch sowieso verrückt.«

»Stimmt auch wieder.«

Lisa setzt sich auf die Bank, ich lehne an der Wand.

»Beim Psychoonkologen kannst du wahrscheinlich besser reden. Über all das, was du mit uns nicht so gut besprechen kannst.«

Aha. Mein Schweigen bleibt also nicht unbemerkt. Und offensichtlich versteht Lisa auch, worum es hier eigentlich geht, auch wenn wir beide es nicht sagen, denn sie steht auf und geht wieder zurück in ihr Zimmer.

*

»Warum sind Sie hier?«

Ich bin noch keine zehn Minuten in diesem Raum, und schon schießen mir die Tränen in die Augen.

Weil ich meinen Lieben nicht noch mehr zur Last fallen will, als ich es ohnehin schon tue. Weil ich mich nicht wieder so mühsam aus dem Loch rauskämpfen will, wenn ich nach der Chemo erst einmal wieder vollkommen nutzlos, matt und müde in der Ecke liege. Weil ich mir Hilfe erhoffe und mich einfach mal ausheulen muss.

Aber all das sage ich nicht.

»Weil ich Angst habe«, gestehe ich, und vermutlich ist das sogar der größte Brocken Wahrheit. Ich erkläre meiner Seelenklempnerin, was mich zurzeit am meisten belastet: eben die Mattheit und die Müdigkeit nach der Chemo.

»Was fühlen Sie, wenn Sie nach der Chemo so müde sind? Was macht dann Ihre Seele?«

»Nichts. Nicht viel. Frust. Nutzlosigkeit. Müdigkeit.«

»Es geht fast allen Erkrankten so. Mindestens 98 Prozent. Sie müssen das akzeptieren.«

»Und genau das fällt mir furchtbar schwer.«

»Wo würde Ihre Akzeptanz sitzen, wenn sie einen Platz in Ihrem Körper hätte?«, hakt sie nach.

»Dort, wo auch meine Kraft und meine Stärke sitzen: in meinem Bauch, ein kleines Stück unter dem Brustbein.« Da ist das neu entdeckte Powerhouse, das ich einfach nur aktivieren muss, um zu wissen, dass es da ist. Und da die Akzeptanz eine Stärke ist und ganz sicher keine Schwäche, muss die wohl auch dort im Bauch sitzen. Das sind quasi Nachbarn. Oder Mitbewohner.

Wir arbeiten mit diesem Bild, schreiben neonfarbene Klebezettel voll, und ich weine fast neunzig Minuten lang durch.

»Sie wissen schon, dass Ihnen die Akzeptanz helfen wird, und ich glaube auch, sie schlummert irgendwo in Ihnen drin. Versuchen Sie, sie willkommen zu heißen.«

Den neongelben Post-it in Form eines Kleeblatts mit dem Wort »Akzeptanz« klebe ich in meinen Kalender, auf den 06. Juli, den Tag der dritten Chemo.

*

Heute geht es in den Kurzurlaub, auf den ich mich schon so lange gefreut habe. Meine kleine Flucht vor der Realität. Gemeinsam mit Ingo und zwei Freunden komme ich am Flughafen mit dem wunderbar klingenden Namen an: Aeroporto Internazionale Leonardo da Vinci di Fiumicino in Rom.

Die erste Hürde war die Sicherheitskontrolle in Hamburg. Erst gestern habe ich mich gemeinsam mit den Mädels darüber lustig gemacht, was alles an mir piepen könnte.

»Ob ich die Perücke dann wohl auch noch mal allein in einer schwarzen Kiste durchs Röntgengerät fahren lassen muss?«

»Kann so ein Port eigentlich auch piepen? Ist da Metall drin? Und wenn ja, wie viel?«

Gestern haben wir darüber gelacht. Heute Morgen finde ich diese Gedanken weniger lustig. Ich stehe vor der Sicherheitskontrolle, habe standardmäßig Jacke, Gürtel und Schuhe ausgezogen und trete nervös von einem Bein auf das andere.

Eine Sicherheitsbeamtin winkt mich zu sich, ich gehe durch den Detektor – und natürlich piepe ich. War ja klar. Nervös gehe ich zu der Dame rüber.

»Ich weiß, was da piepen könnte«, gestehe ich leise.

»Ja? Was denn?«

»Meine Perücke«, flüstere ich.

»Ihre Perücke?« Sie klingt ungläubig.

»Ja.« Ich nicke einmal energisch. »Ich wollte es nur gesagt haben, damit Sie sich nicht wundern.«

Wahrscheinlich wundert sie sich jetzt, dass ich überhaupt ohne weiße Jacke herumlaufen darf, denn von der Perücke sieht man ja auf den ersten Blick rein gar nichts.

»Na, dann schauen wir da gleich mal nach.«

Doch zu meiner Beruhigung findet sie nichts, weder Port noch Perücke sind schuld am Piepen, sondern wahrscheinlich bin ich einfach nur mal wieder zufällig ausgewählt worden.

Nachdem sich der erste Schreck gelegt hat und auch die Jungs noch einmal kräftig über meine Unterhaltung mit der Sicherheitsbeamtin gelacht haben, überlebe ich auch den Flug ohne besondere Vorkommnisse. Nichts platzt, nichts rutscht, alles ist gut.

In Rom angekommen fahren wir mit dem Taxi zu unserem urgemütlichen Hotel. Wir haben ein altes Kloster ausgewählt, das zum Hotel umgebaut wurde. Klugerweise habe ich schon bei der Buchung im Januar daran gedacht, für Ingo und mich und die Freundschaft plus ein Doppelzimmer zu buchen, während sich unsere beiden Freunde ein weiteres Zimmer teilen. Die kommenden Tage sind ein Traum. Auch wenn ich nicht alle Touren machen kann, die ich gern unternehmen würde, genieße ich den Urlaub in vollen Zügen. Wir erkunden Rom, besichtigen Sehenswürdigkeiten wie das Kolosseum, das Forum Romanum und das Pantheon, schlendern durch Parks oder über zahlreiche Piazze und genießen nicht nur das mediterrane Essen, sondern auch den italienischen Rotwein.

Ich habe schon ein schlechtes Gewissen Ingo gegenüber. Während die Jungs abends immer noch auf Tour gehen, bleibt er mit mir im Hotelzimmer. Es nützt nichts, ihm zu sagen, er könne ruhig mitgehen. Er lässt mich nicht allein. Gestern jedoch saßen wir alle zusammen am Campo de' Fiorie und versackten bei zwei Flaschen köstlichem Rotwein. Irgendwann, als unser Pegel – oder zumindest meiner – erreicht war, machten wir uns mit dem Bus auf den Heimweg. Ich stieg gerade aus, als die Jungs ein Geburtstagslied anstimmten. Ich hatte total vergessen, wie spät es schon war. Mitternacht, mein Geburtstag, samt Perücke, Port und Chemodrogen. Obwohl ich gut angetrunken war, war ich nicht in der Stimmung für Geburtstagsfeiern.

Mit dem ersten Augenaufschlag am neuen Morgen ist die Melancholie der Nacht verschwunden. Ich bin ausgelassen und energiegeladen und störe mich nicht an meinem leichten Kater. Deswegen habe ich auch kein Erbarmen mit Ingo und den Jungs und bestehe auf unserem waghalsigen Plan: Wir feiern meinen fünfundzwanzigsten Geburtstag im Vatikan. Ich mag keine besonders gläubige Christin oder gar Kirchgängerin sein, aber irgendwie hat es was, seinen Geburtstag dort zu verbringen.

Das bedeutet jedoch auch, dass ich einen sehr anstrengenden Tag vor mir habe. Wir wollen es uns natürlich nicht nehmen lassen, hoch in die Kuppel des Petersdoms zu steigen, also machen wir uns auf, um die fünfhundertsiebenunddreißig Stufen zu erklimmen. Das hört sich viel an? Das fühlt sich noch viel mehr an, wenn man die Stufen hochmarschiert und nur so kurze Beine hat wie ich. Na ja, von dem ganzen anderen Scheiß mal abgesehen. Aber ich will nicht jammern, jedenfalls nicht an meinem Geburtstag. Immerhin *kann* ich noch laufen.

Wir folgen einer eng verwinkelten Wendeltreppe, die anscheinend ins Unendliche führt. Doch der Weg lohnt sich: Die Aussicht ist grandios. Ich bin stolz auf mich, es hier hochgeschafft zu haben. Stolz, dass ich Geburtstag habe. So stolz und glücklich, dass ich trotz aller Einschränkungen mein Leben genieße.

Dann kommt der Rückweg. Die fünfhundertsiebenunddreißig Stufen müssen erneut zurückgelegt werden, und der Abstieg ist noch anstrengender als der Aufstieg. Ich zittere am ganzen Körper, als ich die Wendeltreppe wieder hinuntersteige. Nach wenigen Minuten bekomme ich einen Drehwurm. Doch es hilft nichts, ich bin hier hochgepilgert, ich muss auch wieder hinunter. Als ich mir denke, dass ich langsam wirklich eine Pause brauchen könnte, stehen wir plötzlich am Eingang zum Petersdom.

Auch wenn ich nicht in dem Sinne an die Kirche glaube, wie

es wahrscheinlich andere tun, der Eindruck des Petersdoms ist bombastisch. Nicht nur die Architektur ist beeindruckend und pompös, es gibt dort unendlich viel Kunst und Kultur zu entdecken. Es ist ein gutes Gefühl, dass ich ein solches Werk bewundern darf. Obwohl ich mich gerade am liebsten kurz auf dem kühlen Marmorboden ausstrecken würde, um mich ein wenig auszuruhen.

*

Ich trockne nach einer erfrischenden Dusche gerade meinen kahlen Kopf ab, als ein Schrei durch das Hotelzimmer gellt. Sofort reiße ich die Badezimmertür auf und stehe mit einem Satz neben Ingo, der bis gerade eben noch schlafend im Bett lag. »Was ist los?«

Anstatt zu antworten, schüttelt er sich nun vor Lachen und deutet immer wieder auf den Nachttisch neben ihm. Da hängt Ann-Kathrin – über eine leere Weinflasche gestülpt. Aufgrund von Platzmangel habe ich meine Perücke nach dem gestrigen Waschgang zum Trocknen kurzerhand neben Ingo gestellt. Mir dämmert, was passiert ist.

»Das Teil sieht aus wie aus einem Horrorfilm! Als würde mich dieses Mädchen aus ›The Ring‹ heimsuchen.«

Ich kann nicht anders, als in sein Lachen einzustimmen. Der getrocknete ungekämmte Mopp sieht auch wirklich gruselig aus.

KAPITEL 25

Zurück in Deutschland steht der nächste Chemotag unmittelbar bevor. Seit gestern sind meine Eltern zu Besuch, die sich bereitwillig zum Chemodienst gemeldet haben. Und doch mache ich mir Sorgen um sie. Als ich gestern im Bad kurz die Haare vom Kopf gezogen habe, starrte mich meine Mutter entsetzt an. Während Ingo noch Späße gemacht und mir über den Kopf gerubbelt hat, stand sie da und weinte. So schlimm ist meine Glatze doch gar nicht – oder?

Die dritte Chemorunde. Wenn ich drei Liter des knallroten Gummibärchensafts intus habe, ist die Hälfte der Therapie geschafft und wir können Bergfest feiern.

Das ändert jedoch nichts daran, dass es heute ewig dauert, bis Frau Dr. Dammer auftaucht, um die Chemo freizuschalten. Und dann dauert es eine weitere Dreiviertelstunde, bis die Medikamente da sind, und wir legen erst am späten Vormittag los.

Ich bin genervt und ungeduldig. Der Klebezettel mit dem Wort »Akzeptanz« ist gerade in unerreichbare Ferne entschwunden. Ich bin ganz kurz und nicht zum ersten Mal davor, einfach zu türmen, als Schwester Nadeschda mit meinen Medikamenten auftaucht.

Die Zeit, während die Infusion in mich reingluckert, verbringen meine Eltern und ich mit Kartenspielen. Ich merke ganz genau, dass sie so spielen, dass ich gewinne, auch wenn sie das vehement abstreiten. Aber so sind Eltern eben: Sie behandeln mich wie damals, als ich fünf war und sie scheinbar mit verbundenen

Augen im Memory geschlagen habe. Ich finde es einerseits wirklich ätzend, dass sie mich gewinnen lassen, weil das meinen Status als Kind und als Patientin, als Schwerkranke unterstreicht – andererseits ist es schön, dass sie da sind, mich umsorgen und mir diesen kleinen Triumph gestatten.

*

Meine Mutter und mein Vater würden am liebsten den ganzen Tag neben mir sitzen und Händchen halten. Während ich mittlerweile wieder auf einem wirklich guten Weg bin zu akzeptieren, dass ich müde und schlapp bin, können die zwei das so nicht hinnehmen. So kennen sie mich nicht. Genauso wenig wie ich. Und ich mag diese müde, kranke Person nicht besonders.

Nachmittags, nach meinem täglichen Mittagsschlaf, sitzt Mama neben mir auf dem Sofa und betrachtet mich. Sie weint.

»Mama, was ist denn los?«

»Nichts«, schluchzt sie. Sie war schon immer eine miese Lügnerin.

»Aha, das ist also nichts?«

»Ja.«

»Ich sehe doch, dass du weinst. Jetzt sag mir bitte, was los ist.«

»Es ist nichts«, schluchzt sie nun noch lauter.

Jetzt wird es mir zu bunt. »Weißt du was, Mama? Entweder du sagst mir jetzt, was los ist, oder da hinten ist die Tür, dann kannst du mal frische Luft schnappen gehen, bis du wieder normal bist«, drohe ich ihr.

Das war zwar sehr radikal, aber es wirkt. Mama schluckt trocken und reißt sich am Riemen.

»Du leidest«, gesteht sie.

Aha. Da liegt also das Problem. »Mama, ich leide doch gar

nicht«, sage ich mit versöhnlicher Stimme und strecke die Arme nach ihr aus, damit ich mich an sie kuscheln kann. »Ich bin einfach nur furchtbar müde. Aber ich leide gerade ganz bestimmt nicht. Ich muss mich nur ausruhen.«

Was ich ihr nicht sage: Ich leide nur dann, wenn ich betrauert und bemitleidet werde. Das kann ich im Moment einfach nicht ertragen.

*

Gestern war der erste Tag, an dem ich es geschafft habe, nach dem Frühstück wach zu bleiben. Mein erster Tag ohne Mittagsschlaf. Ich bin sogar mit meinen Eltern gemeinsam eine Stunde lang spazieren gegangen und war abends noch mit ihnen und Ingo Griechisch essen.

Das ändert jedoch nichts daran, dass meine Erinnerungen an die letzten Tage sehr bruchstückhaft sind. Es ist zwar nicht sonderlich viel passiert, doch es ist schade, dass ich nicht in der Lage bin, die Zeit mit meinen Eltern gedanklich festzuhalten.

Da meine Lebensgeister langsam wieder zurückkehren und die Hummeln in meinem Hintern zu summen beginnen, unternehmen wir heute etwas Schönes. Wir fahren nach Otterndorf, um uns bei sonnigem Wetter an den Strand zu legen, und verbringen einen herrlich erholsamen und gemütlichen Tag. Einfach nur chillen, Ebbe und Flut beobachten, den Sand zwischen den Zehen spüren, lesen, sonnen, schlafen. Herrlich.

Unsere Ruhe wird nur gestört, als ich beschließe, auf der Campingdecke mit Papa einen Kitzelkampf auszufechten. Ich habe selbstredend keine Chance. Wie in alten Zeiten.

Ich bin immer noch die Kleine und werde es wohl immer sein.

*

»Kommen Sie zur Vorsorgeuntersuchung?«

»So ungefähr.«

Heute habe ich meinen ersten Termin in der gynäkologischen Praxis von Frau Dr. Scholle, die sich vor ein paar Wochen erst in einer Gemeinschaftspraxis in der Nähe des Krankenhauses niedergelassen hat. Als ich die Neuigkeit aus dem Krankenhaus erfahren habe, habe ich mich sehr gefreut und sofort beschlossen, mich weiterhin von ihr behandeln zu lassen. Nun bin ich also hier. Meine erste Nachsorgeuntersuchung. Oder Vorsorgeuntersuchung. Wie man es nimmt. Die Nervosität habe ich erfolgreich verdrängt, bis heute Morgen.

Ich nehme im Flur vorm Behandlungszimmer Platz und warte. Als ich gerade dabei bin, mir das Wort »Akzeptanz« selbst in Großbuchstaben vors innere Auge zu schreiben, öffnet sich die Tür.

»Na?«, fragt Dr. Scholle grinsend.

Ich stehe auf und laufe ihr entgegen, kann mich aber nicht beherrschen und ihr nur die Hand geben. Ich nehme sie ganz fest in den Arm und habe auch vor, das jedes Mal wieder zu tun, wenn wir uns treffen. Dr. Scholle hat zum Glück keine Berührungsängste. Sie erwidert meine Umarmung genauso fest und ehrlich.

Wir bekommen den bürokratischen Kram sowie den Small Talk über meinen Urlaub in Rom und die Chemos wirklich gut hin. Dann geht es an die Untersuchungen.

»So, was machen wir denn zuerst?«, frage ich ein wenig ungeduldig.

»Sie können sich untenrum schon mal freimachen.«

Kein Problem. Das kenne ich ja noch von früher. Was ich allerdings noch nicht kenne, ist das unheimliche Gefühl, dass sich in meiner Magengegend ausbreitet, als ich den Bildschirm beobachte, während Dr. Scholle den Ultraschall macht.

»Was ist das da?«, frage ich mit piepsiger Stimme, als ich einen Schatten auf dem Display entdecke.

»Das ist Ihr Eierstock.« Sie blickt verwundert zu mir herüber. Wahrscheinlich hat sie mit keiner nervösen Attacke gerechnet. »Und hier sieht man auch schön, dass der noch aktiv ist. Da reift gerade eine Eizelle.«

»Na toll. Dann bin ich meine Menstruation immer noch nicht los«, sage ich nervös.

Aber eigentlich freue ich mich, dass da noch eine Zelle reift. Arbeitet brav weiter, liebe Eierstöcke, irgendwann hören die Drogen auch auf.

Endlich darf ich wieder runter vom Stuhl, ziehe meinen Rock an und mein T-Shirt aus. Jetzt geht es erst richtig los. Eigentlich rechne ich nicht damit, hier und heute einen Knoten auf dem Bildschirm zu sehen. Das hätte mir meine innere Alarmanlage bestimmt schon verraten. Und trotzdem, ich habe jetzt schon seit circa drei Monaten keinen kalten Schleim mehr auf meinem Busen gespürt und auch kein Ultraschallbild von meinen Brüsten mehr gesehen. Den letzten Schnappschuss hat auch Frau Dr. Scholle gemacht. Damals haben wir zwei bösartige Tumoren betrachtet.

Mein Herz beginnt zu rasen, mir ist speiübel. Dr. Scholle spannt mich nicht lange auf die Folter, sondern beginnt sofort mit der linken Seite. Das Bild, das ich auf dem Bildschirm sehe, ist aber ganz harmlos. Anders als normales Brustdrüsengewebe. Und da ist auch ein riesiger dunkler Schatten, aber das ist das Implantat.

Wir schauen uns die Gewebeschichten des Rückenmuskels, der dünnen Fettschicht und der Haut an. Alles ist schön. Alles ist gut. Der Tumor ist weg.

Und er wird auch wegbleiben.

So einfach ist das.

KAPITEL 26

Auch wenn ich nicht der Typ bin, der sich mit Wildfremden über Chemo, Nebenwirkungen und Co. unterhalten möchte, so hat das Zusammentreffen mit Karla und Helga damals auf der Terrasse des Krankenhauses, gleich nach meiner Operation, doch eine Verbindung hergestellt.

Natürlich gibt es Menschen, denen ich von meinen Gefühlen und Nebenwirkungen erzählen kann. Dennoch ist es nicht dasselbe, wie wenn Betroffene gegenseitig Erfahrungen austauschen können. Wir verabreden uns in der Innenstadt, und schon von Weitem sehe ich Helga. Sie wirkt immer noch nicht krank – die Perücke sitzt, man vermutet rein gar nichts. Sie sieht richtig gut aus in ihrem Sommerkleid, den hohen, offenen Schuhen und dem Blazer. Ich weiß genau, warum sie sich so schick gemacht hat, obwohl wir uns nur zum Kaffee treffen. Morgen ist ihre nächste Chemo, und in den kommenden Tagen wird sie nur in Schlabberhose und T-Shirt durchs Haus torkeln.

Als sie näher kommt und mich zur Begrüßung umarmt, erkenne ich doch verräterische Zeichen der Chemo. Ihre Augenbrauen und Wimpern sind so gut wie nicht mehr vorhanden. Und auch die Züge um ihren Mund sind härter geworden.

Auch Karla trudelt kurz danach mit ihren beiden Kindern ein.

Bislang kennen wir nur Helga mit Perücke, Karla und ich tragen sie heute zum ersten Mal bei unserem Treffen. Niemand, der nicht ganz genau hinschaut, würde vermuten, dass wir drei gerade Chemotherapie machen. Doch jeder, der genauer hinhört, würde sich wundern, was wir da über Leukozyten, Zytostatika, Taxane und Co. erzählen.

Da sitzen wir also, wir alle haben gerade »Halbzeit«. Karla musste einmal schieben, ihre Blutwerte waren nicht in Ordnung, und sie konnte die Chemo erst eine Woche später bekommen. Mich würde das wahnsinnig machen, ich will keine einzige Woche länger warten als unbedingt nötig. Jedes Mal, wenn ich auf meine Blutwerte warte, schiebe ich diese Angst mühsam beiseite.

Helga hingegen steht die Panik vor der nächsten Chemo mittlerweile geradezu ins Gesicht geschrieben. Sie bekommt ab morgen in ihrer fünften Chemo Taxane. Taxane sind Spindelgifte, die aus den Blättern der Eibe gewonnen werden und das Zellwachstum hemmen sollen, bei denen jedoch ein allergischer Schock nicht auszuschließen ist. Ich fühle so sehr mit ihr, auch ich habe Angst vor den neuen Medikamenten, versuche aber, den Gedanken daran zu verdrängen.

Als wir uns verabschieden und Karla mit den Kindern weiterzieht, nutze ich die Gelegenheit, um mit Helga noch einmal unter vier Augen zu sprechen. »Fährt dich morgen jemand hin?«

»Ja, mein Mann. Gott sei Dank. Dann brauche ich nicht allein zu sein.«

»Helga, wenn dich dein Mann mal nicht fahren kann, dann kannst du mir gern Bescheid sagen. Dann komme ich mit und spiele mit dir Karten.«

»Das ist lieb von dir.«

»Ich weiß nicht, wie es dir geht, aber ich will da nicht allein hin. Und auch nicht mit so nervigen Leuten rumhängen, die dauernd über Krebs reden wollen.«

»Ach je, hör mir auf. Ich treffe da ständig eine Frau, die in einer Tour brabbelt. Die hat immer gleichzeitig mit mir Chemo.«

Gemeinerweise lästern Helga und ich ein bisschen über andere Chemopatienten, die uns nicht in den Kram passen. Das mag unfair sein, sicher, doch es lenkt uns wunderbar von uns selbst ab. Aber natürlich kann ich Helga nicht ewig aufhalten. Beim Abschied versuche ich, ihr noch einmal Kraft zu geben.

»Das wird morgen schon werden. Du wirst schrecklich nervös sein, aber es wird viel schneller vorbeigehen, als du denkst. Bis bald.«

Als ich mich umdrehe und losgehe, muss ich die Tränen, die mir in die Augen steigen, wegblinzeln und den Kloß im Hals hinunterschlucken. Ich brauche mich nicht umzudrehen, um zu wissen, dass es Helga nicht anders gehen wird. Ich kenne ihre Ängste. Es sind meine eigenen.

KAPITEL 27

Hallo, Ingo.« Die hochgewachsene, schlanke Frau mit den langen mittelblonden Haaren umarmt meinen Freund zur Begrüßung.

»Hallo. Das ist ja eine Überraschung.«

Und was für eine. Dabei wollten wir doch im Kaufhaus in Buxtehude nur kurz ein paar Hemden für Ingo shoppen.

»Mira, Rebecca. Rebecca, das ist Mira.«

»Hallo«, flöte ich, strecke den Rücken durch und mache mich ein wenig größer als ich eigentlich bin. Wir reichen uns förmlich die Hand.

Mira. Na, herzlichen Glückwunsch. Die Friseuse, mit der Ingo sich während unserer Trennung getroffen hat. Die Frau, die Haare auf dem Kopf hat, gesund ist und aufgrund ihres Jobs und ihrer Ausbildung wahrscheinlich sofort sieht, dass ich eine Perücke trage.

»Wie war es denn in Thüringen? Hast du noch Urlaub?«

Moment mal, woher weiß sie, dass Ingo in Thüringen bei seiner Schwester war? Hat er nicht vor ein paar Wochen erzählt, dass er gar keinen Kontakt mehr zu ihr hat?

Während die zwei ihrem Small Talk nachgehen, grummelt es in meiner Magengegend. Verschweigt er mir etwa irgendwas? Ich vertraue ihm blind, aber warum sagt er mir nicht, dass er noch Kontakt zu Mira hat?

Nach einer weiteren Umarmung zum Abschied setzen Ingo und ich unseren Spaziergang durch die Buxtehuder Fußgängerzone fort. Ich bleibe wortkarg. Ingo bemüht sich, mir die Situation zu erklären.

»Ich habe ihr eine SMS zum Geburtstag geschrieben, und da war ich gerade bei meiner Schwester, also habe ich ihr Grüße aus Thüringen ausgerichtet.«

»Ich dachte, ihr habt keinen Kontakt mehr?«

»Ja, haben wir auch nicht. Das waren doch bloß Geburtstagsgrüße.«

Ja. *Bloß* Geburtstagsgrüße. Schon klar. Ich habe keine Lust, mir weiter Gedanken über die blöde Trulla oder die SMS zu machen, und am allerwenigsten habe ich Lust, mit Ingo darüber zu reden.

»Ist alles in Ordnung?«

»Ja, warum?«

»Weil ich nicht möchte, dass du jetzt deswegen sauer bist.«

Ich schüttele den Kopf und schaue demonstrativ in eine andere Richtung.

»Bist du sauer?«

»Nein, ich finde es bloß komisch. Das wirst du ja wohl auch verstehen. Ich hätte erwartet, dass du es mir sagst, wenn du noch Kontakt zu ihr hast.«

»Rebecca! Es war nur eine SMS.«

Ich lasse die Sache auf sich beruhen. Eine halbe Stunde später fährt Ingo nach Hause, und ich verbringe den Nachmittag bei mir – mit einer Wäsche für Ann-Kathrin, einem Wohnungsputz und dem Umtopfen von ein paar Pflanzen. Dabei kann ich den ganzen Tag nur an Ingo und Mira denken. Nicht, weil ich glaube, dass er mir irgendetwas absichtlich vorenthalten wollte. Nein, meine Sorge ist noch viel abwegiger.

Mich bedrückt, dass Ingo auch mit einer gesunden Frau zusammen sein könnte. Mit Haaren.

»Und warum kennst du überhaupt ihren Geburtstag?«

Aus irgendeinem mir mittlerweile unklaren Grund kommen wir am Abend wieder auf das Thema zu sprechen.

»Mein Handy hat mich daran erinnert.«

»Wieso speicherst du ihren Geburtstag da ein, wenn du doch angeblich keinen Kontakt haben willst?«

»Keine Ahnung, den habe ich wohl irgendwann mal abgespeichert.«

»Aha.«

Ingo nimmt mich in den Arm. »Du bist doch mein Schatz.«

»Ich weiß. Ich fand es einfach nur … komisch.« Ich drehe mich weg und lasse mich aufs Bett fallen.

»Was ist denn los mit dir?« Ingo folgt mir.

»Ach, es ist eigentlich nichts.« Ich habe den Kopf ins Kopfkissen gesteckt. Er muss ja nicht gleich sehen, wie bescheuert ich mich fühle.

»Sag schon.«

»Mann, die hat bestimmt gesehen, dass ich keine Haare habe und eine Perücke trage, und fragt sich jetzt wahrscheinlich, mit was für einer du zusammen bist. Und außerdem: *Sie* hat Haare.«

Meine Kehle brennt, meine Brust schnürt sich zu. Ich will nicht weinen. Verstohlen blinzele ich eine Träne weg.

»So ein Quatsch! Du bist doch mein kleiner Alien.« Sanft zieht mir Ingo das Tuch vom Kopf und streicht über meine Glatze.

Ich muss lachen. »Du bist verrückt.«

Ingo nimmt mich in den Arm und küsst mich.

Vielleicht muss ich mir wirklich keine Sorgen machen.

*

»Schön, dass du da warst.« Ich drücke Diana noch einmal ganz fest an mich. Wir haben miteinander ein klassisches Mädelswochenende verbracht. Wir haben Wein getrunken, uns Pizza bestellt, ein bisschen getanzt, waren shoppen, und ständig gab es kleinere und größere Pausen für die krebskranke Frau.

»Nicht wundern, ich sehe aus wie ein kahles Totenkopfäffchen«, habe ich abends vor dem Schlafengehen zu ihr gesagt. »Das Tuch rutscht im Bett ständig runter.«

»Kein Problem«, hat sie geantwortet und mich liebevoll angesehen.

Ich habe meinem Leben einmal mehr ein Stück Normalität vorgegaukelt. Jetzt muss ich sie gemeinsam mit Diana wieder ziehen lassen und stehe wie ein Liebhaber, der sich gerade von seiner Angebeteten trennen muss, heulend am Bahngleis.

*

Die Nervosität hat sich schon vor zwei Tagen in meiner Magengrube eingenistet. Heute bestimmt sie meinen Tagesablauf. Ständig versuche ich mich daran zu erinnern, was wir in der Therapiestunde erarbeitet haben: *Akzeptanz. Aktiviere die Stärke. Aktiviere die Akzeptanz.*

Doch irgendwie funktioniert das heute nicht so richtig, und die ständige Angst, die mit ihren spitzen Zähnen an mir nagt, treibt mich noch in den Wahnsinn. Angst vor dem Ungewissen, denn ab morgen bekomme ich andere Medikamente. Die letzten drei Chemozyklen werden mir Taxane verabreicht. Klar, die Nebenwirkungen sind ähnlich, doch bei Taxanen muss man vorsichtig sein, da manche Patienten mit einem allergischen Schock auf die Präparate reagieren. Außerdem kannte ich die anderen Medikamente, auf die Nebenwirkungen konnte ich mich einstellen – aber diese Taxane sind mir noch neu und fremd. Sie machen mich nervös. Noch nervöser, als ich vor meiner ersten Chemo war.

So verbringe ich den Tag damit, ein IKEA-Regal aufzubauen, mein Zimmer erneut umzuräumen, zum fünften Mal seit April meinen Kleiderschrank auszumisten, nach langer Zeit wieder einmal laufen zu gehen und mehr oder weniger ziellos durch die Wohnung zu rennen, da ich bei all meinen Tätigkeiten immer vergesse, was ich eigentlich wollte.

Abends bin ich ein nervliches Wrack. Ingo versucht mich bestmöglich auf andere Gedanken zu bringen. Mit Kitzeln, bis ich vor Lachen schreie, und Knuddeln, bis ich vor Wohlgefallen schnurre. Das lenkt mich zwar ab, doch es ändert nichts an meiner Rastlosigkeit. Während Ingo leise schnarcht, drehe ich mich von links nach rechts und wieder zurück und bekomme vor lauter Angst kein Auge zu.

Was passiert morgen? Werde ich einen allergischen Schock bekommen? Werde ich mich vor allen Leuten übergeben? Werde ich umkippen? Schweißausbrüche, Gelenkschmerzen, Durchfall? Was gibt es noch alles auf der Liste an Nebenwirkungen?

Irgendwann frisst mich die Angst mit Haut und ohne Haare auf, und ich weine lautlos in Ingos Kissen. Ich will überhaupt nicht weinen, und ich will mir auch überhaupt nicht solche Sorgen machen, doch ich kann nicht anders. Ich bin machtlos gegen diesen dunklen Schlund und warte zitternd darauf, dass das Panikmonster mich wieder ausspuckt.

*

»Was macht eigentlich ein junges Ding wie Sie hier?«, fragt mich mein Sitznachbar unverhofft, als Schwester Nadeschda seinen Port anpikst. Für einen kleinen Augenblick fehlen mir die Worte. Was für eine selten bescheuerte Frage …

»Tja. Chemotherapie«, antworte ich genervt und werfe Ingo, der mich begleitet, einen entgeisterten Blick zu. Das ist doch offensichtlich. Warum sonst soll ich hier abhängen? Weil die Aussicht so nett ist?

Ingo erwidert meinen Blick mit einer beruhigenden Geste. Ich bin mir nicht sicher, ob das der Mann neben mir mitkriegt oder ob er einfach den Tonfall meiner Stimme wahrgenommen hat. Jedenfalls belässt er es bei dieser Frage.

Schwester Nadeschda sticht meinen Port an und nimmt mir Blut ab. Zum Glück sind meine Blutwerte vollkommen in Ordnung, sodass sie schon bald mit meinen Medikamenten zurückkommt. Heute fehlt der bunte Mix aus Beuteln und Tabletten, die ich bislang immer vor und nach der Infusion nehmen musste. Dafür gibt es zunächst hoch konzentriertes Cortison aus der Spritze, das mir direkt verabreicht wird.

Ich bin mir nicht sicher, ob es das Medikament oder die Angst ist, doch während Nadeschda langsam das Cortison spritzt, wird mir plötzlich ganz anders. »Mir ist gerade irgendwie schlecht«, gestehe ich.

»Na, dann wir besorgen vorsichtshalber eine Eimer.«

»Hm-hm«, bestätige ich vorsichtig und bemerke, dass die Übelkeit vielmehr vom Kreislauf als vom Magen her kommt. Gut, dass ich sitze.

»Vielleicht können Sie mir was gegen die Übelkeit geben?«

»Natürlich.«

»Zu Hause nehme ich immer MCP.«

»Wir habe da. Dreißig Tropfe?«

Heute die starke Dröhnung? »Ja, bitte.«

Ein Schnapsglas später taucht Frau Dr. Dammer auf, die noch einmal kurz zusammenfasst, womit ich rechnen sollte. »Gegebenenfalls Muskel- und Gelenkschmerzen. Ihre Fingernägel können sich verfärben. Aber generell wird das Medikament gut vertragen, meist besser als die ersten drei Zyklen.«

Alle scheinen total entspannt zu sein, was die Gabe von Spindelgiften anbelangt. Vielleicht sollte ich mich auch mal beruhigen? Ich würde gern, doch ich schaffe es nicht. Stattdessen beginne ich zu weinen. Ich glaube, das fiese Panikmonster sitzt auch noch irgendwo in einer Ecke und lacht mich gerade hämisch aus.

»Was ist denn los?«, fragt mich Ingo besorgt.

»Nichts. Ich weiß auch nicht«, flüstere ich.

»Mach dir keine Sorgen. Ich bin doch da.« Beruhigend streichelt er meinen Arm.

»Ich weiß. Ist gleich wieder gut.«

Bis Frau Gröger, meine Psychoonkologin, auftaucht, habe ich mich wieder unter Kontrolle. Nachdem wir ein bisschen gequatscht haben und einen Termin für unser nächstes Gespräch ausgemacht haben, erscheint Nadeschda mit einem Beutel Taxane und einem Beutel Kochsalzlösung. »Nur, wenn wir mache müsse Pause«, erklärt sie mit einem Blick auf die Kochsalzlösung.

Aha. Also doch nicht so entspannt. Oder aber zumindest für alle Eventualitäten vorbereitet.

Gut, dass Frau Gröger gerade jetzt da ist, während ich die ersten fünf Minuten unter Überwachung das Medikament bekomme. So verliere ich nicht vollkommen die Fassung, denn ich versuche mich auf unser Gespräch zu konzentrieren, statt vor Angst durchzudrehen.

Dann kommt die bleierne Müdigkeit. Ich kann mir nicht helfen, aber mir fallen einfach so, mitten im Gespräch die Augen zu. Sehr unhöflich. Zum Glück weiß Frau Gröger, dass sie es nicht persönlich nehmen darf. Denn auch wenn ich mich nicht so besoffen fühle wie bei den vorherigen Chemos, die Müdigkeit ist wirklich erschlagend.

Dennoch, insgesamt überstehe ich den Tag recht gut. Ohne allergischen Schock, ohne Erbrechen oder sonstige Vorkommnisse bringe ich die vierte Chemo hinter mich und lasse mich im Anschluss von Ingo nach Hause bringen. Wir essen Pizza, schauen einen Film, und ich fühle mich gut. So gut es einem eben nach Taxanen gehen kann.

*

Ich strecke mich noch ein letztes Mal. Ingo ist gegen fünf Uhr aufgestanden, und ich habe mich noch einmal umgedreht. So viel später kann es noch gar nicht sein. Gähnend schaue ich auf die Uhr. 10.28 Uhr. Ups.

Ich habe zwölf Stunden im Bett verbracht. Dabei fühle ich mich eigentlich topfit für Tag zwei nach der Chemo. Mal abgesehen von dem leichten Zwicken und Zwacken, das ich in sämtlichen Muskeln und Knochen verspüre, aber erfolgreich ignoriere. Ich verbringe den Tag mit einfachen Dingen, Eis essen, shoppen, Supermarkt. Geht alles ganz gut. Und dann bekomme ich die Quittung. Als ich mich abends in meinem Bett ausstrecke, treten dann doch die befürchteten Schmerzen auf. Ich versuche mich mit Lesen zu entspannen. Das hilft ein bisschen, doch kurz darauf werde ich von Schüttelfrost geplagt. Trotzdem lese ich den Krimi einfach weiter, verliere mich in der Geschichte und versuche, so weit wie möglich die Symptome zu ignorieren. Wenn ich nur aufhören könnte zu zittern …

Es ist Ende Juli, und ich versuche mit drei Decken, trotz Schüttelfrost, Kopf-, Glieder-, Ohren- und Halsschmerzen ein bisschen Schlaf zu finden. Wer hätte es gedacht: Das funktioniert nicht. Ich sollte endlich meinen sinnlosen Stolz überwinden und eine Schmerztablette nehmen.

Aber ich kann nicht. Mittlerweile ist es fast Mitternacht, alle schlafen schon, und ich traue es mir nicht zu, auch nur ein Bein vors Bett zu setzen. Ich kann nicht aufstehen. Ich bin zu schwach.

Ich rolle mich unter meinen Decken zusammen. Morgen.

Morgen stehe ich wieder auf. Ich muss nur irgendwie die Nacht überstehen.

*

Eigentlich wollte ich heute Morgen zum Markt, leckere Sachen einkaufen, und dann zu Ingo zum Frühstücken. Aber ich schaffe es nicht. Die Schmerzen der vergangenen Nacht sind heute Morgen fast verschwunden, doch ich bin so wackelig auf den Beinen, als hätte ich gestern erst meine OP hinter mich gebracht. Heulend und mich selbst bemitleidend, dass ich so schwach bin, schreibe ich Ingo eine SMS, dass es leider kein Frühstück geben wird.

Ich sitze im Wohnzimmer auf dem Sofa und trinke einen Kaffee – in der Hoffnung, meinen Kreislauf ein wenig in Schwung zu bekommen.

»Alles in Ordnung?«, fragt Lisa, als sie das Zimmer betritt.

Statt einer Antwort weine ich.

Melanie kommt nach Hause. »Wie geht es dir?«

Nicht gut. Auch sie bekommt nur einen erstickten Laut als Reaktion.

Mit tränennassem Gesicht liege ich Stunden später auf meinem Bett und klopfe vorsichtig auf meinen Bauch.

Sag mal, liebe Stärke, wo bist du denn hin? Denn ohne dich kriege ich das mit der Akzeptanz nicht hin. Also, wo hast du dich versteckt? Und wieso gerade jetzt? Kannst du bitte, bitte ganz schnell wiederkommen? So langsam bekomme ich es nämlich mal wieder mit der Angst zu tun.

*

Ingo ist so liebevoll wie eh und je. Er kommt am Nachmittag, hat Filme mitgebracht, schnippelt Gemüse, kocht, kuschelt – ist einfach da.

Abends im Bett kuschele ich mich an ihn, und er streichelt meinen Rücken. Ich genieße die Berührung und spüre, wie sich meine verspannten Muskeln langsam entspannen. Meinen Kopf vergrabe ich an Ingos Hals. Ich weiß nicht genau warum, doch als Ingo meinen BH öffnet, schäme ich mich plötzlich für meinen Busen. Das ist der Körperteil, in dem der Krebs hockte. Der nie wieder so aussehen wird wie früher. Der immer noch kein richtiges Gefühl hat. Vielleicht wohnt *da* ja auch das elende Panikmonster. Den Nachmittag und Abend über habe ich mich sehr gut gehalten, doch nun bricht mal wieder alles aus mir heraus. Dicke Tränen laufen über meine Wangen und landen auf Ingos Hals und Gesicht.

»Hey«, sagt er und nimmt mich in den Arm. »Was ist denn los?«

»Ich glaube, so langsam gehen mir die Kraftreserven aus«, gestehe ich leise.

*

Ich leide immer noch unter Schlaflosigkeit. Seit Tagen ist meine Zunge dick. Ganz zu schweigen von dem ganzen Katalog der weiteren Nebenwirkungen: Halsweh, Schluckbeschwerden, allgemeine Grippesymptome. Die Nase läuft, Rücken, Muskel und Gelenke schmerzen. Besonders zu schaffen macht mir das Gefühl, dass meine Beine anschwellen – bekomme ich etwa Wassereinlagerungen?

Meine Ernährung besteht fast nur aus Obst oder Joghurt, maximal etwas weichem Brot. Als ich heute Morgen versuche, die wiederverschließbare Käseverpackung zu öffnen, raste ich fast aus. Meine Fingerspitzen schmerzen so sehr, dass ich es nicht schaffe, den Deckel abzuziehen. Dort, unter meinen Fingernägeln, hockt ein anhaltender stechender Schmerz, der mich nicht in Ruhe lassen will. Ich bin kurz davor, die Packung einfach aus dem Fenster zu werfen, als meine verzweifelte Sturheit siegt und ich endlich an den Käse komme.

Am Nachmittag gehe ich zum Arzt, um Rat zu suchen. Es ist vorerst keine Besserung in Sicht. Die Empfehlung des Onkologen: Paracetamol oder Ibuprofen gegen jegliche Schmerzen, prophylaktisch MCP-Tropfen gegen Übelkeit und vor dem Zubettgehen ein Bier gegen die Schlaflosigkeit. Was für hilfreiche Tipps. Ich muss mich wohl oder übel damit abfinden, dass es keine Wunderpille gegen die Nebenwirkungen gibt.

KAPITEL 28

*R*UF MICH MAL BITTE AN, WENN DU SCHON WACH BIST, steht in der SMS, die ich gerade von meiner Mutter bekommen habe. Mein Herzschlag beschleunigt sich, während ich weiter meinen Einkaufswagen durch den Supermarkt steuere. Ist etwas passiert? Dann hätte sie doch angerufen, statt zu schreiben, oder? Mühsam versuche ich mich zu beruhigen.

Als ich wenige Minuten später den Einkaufswagen zum Auto schiebe, erreiche ich sie.

»Hallo, mein Schatz.«

»Hallo. Was gibt's denn?«

Es entsteht eine Pause. Ich höre das Zögern meiner Mutter. »Lotte ist letzte Woche Mittwoch gestorben.«

In mir krampft sich alles zusammen, meine Ohren summen. Lotte. Die Schwester meines angeheirateten Onkels. Ich habe sie selten gesehen, meistens zu Familienfesten. Sie hat so lange gekämpft, und sie hat es nicht geschafft. Sie hatte Brustkrebs, genau wie ich, und er hat sie getötet.

Meine Mutter und ich schluchzen am Telefon.

»Irgendwann musste ich dir das ja sagen.«

»Ja, das ist auch in Ordnung so.«

Ich kann und will mir nicht in meinen schlimmsten Albträumen vorstellen, wie es ist, an metastasiertem Brustkrebs zu sterben. Dennoch frage ich: »Wo war er? Also, er hat ja schon länger gestreut, aber wo genau war er?«

»Überall«, ist die simple und erschreckende Antwort.

Ein Bild erscheint vor meinem inneren Auge. Weihnachten vor zwei Jahren. Dort sah ich Lotte zum letzten Mal, und sie sah gut aus, fit und lebensfroh. Ich kannte sie nicht besonders gut, und doch habe ich ihre Stärke, ihren Lebensmut bewundert. Sie hatte so viel durchgemacht und war wieder im Leben angekommen. Dachte ich. So wie wir alle.

Wie in Trance steige ich ins Auto und mache mich auf den Nachhauseweg, aber ich kann noch nicht zurück in die Wohnung. Ich muss eine Trauerkarte für Lottes Mann kaufen, und ein paar Blumen wären auch schön. Als ich an einem Blumenladen vorbeikomme, halte ich. Passenderweise fallen gerade die ersten Tropfen vom Himmel.

Mit klopfendem Herzen betrachte ich die Blumen. Pinkfarbene Lilien mit weißem Rand strahlen mich an. *Die sind für Lotte*, denke ich. Ich werde nicht zur Beerdigung gehen können, doch ich kann ihr Blumen kaufen und eine Kerze anzünden.

Bevor der Regen einsetzt, erreiche ich, mit Lilien und Trauerkarte bewaffnet, die Wohnung. Ich suche meine schönste Vase und stelle die Blumen ins Wasser, entzünde eine große Kerze auf dem Tisch. Ich setze mich hin und starre die Trauerkarte an. *Aufrichtige Anteilnahme.*

Ich habe mich bisher noch nie gefragt, wie es wohl wäre, wenn mein Tod der Grund wäre, meinen Eltern Trauerkarten zu schicken. Was würden sie wohl schreiben, meine Verwandten, meine Freunde? Welche Blumen würden sie auswählen? Wer würde eine Rede halten auf meiner Beerdigung, wer würde still, wer würde offen trauern? All die Tränen. All der Schmerz. All die Trauer und die Wut auf dem Weg dorthin. Das will ich nicht. Ich will nicht sterben.

Während ich am Tisch sitze und die Lilien anstarre, bricht draußen die Hölle los. Es donnert, es blitzt, es stürmt, und plötzlich reißen die Wolken auf und ergießen sich in Sturzbächen über Buxtehude.

*

»Was meinst du, würden die mich auch ohne Haare in die Disco lassen?«, frage ich Melanie. »Komplett gestylt, aber mit den paar Stoppeln ... Was die im ›Erdnüsschen‹ wohl sagen würden?«

»Du kannst das ja mal ausprobieren«, lacht Melanie und streichelt mir liebevoll über den Kopf.

»Nein, besser nicht. Nachher lassen die mich nicht rein.«

Mein Outfit wechsle ich heute so lange, bis ich meinen eigenen Anblick im Spiegel ertrage. Ich habe das Gefühl, dass mein Körper durch die Wassereinlagerungen der letzten Chemo aufgedunsen ist. Wahrscheinlich bin ich die Einzige, die das überhaupt wahrnimmt. Doch heute bin ich eitel. Ich will feiern und gut aussehen. Schließlich werde ich bald schon wieder flachliegen.

In der Disco ist mir unendlich heiß. Meine Periode habe ich im Moment im Dreiwochenrhythmus, was nicht unbedingt angenehm ist. Von wegen Fertilitätsreserve. Ich glaube, meine Hormone spielen gerade komplett verrückt. Es tut gut rauszukommen, es tut gut zu tanzen, sich zu bewegen, doch meine Schuhe schneiden mir in die geschwollenen Füße, die Fußsohlen brennen, mein Kopf zerplatzt, meine Rippen und Edith-Iris schmerzen. Wie sehr beneide ich doch all die partyhungrigen Menschen um ihre Gesundheit, um ihre Sorglosigkeit und Unbeschwertheit.

Später am Abend geistert mir plötzlich ein beunruhigender Gedanke durch den Kopf: Es mag vielleicht alles besser werden als zuvor. Aber es wird sich nie wieder so anfühlen wie früher.

*

Bevor mich mein Chemohirn ab morgen wieder einholt, fasse ich einen Entschluss. Immer noch beschäftigt mich die Sorge, nächstes Jahr arbeitslos zu sein. Was ist, wenn ich es nicht schaffe, bis Februar wieder zur Arbeit zu gehen? Was ist, wenn die Therapien aus unerfindlichen Gründen doch länger dauern? Mein Arbeitsvertrag läuft im Februar aus, ab März hätte ich eigentlich einen Festvertrag bekommen sollen, doch den wird man mir logischerweise nur anbieten, wenn ich offiziell wieder gesund bin.

Ich mag keine Ungewissheiten. Ich mag mir keine Sorgen mehr machen. Ich brauche einen Plan B. Also entschließe ich mich kurzerhand, mich vorsichtshalber für ein Psychologiestudium an der Fernuni Hagen einzuschreiben. Wahrscheinlich werde ich die mögliche Doppelbelastung nächstes Jahr nicht durchstehen, aber so kann ich die Gefahr, plötzlich mit nichts dazustehen, ein wenig mindern. Im Zweifelsfall wird Psychologie mein neues Hobby. In jedem Fall hört sich »auf dem Weg der Besserung und Studentin« wesentlich besser an als »krank und arbeitslos«.

*

»Dann komme ich am Wochenende zu dir«, erkläre ich Ingo am Telefon. Vorgestern, nach der zweiten Ladung Taxane, war er wie immer bei mir. Aber irgendwann diese Woche muss ich trotz der Nebenwirkungen mal raus aus der Wohnung.

»Na klar. Kein Problem. Am Sonntag bin ich beim Gokart, aber das dauert ja nicht so lange.«

»Ach, diesen Sonntag?«

»Ja, habe ich dir doch erzählt.«

»Ich glaube, ich habe die Daten einfach nicht mehr alle auf dem Schirm.«

»Ich glaub auch«, lacht Ingo.

»Du, ich hab heute Morgen übrigens mit meiner Chefin telefoniert.«

»Ich weiß. Das hast du mir schon erzählt, Kleines.«

»Ja?«

»Wir haben heute Mittag schon mal kurz telefoniert«, erklärt Ingo.

Ich schweige. Fassungslos.

»Weißt du das nicht mehr?«

Ich bin mir nicht sicher. Irgendwo in meinem Hirn ploppt der Gedanke auf, dass mich Ingo heute schon mal auf dem Handy angerufen hat. Aber ich kann mich nicht im Geringsten daran erinnern, worüber wir gesprochen haben.

»Hallo?«

»Ich weiß nichts mehr«, schluchze ich, und Tränen steigen mir in die Augen. Es macht mir Angst, dass ich so viel vergesse.

*

Trotz bleierner Müdigkeit will ich gemeinsam mit Ingo und Stevie zum Buxtehuder Weinfest gehen. Die Menschenmengen sind viel anstrengender als gedacht, doch es tut trotzdem gut, vor die Tür zu kommen.

Auf dem Weg nach Hause begegnen wir einer jungen Frau mit langen dunklen Haaren und ihrem Freund, einem rothaarigen jugendlich wirkenden Mann mit Stoppelbart. Ingo stellt mich vor, und die Frau berührt mich am Arm.

»Hallo. Ich glaube wir haben uns schon mal gesehen.«

»Kann sein, ich kann dich aber nicht richtig einordnen«, erwidere ich.

»Das war letztes Jahr am Altstadtfest, glaube ich.«

»Ja, stimmt, jetzt erinnere ich mich wieder.«

Da hatte ich noch meine echten Haare. Da war noch alles ganz normal. Dachte ich.

»Und, wie geht es dir?«

Ich muss zweimal verwundert zwinkern, bevor ich kapiere, dass natürlich auch viele Menschen in meinem weiteren Umfeld von meiner Erkrankung wissen. »Ganz gut.«

Wir quatschen kurz, dann verabschieden wir uns. Wieder berührt mich die junge Frau am Arm. »Alles Gute«, wünscht sie mir. Ihre Augen drücken Mitgefühl und irgendwie Bedauern aus.

»Danke.« Ich schlucke den Kloß in meinem Hals widerwillig hinunter. Als wir außer Hörweite sind, muss ich meinen Gefühlen Luft machen. »Sie weiß also, was ich habe?«

»Ja«, sagt Ingo unschuldig.

»Warum erzählst du das denn jedem?«

Irgendwie macht es mich unsinnigerweise wütend, dass er mit ihr darüber gesprochen hat. Es ist kein Geheimnis, dass ich krank bin und Krebs habe, und er rennt schließlich nicht durch die Gegend und erzählt jedem: »Ey, meine Freundin hat Brustkrebs und macht jetzt eine Chemotherapie!« Und trotzdem bin ich gerade in diesem Augenblick psychisch viel zu labil, um … ja, um was eigentlich zu tun?

»Wenn ich eines hasse, dann ist es, wenn mich jemand so mitleidig ansieht«, sprudelt es aus mir heraus. »Ich brauche kein Mitleid!«

»Das war doch kein Mitleid.«

»Doch. Dieses Anfassen, dieses ›Alles Gute‹.«

»Kleines, die ist immer so, da brauchst du dir keine Gedanken zu machen.«

»Trotzdem, ach, ich weiß auch nicht.«

Doch, ich weiß: Mein Selbstbewusstsein ist zurzeit ziemlich angeschlagen. Und zu allem Überfluss finde ich mich komplett unerträglich. Alte Meckerziege.

KAPITEL 29

Ich konnte fast die ganze Nacht nicht schlafen. Bis zwei Uhr lag ich wach und habe gelesen. Bis dahin habe ich vergeblich versucht einzuschlafen, doch eine innere Unruhe ließ mich einfach nicht die Grenze zum Schlaf überwinden.

Da lieg ich also.

Immer wieder knipse ich das Licht an und greife zum Buch, trinke einen Fenchel-Anis-Kümmel-Tee gegen das brennende Ziehen in meinem Magen, gehe dreihundertmal zur Toilette und ändere im Minutentakt die Schlafposition. Als ich dann endlich Schlaf finde, ist er unruhig, und ich wälze mich die ganze Nacht hin und her.

Natürlich bin ich am nächsten Morgen nicht ausgeruht, und die Müdigkeit oder auch das Fatigue-Syndrom, wie die Fachleute es nennen würden, verfolgt mich auf Schritt und Tritt. Ich werde einfach nicht richtig wach. Ich fühle mich schlapp. Erschöpft. Müde.

Mein Kopf ist dumpf. Dennoch bin ich seltsam gelassen. Ich akzeptiere, dass ich müde bin, dass mir schlecht ist, dass mein gesamter Mundraum und meine Lippen seit heute wieder angeschwollen sind. Ich akzeptiere, dass meine Fingerkuppen schmerzen, bin ich doch vielmehr glücklich darüber, dass sie nicht so wehtun wie vor drei Wochen. Ich akzeptiere, dass sich Hautfetzen von meinen Händen und meinen Füßen lösen. Ich akzeptiere die Kopfschmerzen, Schluckbeschwerden und Muskelschmerzen.

Ich bin verdammt stolz auf mich, dass ich gelernt habe, Dinge zu akzeptieren, die ich nicht ändern kann.

Nur noch eine Chemo.

*

August. Seit meiner Diagnose sind fast genau fünf Monate vergangen. Die Sonne strahlt. Hier und dort schweben ein paar wenige Quellwolken am Himmel, doch auch der Radiomoderator verspricht: Heute wird es bis zu 33 Grad heiß. Da wird sich der Sommer doch noch blicken lassen, zumindest für einen Tag.

Ich bin entspannt. Heute geht es tatsächlich endlich weiter. Mir wird erst jetzt klar, wie lange ich auf diesen Tag hingearbeitet habe, wie sehr mich der Stillstand in meinem alltäglichen Leben gequält hat. Heute darf ich endlich mit dem Strahlentherapeuten sprechen. Das heißt, bald darf ich auch die nächste Therapiestufe erklimmen. Endlich sehe ich das Ziel ein Stück näher rücken.

Wie unendlich froh ich sein werde, wenn ich meine Zeit nicht mehr damit verbringen muss, in Wartezimmern herumzusitzen, denke ich gerade, als jemand meinen Namen ruft.

»Frau Seeliger?«

An mir huscht ein junger Mann vorbei, in seinen Händen hält er meine Akte. Ich folge ihm in ein kleines Büro.

»Guten Tag, Frau Seeliger. Ich bin Dr. Wörmann.« Er reicht mir die Hand. Neugierig mustere ich meinen neuen Arzt. Er ist tatsächlich sehr jung. Ich würde ihn nicht älter als Mitte dreißig schätzen. Seine Gesichtszüge sind jugendlich, seine Haare reichen ihm bis zum Ohr, er trägt eine Brille und ein ungebügeltes blaues Hemd. Er ist mir auf Anhieb sympathisch.

Während Dr. Wörmann meine Akte sichtet, krame ich meinen Block samt den zwei Seiten voller Fragen heraus. Wir starten mit den Standardthemen: Wie haben Sie den Tumor bemerkt? Was haben Sie dann gemacht? Wie verlief die Operation?

Dann bin ich an der Reihe. Was sind das für Strahlen? Was machen die eigentlich? Nicht, dass ich etwas von den physikalischen Erklärungen über Linearbeschleuniger und Photonenstrahlen verstehen würde, doch ich höre nichtsdestotrotz genau zu und beruhige mein Gewissen damit, dass ich zumindest gefragt habe. Auf jeden Fall verstehe ich, dass wir alle potentiell vorhandenen Krebszellen über den Zeitraum der Bestrahlung im Mitose-Stadium treffen. Durch die Photonenstrahlen verkümmern die Chromosomen der Krebszellen, sodass sie einen schnellen Zelltod einleiten.

Hört sich gut an.

»Welche Chancen räumen Sie mir ein?«, frage ich Dr. Wörmann.

Er stutzt einen Augenblick. »Wenn Sie jetzt eine Prozentzahl von mir hören wollen ...«

»... werde ich keine bekommen, ich weiß. Aber was denken Sie, welche Wichtigkeit nimmt die Strahlentherapie in der gesamten Behandlung ein? Ist sie notwendig?«

»Auf jeden Fall«, antwortet er ohne zu zögern. »Sie müssen das so sehen: Wir und auch Sie tun gerade alles, was möglich ist, um höchstmögliche Sicherheit zu erreichen. Sie sind bisher immer auf Nummer sicher gegangen, schon bei der OP. Das war ein sehr wichtiger Schritt, und ich bewundere Ihre Entscheidung. Sobald man das lokale Risiko so weit wie möglich verringert, reduziert man auch das Risiko, dass irgendwo anders der Krebs auftaucht. Und das haben Sie getan. Nach der lokalen haben Sie eine systematische Therapie mit der Chemo begonnen. Nun waren ja leider zwei Lymphknoten betroffen, sodass die Strahlentherapie als weiteres zielgerichtetes Vorgehen definitiv zu empfehlen ist. Darauf wird dann wieder eine systematische Therapie durch die Antihormonbehandlung folgen. Also, wenn Sie mich fragen: Sie haben bisher alles genau richtig gemacht.«

»Freut mich zu hören.«

Dr. Wörmann erklärt mir, welche Stellen genau bestrahlt werden, das Lymphabflussgebiet unterhalb des Schlüsselbeins sowie die Brust selbst. Dabei wird aufgrund des Strahlenwinkels auch die Axilla mit bestrahlt.

»Aber was passiert mit meinem Implantat? Das kann doch verkapseln? Müssen wir da nicht aufpassen?«

»Nein, da brauchen Sie sich keine Sorgen zu machen. Die Strahlenmenge wird so gering sein, dass Ihr Implantat überhaupt keinen Schaden nehmen wird.«

»Sehr gut.«

»Ich gebe Ihnen diese Unterlagen mit«, sagt er und zeigt auf einen Schnellhefter, der vor ihm auf dem Tisch liegt, »aber wir besprechen die Nebenwirkungen, die auftreten werden, jetzt schon.«

Er blättert durch die ersten Seiten des Fragebogens, während ich mich so gut wie möglich in dem tiefen Sessel aufzurichten versuche, um auf den Schreibtisch gucken zu können.

»Falls Sie Rötungen und Spannungsgefühle im bestrahlten Gebiet wahrnehmen sollten, können Sie kühlen. Einfach mehrmals am Tag ein Kühlakku in ein Baumwolltuch einschlagen und auf die betreffende Stelle legen.«

Bei dem Gedanken, wie ich mit einem Kühlakku auf der Brust zu Hause auf dem Sofa liege, muss ich schmunzeln. Ich höre schon den Dialog: *Haben wir noch Eis?*

Nein, sorry, ich musste meinen Busen kühlen.

Was gibt es noch an zu erwartenden Nebenwirkungen? Müdigkeit und Schluckbeschwerden, da ich nahe der Speiseröhre bestrahlt werde, und hoffentlich keine Schäden der Lunge und des Herzens.

»Und wie stellen wir das sicher?«

»Nach Ihrer letzten Chemotherapie werden wir ein Planungs-CT erstellen, anhand dessen wir die genauen Strahlungswinkel berechnen, um nicht in die Nähe der Herzgefäße zu kommen. Das Herz wollen wir auf gar keinen Fall schädigen.«

Nein, das hat in den letzten Monaten auch schon genug abbekommen.

»So, dann schauen wir uns noch mal kurz an, ob mit Ihrer Wundheilung auch alles in Ordnung ist. Sind Sie zufrieden mit dem kosmetischen Ergebnis?«, fragt er mich, während wir in den Nebenraum gehen.

»Ja, auf jeden Fall. Mehr als zufrieden.«

»Es ist auf jeden Fall toll geworden«, bestätigt er, nachdem ich meinen BH ausgezogen und ihm Edith-Iris vorgeführt habe. »Haben die das alles über die Achsel gemacht?« Er betrachtet die Narbe an der Achsel und bemerkt beim Näherkommen dann doch den feinen roten Strich rund um den Warzenhof. »Ach so. Die Narbe ist echt super geworden, das sieht man ja gar nicht mehr. Da können Sie ja oben ohne sonnenbaden, und keiner würde etwas vermuten.«

»Nein, das stimmt. Höchstens die Rückennarbe ist irritierend.«

»Na ja, da können Sie ja sagen, Sie hatten einen spektakulären Unfall.«

»Oder ich sage, das war ein Haiangriff.«

»Also, so tough, wie Sie wirken, würde ich Ihnen das glatt abkaufen«, sagt der Arzt und zwinkert.

KAPITEL 30

Sonntagnachmittag. In den Bademantel eingewickelt schmiege ich mich frisch geduscht an Ingo, der lediglich Shorts trägt, um die Hitze zu ertragen.

»Fängt es wieder an zu regnen?« Ein Gewitter würde zumindest die schwüle Luft vertreiben.

»Hm-hm, ich glaube schon.«

Ich drücke meine Lippen auf Ingos und setze gerade zu einem leidenschaftlichen Kuss an, als unsere Liebkosung durch einen lauten Knall unterbrochen wird. Erschrocken schauen wir uns an und stürmen gleichzeitig los in Richtung Wohnzimmer und Balkon.

Der Anblick des Wetters draußen ist erschreckend. Dichte Regenwände peitschen gegen das Fenster, durchzogen von grell zuckenden Blitzen, die kaum die schwarze Wand draußen erhellen. Das Knallen kam vom Wohnzimmerfenster, das gerade ein zweites Mal geräuschvoll zudonnert. Nicht nur das Fenster macht ordentlich Lärm, auch der Donner, der innerhalb von Sekunden auf die Blitze folgt, brüllt uns entgegen.

»Scheiße«, entfährt es mir, als ich einen unserer Holzstühle quer über den Balkon wehen sehe. Ich reiße kurzerhand die Balkontür auf, und sofort peitscht mir der Regen ins Gesicht. Inklusive gruseliger akustischer Untermalung durch das Donnergrollen.

Gut, dass ich noch immer quasi »oben ohne« bin, ein Kopftuch oder sogar meine Perücke wären sofort weggeweht worden.

»Lass mich rausgehen«, ruft Ingo hinter mir.

»Nein, ist schon gut.«

Ich bereue meinen Mut, als ich den Balkon betrete. Der Sturm weht meinen Bademantel quer um mich herum, aber nun bin ich einmal draußen und schon halb durchnässt, also packe ich die Stühle und alle beweglichen Gegenstände vom Balkon und reiche sie Ingo durch die Tür ins Wohnzimmer. Die Blitze sind derart grell und blenden mich so sehr, dass ich Angst habe, von ihnen getroffen zu werden. Der Wind heult in meinen Ohren, und der Regen tropft von meinem kahlen Kopf.

Atemlos stehe ich wieder im Wohnzimmer und umarme Ingo.

»Also, jetzt hatte ich doch ganz schön Angst«, gestehe ich. »Und mein Kopf. Der ist jetzt eiskalt.«

»Ich glaube, dein Kopf ist nicht das Einzige, was man gesehen hat«, grinst Ingo.

Das habe ich mir auch schon gedacht. Der Bademantel hängt offen und vor Wasser triefend an mir herab. Ich hoffe, dass niemand bei dem Wetter auf der Straße war und eine kahle, nackte Frau mit blankem Busen und wehendem Bademantel gesehen hat.

*

»Neue Frisur?«, begrüßt mich Ralf auf der Geburtstagsparty von Melanie und Ben. Ralf ist ein guter Freund von Melanie, und entweder ist er total taktlos oder er hält sich für einen echten Scherzkeks. Vielleicht hat er aber auch einfach noch nicht mitbekommen, dass ich krank bin.

Ich erwidere einen Moment seinen erwartungsvollen Blick und starre ihn an. Er verzieht keine Miene. Offensichtlich meint er sein Kompliment tatsächlich ernst.

»Ja, äh … ich hab eine neue Frisur«, bestätige ich und hoffe, mein verwirrter Blick fordert ihn nicht zu näheren Fragen auf.

»Sieht gut aus.«

»Danke«, sage ich und gehe Richtung Küche. Ich kann mich eines unterdrückten irren Kicherns nicht erwehren. Neue Frisur – ja, so kann man das auch nennen.

Ich habe beschlossen, dass ich heute feiern und mich ein wenig betrinken möchte, also mache ich mich erst einmal an zwei Gläser Rotwein.

»Ich bewundere wirklich, wie du das alles machst«, sagt eine Freundin plötzlich zu mir. »Und ich finde es toll und unheimlich stark von dir, wie tapfer du diese schwierige Situation meisterst.«

»Danke.« Ich bin mir nicht sicher, ob ich rot werde. Mein Magen zieht sich bei diesem Kompliment jedenfalls kurz zusammen. Solche offenen Anerkennungen bewegen mich immer wieder, und ich weiß nie genau, wie ich darauf reagieren soll.

Sie fährt zögernd fort. »Ich weiß manchmal gar nicht, was ich sagen oder machen soll, aber …«

»Am schönsten ist es, wenn ihr mich normal behandelt. Und das machst du super«, sage ich und lächele sie an.

»War die Entscheidung denn schwer, alles wegnehmen zu lassen?«, fragt sie, und in diesem Moment stellt sich Melanie neben uns. Ich schaue sie an und muss wieder lächeln.

»Na ja. Eigentlich nicht. Melanie war mit dabei, und eigentlich ist mir das gar nicht schwergefallen.«

»Das stimmt. Die Entscheidung fiel wirklich schnell. Ich habe erst noch gedacht: ›O Gott, ob sie weiß, was sie da tut?‹ Aber dann habe ich gesehen, wie gut es ihr mit der Entscheidung geht, und das hat mich beruhigt.«

Mir wird warm ums Herz, wenn ich darüber nachdenke, was ich mit den Mädels durchgemacht habe und wie sehr sie mir geholfen haben. Manchmal begegnen wir Menschen, die unser Leben erst lebenswert machen.

*

»Guck mal, das ist ein schönes Foto geworden«, sagt Ralf. Mittlerweile lallt er schon ein wenig.

»Hm.« Ich habe ganz schöne Augenringe auf dem Bild.

»Und deine Haare sehen toll darauf aus«, ergänzt er.

Er meint es so lieb, doch er schießt voll am Ziel vorbei. Ich habe nicht vor, den ganzen Abend über meine Haare zu sprechen.

»Die glänzen so schön.«

Ich atme tief durch und nicke langsam. »Ja, Ralf, die glänzen.« ... *denn den metallischen Glanz von Kunsthaaren sieht man immer ein wenig.*

»Wirklich!« Er deutet meinen leicht verkniffenen Gesichtsausdruck offensichtlich falsch. Also ran an den Speck.

»Du, Ralf?« Ich nehme ihn am Arm und senke die Stimme. »Ich habe tatsächlich neue Haare – das ist eine Perücke, denn ich mache gerade eine Chemotherapie.«

Ralfs Augen werden groß. Ich muss kichern.

»Oh.«

»Mach dir keine Sorgen, das war total lieb von dir, mir Komplimente zu machen, aber wenn du das den ganzen Abend machst, fange ich irgendwann an zu heulen.«

»Oh«, macht er noch mal.

Ich lache. »Ist wirklich nicht schlimm.«

»Ich wusste das gar nicht ...«

»Na, man sieht es ja auch nicht.« Zum Beweis schüttle ich ein wenig den Kopf.

Das hätten wir also geklärt.

Gegen Mitternacht schlägt die Müdigkeit erneut zu. Ich sollte mich langsam mal wieder ins Bett legen, doch ich will noch nicht gehen und ruhe mich stattdessen ein wenig auf dem abseits stehenden Sofa aus. Mein Blick fällt auf Bens Kamera, mit der er den ganzen Abend wie ein Wahnsinniger Bilder geschossen hat, und ich klicke die Bilder durch. Ich lösche alle Fotos, auf denen ich krank aussehe. Fast kein einziges überlebt meine kritische Musterung.

Ich vermisse meine Wimpern.

KAPITEL 31

Ich bin in Stade. Um halb neun will ich meine Onkologin Frau Dr. Dammer dazu überreden, mir zu sagen, wann der früheste Zeitpunkt sein wird, meinen Port herausnehmen zu lassen.

Sie denkt einen Augenblick über diese Frage nach. »Nach der Bestrahlung.«

»Wow, das ging viel einfacher als gedacht. Und ganz ohne Diskussion.«

»Ja, denn die persönliche Lebensqualität ist hier ein starkes Argument. Aber ich würde bis nach der Bestrahlung warten.«

Gut, wenn mein Zeitplan weiter so funktioniert, wird das hoffentlich direkt nach der Reha und damit noch dieses Jahr sein.

»Muss ich denn sonst noch etwas beachten? Nach der Chemo?«

»Nein. Sie brauchen nach der letzten Sitzung auch nicht mehr herzukommen.«

»Dann war es das also? Ich kann das Thema Chemo abhaken?«

»Ja. Haken dran.«

Mir wird erst jetzt bewusst, dass ich nervös wegen dieser Sache war, denn ich wusste einfach nicht, wie es danach weitergehen sollte. Jetzt steht der Plan also.

Und nicht nur das, die nächste Station auf meiner Liste ist meine Seelenklempnerin Frau Gröger, die mit mir den Antrag für die Reha ausfüllen will. Ich habe mich im Internet über die vorgeschlagene Klinik in Bad Oexen informiert. Zunächst war ich etwas skeptisch, was die Angebote für Kinder und Jugendliche oder Mutter-Kind-Kuren angeht. Doch dann stieß ich auf die JER-Gruppe, die Gruppe für junge Erwachsene mit onkologischen Erkrankungen im Alter zwischen achtzehn bis zweiunddreißig Jahren. Aber ich war auch verunsichert, ob ich nicht mit unzähligen Antragsstellungen oder sogar Ablehnungen konfrontiert werden würde.

»Dann rufen wir jetzt mal in der Klinik an«, sagt Frau Gröger, nachdem wir den frühsten Zeitpunkt für den Beginn der Reha ausgerechnet haben.

Das Gespräch verläuft ohne weitere Vorkommnisse, und keine fünf Minuten später bin ich für den 10. November in Bad Oexen vorgemerkt.

»Das war aber einfach«, gebe ich verwundert zu. Bislang war immer alles so stressig, anstrengend und kompliziert. Mir wird erst zu Hause bewusst, dass ich mich tatsächlich dem Ende der Therapien nähere. Und mir wird klar, dass ich doch nervös wegen der Bestrahlung bin. Und ein wenig Angst vor der Zukunft habe.

Die letzte Chemo. Dann Bestrahlung und Reha. Am 08. Dezember werde ich wieder nach Hause kommen. Und wie soll es dann weitergehen? Bin ich dann geheilt? Was ist mit der Antihormontherapie? Wann startet die überhaupt? Werde ich überhaupt irgendwann einmal geheilt sein?

Ich habe große Angst vor dem Platz in der Gesellschaft, den ich in der Zukunft wieder einnehmen soll. Kann ich ganz einfach wieder in mein normales Leben zurückkehren? Die Antwort steht jetzt schon fest: nein. Das kann ich nicht, und das will ich nicht.

*

Meine Laune ist an diesem Nachmittag nach scheinbar unendlichen Energiereserven plötzlich gesunken. Die Gefühlsachterbahn hat ihre Loopings gedreht, jetzt sind wir wieder ganz unten in der Station Angst und Traurigkeit angekommen. Dazu kommt, dass ich die Anzeichen einer leichten Erkältung spüre. Mein Hals kratzt, meine Nase läuft. Ich will nicht krank werden. Ich will die letzte Chemo bekommen, ohne Krankheit, ohne Leid. *Bitte, bitte, bitte lass mich nicht krank werden!*

»Ben hat gesagt, du hättest Probleme mit Menschen, die krank sind«, meint Ingo, als wir einen Tag später beim Abendbrot zusammensitzen.

»Wie bitte?«

Wieso sagt Ben so was? Ich bin total verletzt über diese Aussage, wahrscheinlich zu Unrecht, weil er es nicht so gemeint hat. Aber genau solche unbedachten Aussagen verletzen mich derzeit sehr schnell.

»Er meinte, dass du Melanie aus der Wohnung gescheucht hättest.«

Entsetzt schießen mir die Tränen in die Augen. Melanie hat gestern Morgen gesagt, dass Ben krank sei. Da sie sich mit ihm treffen wollte, habe ich gefragt, wie krank, denn natürlich will ich mich mit meinen schlechten Blutwerten nicht bei ihm anstecken. Daraufhin hat sie ihn dann gebeten, daheimzubleiben, und ist zu ihm gefahren. Aber ich habe niemanden aus der Wohnung vertrieben – und ich habe auch kein Problem mit kranken Menschen.

Tieftraurig wegen einer solchen Belanglosigkeit sitze ich auf Ingos Bett und weine.

*

Ein paar Tage später bin ich allein mit Ben in der Wohnung. Während wir uns unterhalten, juckt es mir in den Fingern, ihn nach seiner Aussage zu fragen, aber irgendwie finde ich den Zeitpunkt nicht. Erst als er sich verabschieden will und ich mich total blöd fühle, dass ich mich nicht traue zu fragen, springe ich über meinen Schatten.

»Hör mal, Ben, ich wollte Melanie nie aus der WG vergraulen. Ich wusste einfach nur nicht, wie krank du bist, und habe sie deswegen gefragt. Ich kann es mir nicht leisten, mich jetzt bei dir anzustecken.«

Ben weiß offensichtlich sofort, worum es geht. »Ich habe das letzte Woche nicht so richtig mitbekommen, weil Melanie nur am Rande erwähnt hat, dass sie lieber zu mir kommt – und ich war ja auch wirklich krank ...«

»Ja, ist doch kein Problem. Nur will ich nicht, dass ihr so was von mir denkt. Es ist schon blöd genug für mich, wenn ich frage, wie krank irgendwer ist. Aber ich kann keine Bazillenschleudern hier gebrauchen.«

»Das war auch gar nicht böse gemeint.«

»Das weiß ich, aber ich bin superempfindlich im Moment, vor allem, wenn es um so was geht. Und darum, was ihr von mir denkt. Und da finde ich solche Aussagen einfach nicht in Ordnung. So was verletzt mich total.«

»Mach dir mal keine Sorgen.« Ben umarmt mich. »Es ist alles gut.«

KAPITEL 32

Heute bin ich mal wieder bei Frau Dr. Scholle. Natürlich habe ich eine Liste an Fragen dabei, denn jetzt, da das Ziel in greifbare Nähe rückt, will ich auch den Rest des Plans erfahren.

»Wann starten wir mit der Antihormontherapie?«

»Nach der Bestrahlung.«

»Aber vor der Reha?«

»Klar.«

»Welche Termine kommen sonst noch auf mich zu?«

»Alle drei Monate Kontrolluntersuchungen und regelmäßig Mammografien. Über den Plan sprechen wir noch mal beim Tumorboard, wenn es so weit ist.«

»Wenn ich aus der Reha zurückkomme, wann fange ich dann wieder an zu arbeiten?«

Bei dieser Frage wird ihr Gesichtsausdruck ernst. »Frau Seeliger, Sie sollten sich wirklich genügend Zeit nehmen, um sich von den Therapien zu erholen.«

»Ja, das würde ich auch gern, aber ich weiß nicht, wie das normalerweise abläuft. Werde ich denn auch nach der Reha krankgeschrieben? Und für wie lange?«

»Natürlich, noch einige Wochen. Je nachdem, wie es Ihnen geht.«

»Gut, also …«

»Also brauchen Sie gar nicht damit zu rechnen, vor Januar wieder mit der Arbeit anzufangen. Zumindest würde ich Ihnen das nicht raten.«

»In Ordnung. Ich will nur meinen Arbeitgeber auf dem Laufenden halten. Dann kann ich ihm schon mal Mitte oder Ende Januar als mögliche Rückkehr mitteilen.«

»Ja, das ist gut. Und dann können Sie sich auch Gedanken über eine Wiedereingliederung machen, wenn das angeboten wird.«

»Das mache ich dann auch auf jeden Fall. Da mein Vertrag im Februar ausläuft, werden wir ja sehen, ob ich mich überhaupt wiedereingliedern lassen muss.«

Frau Dr. Scholle macht große Augen.

»Mir wurde bislang immer versichert, dass mein Vertrag verlängert wird«, beruhige ich sie. »Aber ich glaube an nichts, bevor ich nichts schwarz auf weiß habe.«

»Okay.« Die Sorge ist ihr immer noch ins Gesicht geschrieben.

»Und außerdem habe ich einen Plan. Ich bin ab Oktober offiziell Teilzeitstudentin an der Fernuni Hagen.«

Endlich lösen sich die angespannten Gesichtszüge wieder. »Das finde ich ja so toll an Ihnen, Frau Seeliger.«

»Was denn?«

»Sie haben einfach immer einen Plan B.«

*

Ich stehe vor der Rezeption der Hautarztpraxis.

»Ich hätte gern einen Termin zur Kontrolle eines Muttermals.«

»Wir vergeben erst wieder im Dezember Termine.«

Na super. Zwar glaube ich nicht, dass der piksende Schmerz an meinem Rücken, den ich seit einigen Tagen verspüre, tatsächlich auf das Muttermal zurückzuführen ist, sondern vielmehr von meinen Verspannungen stammt, doch Dezember ist noch ganz schön lange hin. Mein nachdenklicher Blick bleibt offensichtlich nicht verborgen.

»Soll ich Sie für den 05. Dezember eintragen?«

»Hm, wissen Sie, ich mache gerade eine Chemotherapie, deswegen kann ich nur heute oder morgen.«

Sofort ändert sich die Grundstimmung. Und ich habe gar kein schlechtes Gewissen, die Krebskarte zu spielen.

»Warten Sie einen Moment«, sagt sie und geht durch eine Tür im hinteren Bereich der Anmeldung. Nach ein paar Sekunden kommt sie zurück. »Geht's auch jetzt gleich?«

*

»Wie kann ich Ihnen denn helfen?«, fragt mich Frau Dr. Bündgens.

»Ich würde gern ein Muttermal kontrollieren lassen.«

»Dann zeigen Sie mal her.«

»Wissen Sie, ich glaube gar nicht unbedingt, dass da was ist, aber es zwickt seit ein paar Tagen. Gut, es drückt überall, denn … ich mache zurzeit eine Chemotherapie.«

»Hm.«

Während ich mein T-Shirt ausziehe und ihr meinen Rücken zuwende, ist mir durchaus bewusst, dass ihr meine Narbe gar nicht entgehen kann. Trotzdem erwähnt sie sie mit keinem Wort.

»Ich kann Sie beruhigen. Das ist ein ganz normales voll ausgewachsenes Muttermal.«

»Sehr gut. Darf ich Ihnen noch eines zeigen?«

»Natürlich.«

Also präsentiere ich ihr auch ein Muttermal an der linken Brust, während ich meinen BH in der linken Hand halte.

»Auch das sieht wirklich in Ordnung aus.«

»Puh. Dann bin ich ja beruhigt.«

»Wollen wir direkt einmal überall schauen?«

»Wenn das für Sie in Ordnung ist?«

»Ja, dann ziehen Sie mal Schuhe und Hose aus. Wir können uns auch gleich mal Ihren Kopf anschauen.«

Ich stutze. Wir schauen uns direkt in die Augen. Sie im weißen Arztkittel, ich halb nackt. Hat sie gesehen, dass ich eine Perücke trage? Oder weiß sie es, weil ich nun mal eine Chemotherapie mache?

»Ja, also …« Ich stocke, doch dann muss ich lächeln. »Ich kann die Haare auch kurz ausziehen.«

»Na dann, ziehen Sie auch ruhig die Haare aus.«

Eine halbe Minute später stehe ich nur noch in meinem Slip und mit Ann-Kathrin auf dem Kopf vor ihr.

»Äh, ja«, kündige ich den großen Moment an und ziehe mir die falschen Haare vom Kopf.

»Ich habe eben schon gedacht, dass das ja ein ganz tolles Teil ist.« Frau Dr. Bündgens deutet auf die Perücke, die ich auf dem Stuhl ablege.

»Vielen Dank. Ich finde sie auch toll.«

Auch wenn ich wünschte, die Haare, die von Tag zu Tag mehr auf meinem Schädel sprießen, würden noch viel schneller wachsen.

Die Ganzkörperuntersuchung mit der kalten Lupe ist innerhalb weniger Minuten abgeschlossen. »Alles in Ordnung. Aber sagen Sie, darf ich Sie fragen, was bei Ihnen gemacht wurde?«

»Ja, natürlich.« Ich erkläre ihr, wie mein Brustdrüsengewebe komplett entnommen und wiederaufgebaut wurde.

»Und das haben die alles unter der Haut gemacht?«

»Ja, hier vorn ist eine ganz dünne Narbe.«

»Toll. Aber warum haben Sie denn die große Narbe am Rücken?«

»Wir haben mit dem Rückenmuskel die Brust wieder aufgebaut.«

»Mensch, ich sehe ja viel hier, aber so etwas habe ich noch nie gesehen. Beeindruckend. Das Endresultat ist wirklich toll.«

»Sie sollten erst mal sehen, was ich damit machen kann.«

Frau Bündgens schaut mich irritiert an. »*Machen?* Mit der Brust?«

Ich grinse und fange an, den Muskel anzuspannen. Das ist ein seltsames Gefühl, denn es ist ja nicht mehr mein ganz normaler Brustmuskel, sondern der des Rückens, der nach vorn gelegt wurde. Offensichtlich funktioniert der Nerv noch einwandfrei, denn ich bin in der Lage, wie ein Bodybuilder mit dem Brustmuskel zu zucken und mein Dekolleté damit ordentlich in Bewegung zu versetzen. Edith-Iris winkt Frau Bündgens freundlich zu.

Die ist anstandsgemäß beeindruckt. »Wow, Frau Seeliger! Das habe ich ja noch nie gesehen …«

Wir kichern, und für einen Moment habe ich nicht das Gefühl, einer Ärztin, sondern einer guten Freundin gegenüberzustehen, die sich mit mir über mein neu gewonnenes Leben freut.

Nachdem ich mich wieder angezogen habe, schließt Frau Dr. Bündgens mit einem Lächeln im Gesicht meine Akte: »Ihr Bauchgefühl hatte recht. Ich kann Ihnen zu 99,999 Prozent sagen, dass all Ihre Muttermale unauffällig sind. Und sollten Sie dennoch den Wunsch verspüren, sich untersuchen zu lassen, sind Sie jederzeit willkommen.«

»Glauben Sie mir, seit März höre ich immer auf mein Bauchgefühl. Das trügt mich nicht.«

KAPITEL 33

Heute ist meine letzte Chemo. Meine allerletzte Chemo. Ich weiß, man soll niemals nie sagen. Doch wenn ich so in meinen Körper hineinhöre, dann sagt auch er mir, das wird die letzte sein.

Dennoch, heute Morgen beim Aufstehen ist mir erst einmal furchtbar schlecht. Ich fühle mich, als würde ich kurz vor einer Prüfung stehen. Klassisches Lampenfieber – bei einer Chemo. Verrückt? Ja, verrückt, aber was war dieses Jahr eigentlich normal?

»Komm her!« Ingo drückt mich zum Abschied an sich. Wie vor jeder Chemo habe ich bei ihm übernachtet. Ich lehne meinen Kopf an seine Schulter und habe das Gefühl, dass alles wieder gut wird. »Bis später, ja?«

»Bis später«, lächele ich ihn an.

»Viel Spaß«, wünscht er, als er im Türrahmen steht.

Stirnrunzelnd sehe ich ihn an.

»Na, komm schon. Du hast Kuchen für die Schwestern gebacken, es wird heute wahrscheinlich wirklich lustig.«

»Stimmt. Wahrscheinlich hast du recht.«

*

»Hallo!«, zwinkert mir die Dame an der Rezeption zu. Ihren Namen kann ich mir immer noch nicht merken, und nach heute brauche ich das auch nicht mehr. Zur Begrüßung übergebe ich ihr einen Teller mit selbst gebackenem Kuchen.

»Das ist aber nett«, freut sie sich und nimmt ihn entgegen. »Danke.«

»Sehr, sehr gern.«

»Frau Seeliger, Schmerzpflaster?«, fragt mich Schwester Nadeschda, die neben mir aufgetaucht ist.

»Ja, warum nicht. Ich tausche gegen Apfelkuchen.«

»Hm, lecker. Kuchen sieht gut aus, danke.«

Noch bevor ich einen Sessel ausgewählt habe, bekomme ich ein Pflaster auf meinen Port geklebt.

Lisa, die den letzten Chemodienst übernommen hat, und ich machen es uns neben einer älteren Frau gemütlich und packen erst einmal unser Picknick aus: Käsebrötchen mit Remoulade, Schinken und jeder Menge Krautsalat. Pervers? Ja, pervers lecker, denn wir haben Grund zu feiern.

Nach einer Stunde Infusion versuchen wir ein Kreuzworträtsel zu lösen. Die Wörter wollen nicht so recht passen, aber ich bestehe darauf, dass die Hauptstadt von Paraguay Lima heißt. Ich will Lisa meine Theorie erklären, doch die ist in meinem Kopf schon so unfassbar lustig und sinnlos, dass ich kein Wort zustande bekomme, sondern nur kichernd in meinem Chemosessel sitzen kann. Lisa stimmt in mein Kichern ein – oder aber lacht mich einfach aus. Als der Pegel der Lachtränen in meinen Augen bedrohlich steigt, nimmt die ältere Dame neben mir ihren MP3-Player aus den Ohren. Oh weh, hoffentlich beschwert sie sich jetzt nicht, wir seien zu laut.

»Ich weiß zwar nicht, warum Sie lachen, aber ich muss gerade einfach mitlachen.«

Wir halten uns nun zu dritt den Bauch vor Lachen, bis wir nach Luft schnappen und immer mehr Patienten kichernd einstimmen. Sogar Nadeschda ringt sich ein Lächeln ab, und das will was heißen, die ist ein harter Knochen. Schön, wenn man selbst auf der Chemostation mal lauthals lachen darf.

Nachdem wir wieder zu Atem gekommen sind, stoßen wir mit Kindersekt auf meine letzte Chemo an. Ich proste dem Beutel zu, der über mir baumelt, und danke meinem Körper, dass er so mitspielt, wie er es seit Wochen, seit Monaten tut.

*

»Noch achtzehn Milliliter«, freue ich mich, während wir nach einem Toilettengang wieder meinen Platz ansteuern. »Der Countdown läuft.«

Als wir gerade das kleine Kaffee- und Keksbuffet der Station passieren, fängt mein Medikamentenständer an zu piepsen.

Ich halte inne. Dicht hinter mir steht Lisa, die ich fragend anschaue. Ihre Augen strahlen. Mein Blick wandert zum Infusionsständer und zu seiner Anzeige, schweift weiter zum Infusionsbeutel.

Tatsächlich. Die Infusion ist durch. Ich bin fertig. Die Chemo ist fertig! Mir entfährt ein heller Laut der Begeisterung, dann tapse ich vor lauter Aufregung wie ein nervöser Hund auf der Stelle.

»Das war der letzte Tropfen.«

Mein Gehirn stimmt ohne mein Zutun eine fröhliche Melodie an, und ich erkenne sie erst, als ich mich schon einmal, zweimal mit dem Infusionsständer im Arm im Kreis drehe. In meinem Kopf läuft gerade »Walking on Sunshine« von Katrina & The Waves in Dauerschleife.

»Der aller-letzte Tro-o-pfen!«, singe ich die Melodie mit, umfasse den Metallständer mit beiden Händen und rocke einmal kurz mit ihm über die Chemostation. Der Text des Lieds will mir nicht mehr einfallen, aber ich summe einfach die Melodie, den Rest erfinde ich.

Beim nächsten »Oh-oh!« nimmt mich plötzlich jemand in

den Arm. Schwester Nadeschda umarmt mich fest und beendet das wilde Piepsen meines Infusionsständers, der sich so schön mitgefreut hat. »Sie einiges haben mitgemacht, und Sie wirklich haben toll hinbekommen.«

»Danke.« Ich spüre, wie sich reinstes Endorphin von meinem Hirn aus den Weg durch meinen Körper bahnt. Ich laufe vor Freude rot an. Wie der scheiß Gummibärchensaft, von dem ich hoffentlich nie wieder etwas verabreicht bekomme.

*

Meine Nebenwirkungen bleiben dieselben, auch wenn die Chemo die letzte war. Ich bin müde, meine Wassereinlagerungen werden wieder schlimmer, meine Finger, Muskeln und Knochen schmerzen, meine Lippen sind angeschwollen.

Mir ist es egal. Ich möchte heute ein schönes Abendessen mit Lisa genießen und eine DVD schauen. Wir stehen gemeinsam in der Küche und bereiten alles vor, als Melanie nach Hause kommt. Sie war übers Wochenende mit Ben bei seiner Mutter.

»Hallo«, begrüße ich sie und trete an die Tür zum Flur.

»Hallo«, ruft auch sie uns zu, stapft aber an uns vorbei in ihr Zimmer. Oha. Da hat aber jemand schlechte Laune.

»Das liegt bestimmt an der Kündigung«, flüstert Lisa mir zu.

Vor ein paar Wochen hat sich Melanie endlich getraut, ihrem furchtbaren Vorgesetzten die Stirn zu bieten und die Kündigung einzureichen. Ihr Studium, das sie mit dem Job finanziert hat, steht kurz vor dem Abschluss – nur noch eine Klausur muss sie schreiben. Dennoch wird sie danach erst einmal keine Arbeit haben und muss sich auf die Suche nach einem neuen Job machen, um sich über Wasser halten zu können.

Während Lisa und ich uns weiter um das Essen kümmern, kommt Melanie wieder zurück.

»Hör mal, Liebes«, fällt mir ein, »da hat am Freitag jemand von der Agentur für Arbeit für dich angerufen.« Ich erzähle ihr kurz, dass die Frau von ihr noch weitere Details zu Studium und bisherigen Arbeitserfahrungen haben will. Natürlich ist Melanie direkt wieder auf hundertachtzig.

»Boah, dann sollen die doch auf ihre beknackten Formulare klarer draufschreiben, was sie wollen und was wie von wem ausgefüllt werden muss!«

»Ich wollte es dir nur ausrichten.«

»Das ist doch total ätzend!«

Melanie dampft beleidigt in ihr Zimmer ab, ich laufe ihr hinterher.

»Melanie, versuch doch mal kurz durchzuatmen. Du regst dich gerade schon wieder viel zu sehr auf.«

»Das regt mich auch auf! Ich muss doch auch noch für meine Klausur lernen, wann soll ich das denn alles machen? Dann habe ich wieder zwei Rechnungen bekommen, außerdem der Mist mit dem Arbeitsamt, ich habe da einfach keine Zeit für!«

Ich seufze einmal schwer, denn ich kann sie wirklich verstehen. Wenn ich in ihrer Situation gewesen wäre, hätte ich auch gekündigt. Aber natürlich hat sich ihr Stresslevel dadurch nicht verringert. Es war jedoch ihre eigene Entscheidung, und das weiß sie auch ganz genau. Ich überlege, was ich wohl noch sagen kann, damit sie sich wieder beruhigt.

»Ich würde mich gern einfach mal fünf Minuten hinsetzen und nichts tun«, erklärt sie.

»Dann musst du dir die Zeit dafür nehmen.«

»Ja, das sagt sich so leicht.«

»Ich weiß. Aber du musst aufhören, dir selbst im Weg zu stehen. Und wenn du eine Pause brauchst, dann musst du dir eine nehmen.«

Melanie kommt auf mich zu und funkelt mich an. »Das ist

jetzt wirklich nicht böse gemeint, aber das sagt sich echt einfach für jemanden, der den ganzen Tag zu Hause ist und sich ausruhen kann!«

Rumms! Das war er. Der Knall, den ich nicht habe kommen sehen.

Ich blinzele ein paarmal schnell hintereinander. Hat sie das gerade wirklich gesagt? Offensichtlich. Ich weiß, sie wird es nicht so gemeint haben, aber glaubt sie tatsächlich, dass die ganze Angelegenheit *einfach* für mich ist?

Meine schlimmste Befürchtung, meine Freunde könnten schlecht von mir denken, weil ich nicht in der Lage bin, irgendetwas zu tun, außer auf dem Sofa zu sitzen, stellt sich also als wahr heraus. In mir macht sich grenzenlose Enttäuschung breit. Bevor ich irgendetwas Unüberlegtes tue oder sage, nicke ich kurz, drehe mich um und gehe in den Flur.

»Okay. Alles klar«, murmele ich. Ich öffne die Tür zu meinem Zimmer. »Danke, Melanie. Das habe ich jetzt wirklich gebraucht. Vielen Dank!«

Ich höre nicht, was sie sagt, während sie den Flur entlang hinter mir herläuft. Ich schlage mit voller Wucht die Tür hinter mir zu. In diesem Moment wird die Enttäuschung, die ich empfinde, zu gnadenloser Wut.

Wie kann sie mir das nur antun? Seit Wochen versuche ich sie aufzubauen, sie zu beruhigen und für sie da zu sein, obwohl es mir selbst nicht gut geht.

Ich koche. Ich schäume. Ich kann mich nicht daran erinnern, wann ich zuletzt so wütend war.

Als meine Zimmertür aufgeht, wirble ich herum. Melanie steht weinend in der Tür.

»Raus!«, brülle ich und deute auf den Ausgang. Melanie will etwas sagen, doch ich will es nicht hören. Ich kann deutlich sehen, wie leid es ihr tut, aber ich möchte ihre Entschuldigung jetzt nicht hören. Sie hat gesagt, was sie gesagt hat, mir unmissverständlich zu verstehen gegeben, was sie denkt: dass ich den ganzen Tag faul herumhocken darf und genügend Zeit für mich habe.

Sie muss aus meinem Zimmer verschwinden, bevor ich ihr irgendetwas Gemeines an den Kopf werfe. Auch wenn ich irgendwo in den Tiefen meines Bewusstseins ahne, dass sie das nur gesagt hat, weil es ihr selbst so dreckig geht, nicht, weil sie schlecht von mir denkt.

»Nein, Melanie! RAUS!«, unterbreche ich sie, als sie erneut ansetzt.

Die Menschen, die wir lieben, können uns auch am leichtesten verletzen. Stimmt diese Binsenweisheit also auch.

*

»Rebecca? Kann ich mit dir reden?«

Melanie steht in der Tür zum Wohnzimmer. Ich schaue fern und demonstrativ an ihr vorbei.

»Wenn du überhaupt noch mit mir reden willst«, fügt sie zerknirscht hinzu.

Ich nicke. In ihren ohnehin verheulten Augen erscheinen neue dicke Tränen, die langsam ihre Wangen hinunterkullern. »Es tut mir leid, was ich vorhin gesagt habe. Es war nicht so gemeint, aber ich hätte es trotzdem nicht sagen dürfen. Das war einfach total schrecklich und furchtbar von mir.«

Ich nicke, doch lasse sie weitersprechen.

»Ich hätte nur auch einfach mal ein wenig Luft und sehe bei Ben, dass er sich für alles Zeit nehmen kann – und mit dir will ich natürlich keinen einzigen Tag tauschen.«

»Nein, das willst du nicht. Für mich ist es eine der schwersten Nebenwirkungen, so schwach und fertig zu sein. Es ist so schwer, immer die Füße stillzuhalten und nichts zu tun. Aber ich habe es durchgezogen, auch wenn ich absolut matschig im Kopf und total verwirrt war und einfach nur heulen wollte.«

»Du hast das auch alles so toll gemacht, es tut mir leid, was ich da eben gesagt habe. Ich habe dummerweise die Angewohnheit, immer den Menschen wehzutun, die mir am meisten bedeuten.«

Jetzt schluchzt sie hemmungslos, und ich nehme sie in den Arm. Da stehen wir nun. Ich bin ihr nicht mehr böse. Der Zorn ist verraucht in einer unsichtbaren Wolke, hat sich einfach in Luft aufgelöst und ist weg.

»Ist okay, Hase. Ich hab dich lieb.«

Wie besonnen ich doch geworden bin.

KAPITEL 34

Halb zwei Uhr nachts. Ich kann nicht schlafen. Seit fast einer Woche stehe ich den Nebenwirkungen der letzten Chemo machtlos gegenüber. Meine Beine schwellen weiter an und schmerzen noch mehr als meine ohnehin schon lädierten Muskeln. Meine Haut pellt sich von Fußsohlen und Handflächen. Meine Fingernägel haben seltsame Dellen bekommen und verfärben sich weißlich. Die Fußnägel sehen noch viel schlimmer aus und scheinen sich teilweise abzulösen. Ich bin unendlich müde und rastlos zugleich.

Hellwach liege ich nun in meinem Bett und versuche, über all dies nicht nachzudenken. Da nützen kein Tee und kein Schäfchenzählen, kein autogenes Training und kein Powerhouse. Ich bin wach und traurig.

Vor Wut schlage ich in mein Kissen, vergrabe den Kopf in den Decken. Es nützt nichts. Ich mache das Licht zum dritten Mal in dieser Nacht an und überlege, was ich jetzt tun kann. Ich muss meinem Frust einfach Luft machen. Natürlich bin ich überglücklich, dass ich die Chemo endlich hinter mir habe. Doch es ist noch nicht ausgestanden. Ich kann es nicht abwarten, endlich die Nebenwirkungen loszuwerden. Ich will endlich wieder schlafen.

*

Am Abend sitze ich in meinem Zimmer und sortiere einmal mehr meine Unterlagen in den Ordner ein. Der Krebsordner ist ganz schön voll geworden.

Als ich das Bild der beiden Tumoren vom MRT sehe, kommen die Tränen. Einfach so. Ich bin so frustriert, so unendlich genervt von mir selbst, dass ich ihnen freien Lauf lasse.

Als hätte er es gespürt, ruft in diesem Moment Ingo an und will wissen, ob er heute Abend noch vorbeikommen kann.

»Ist alles in Ordnung?«, fragt er, als er meine bebende Stimme hört.

»Nein«, schluchze ich. »Ich bin fertig. Ich kann nicht mehr!«

»Du bist doch bald wieder fit. Schau mal, du bist doch jetzt schon durch mit den Chemos.«

»Ja. Ich weiß. Und ich bin auch überglücklich. Aber seit über drei Monaten bin ich quasi eingesperrt – und ich kann es einfach nicht mehr abwarten, endlich wieder fit zu sein. Ich habe einfach keine Lust mehr.«

Er versteht mich sehr wohl. Und ich verstehe, warum er immer wieder versucht, mich mit positiven Gedanken zu überzeugen. Ich genieße die Ablenkung durch seine sanfte Massage, mit deren Hilfe er später versucht, die Wassereinlagerungen in Armen und Beinen zu lindern.

Beim Ausstreichen meines linken Oberarms stockt Ingo plötzlich. »Was ist das hier?«, fragt er vorsichtig. Ich fühle selbst und bemerke das knotige Gewebe unter meinen Fingerkuppen.

»Da sind noch mehr.«

Mit einem einzigen Satz hat Ingo das kleine schwarze Panikmonster von der Leine gelassen, das offensichtlich schon lange nichts mehr zu fressen bekommen hat.

»Was ist, wenn das Metastasen sind?«

Ich bereue meine Vermutung sofort. Das wären verdammt

viele Metastasen. Woher sollen die so plötzlich kommen? Ich sollte mich nicht verrückt machen, nicht vor jeder Kleinigkeit Angst haben. Doch ich höre ganz genau, wie Ingo seine eigene Panik hinunterschluckt, während ich zitternd an seiner Brust einschlafe.

*

»Was glaubst du, was das ist?«, frage ich Michaela während der Physiotherapie und halte ihr meinen Oberarm hin.

»Das werden Verspannungen sein, wahrscheinlich auch von den Wassereinlagerungen hervorgerufen.«

»Also nichts Schlimmes?«

»Nein.«

»Ehrlich?«

»Nein, nein, das ist nichts Schlimmes. Nur unangenehm«, versichert sie mir.

»Gut. Sehr gut. Ich, na ja, ich hatte schon leichte Panik.«

Michaela macht heute Lymphdrainage an beiden Armen, die mittlerweile ebenfalls merklich angeschwollen sind. Ich trage mittlerweile noch nicht einmal mehr BHs, da mich jedes Kleidungsstück, das mein Kleiderschrank hergibt, einschnürt wie einen Rollbraten.

Aber es hilft nichts – es wird sogar noch unangenehmer. Am nächsten Tag sind Beine und Arme weiterhin angeschwollen, und am linken Fuß ist mittlerweile eine sichtbare Rötung. Darunter befindet sich offenbar eine Wasserblase.

»Es gibt leider keinen Ausknopf für die Nebenwirkungen nach der Chemo«, erklärt mir Frau Dr. Scholle einen Tag später, als ich endlich einen Termin bei ihr ergattere und sie Michaelas Theorie bestätigt hat. »Das Einzige, was jetzt hilft, ist Geduld.«

»Ja, da habe ich ja auch noch wirklich viel von übrig«, sage ich mit kohlrabenschwarz eingefärbtem Tonfall.

*

Später an diesem Tag steht der nächste Meilenstein in meinem Terminkalender bevor: Planungs-CT. Ich muss also noch mal in diesen Donut geschoben werden, damit sämtliche Organe genauestens vermessen werden können.

Ich weiß nicht genau, was auf mich zukommt, als ich mich auf den Weg nach Stade mache. Ich bin jedenfalls bewaffnet mit Studienunterlagen. Ein riesiges Paket voller Psychologieskripte von der Fernuni ist diese Woche angekommen, mit denen ich mir mit Sicherheit die Zeit verkürzen kann. Und Zeit wird es in den kommenden Wochen, in denen ich täglich in Stade auf meine Bestrahlung warten muss, sicherlich genug geben.

Nach der Anmeldung und dem Ausfüllen des hundertundzweiundzwanzigsten Anamnesebogens meiner Krebskarriere sitze ich mit nacktem Oberkörper auf der Liege des CTs. Herr Wahl, der MTRA, erklärt mir das Prozedere.

»Wie lange dauert das eigentlich?«, frage ich vorsichtig.

»Normalerweise nicht besonders lange, maximal eine halbe Stunde.«

»Und was genau passiert jetzt? Merke ich davon irgendetwas?« Ich kann die Nervosität in meiner Stimme nicht ganz verbergen.

»Nein, Sie merken gar nichts. Es könnte nur ein wenig kühl werden, da die Lüftung hier so stark eingestellt ist. Und es könnte kitzeln, wenn ich die Markierungen vornehme.«

Er schmiert Gips auf meine Narben, damit sie auf dem Bild sichtbar und bei der Bestrahlung möglichst ausgelassen werden. Dann macht er mehrere Aufnahmen mit dem CT, bemalt mich mit schwarzem Permanentmarker, um die Markierungspunkte festzuhalten, und fixiert diese mit durchsichtigem Klebeband. Das war's.

»Da war ja ein Klacks«, stelle ich fest, als ich wieder von der Liege heruntersteige und Herr Wahl die mittlerweile harte Masse von meinen Narben pult.

»Auch die Bestrahlung wird so sein. Nur noch viel schneller«, verspricht er.

Das hört sich doch ausnahmsweise mal gut an.

KAPITEL 35

Heute ist es also so weit, meine erste Bestrahlung.

Während ich mich morgens dusche und fertig mache, wird mir bewusst: Nie mehr werde ich so fertig sein wie nach den Chemos. Jetzt geht es an die Bestrahlungen, und ich bin überhaupt nicht nervös. Freudig erregt, aufgeregt vielleicht, aber auf gar keinen Fall besorgt.

Das positive Grundgefühl bleibt, auch als ich mit nacktem Oberkörper unter der seltsamen Apparatur liege und mir langsam die Arme einschlafen, die ich nach oben strecken muss. Alles scheint surreal, alles wirkt so harmlos.

Mein Körper ist übersät mit Markierungen und Kreuzchen, die mir Herr Wahl gestern auf den Oberkörper gemalt hat. Als sich mein Radiologe, Herr Dr. Wörmann, von dem hübschen Muster auf mir überzeugt hat, verlassen alle den Raum.

Es wird dunkel, und kurz darauf geht es tatsächlich los. Das Gerät, das auf mich gerichtet ist, fängt leise an zu brummen. Ich kann erkennen, dass der Lichtkegel genau auf die Markierungen auf meiner Haut eingestellt wird. Kurz darauf ertönt ein leises Summen, das wenige Sekunden später bereits wieder aufhört. Die Position des Linearbeschleunigers sowie das Strahlenfeld verändern sich, und erneut ertönt das Summen. Das Ganze wiederholt sich insgesamt viermal – dann ist der Spuk vorbei.

Verglichen mit all dem anderen Gepikse, Geschnippele und Gesteche der letzten Monate ist das geradezu lächerlich. Achtundzwanzig Bestrahlungstermine stehen insgesamt an, und den ersten habe ich quasi auf einer Arschbacke abgesessen. Es geht voran.

*

Der Terminplan eines Krebspatienten kennt kein Erbarmen. Um zwanzig nach acht am Morgen starte ich mit Lymphdrainage. Michaela knetet meine Beine, das tut unheimlich gut. Um elf habe ich meinen vierten Bestrahlungstermin.

»Sie sind ja sommerlich angezogen«, begrüßt mich Herr Wahl. Er ist tatsächlich immer da, wenn ich Bestrahlung habe.

»Draußen ist ja auch Sommer. Nur bekommt man das hier im Keller nicht mit«, bestätige ich. »Können Sie bitte noch mal die Pflaster erneuern und gut festkleben? Ich habe einiges vor am Wochenende, und ich muss sehr viel tanzen.«

»Aha, was liegt denn an?«

»Heute ist die Bachelor-Party von meiner Freundin, und morgen feiert mein Freund seinen dreißigsten Geburtstag.«

»Da haben Sie ja tatsächlich einiges vor – das kriegen wir schon hin. Ich werde vorher aber noch mal die Markierungen verschieben.«

»Wie, verschieben? Die müssen doch immer gleich bleiben.«

»Tun sie auch, aber Sie liegen jetzt viel entspannter als noch vor ein paar Tagen. Dadurch verschieben sich die Punkte, die bestrahlt werden sollen.«

»Ist das ein Problem?«

»Überhaupt nicht. Ist doch schön, wenn Sie sich hier ein paar Minuten auf der Liege ausruhen dürfen.«

Das stimmt wohl. Vielleicht hat aber auch das schwarze Panikmonster von den Photonenstrahlen genascht und verschwindet nun genauso wie jede mögliche böse Zelle in meinem Körper?

Um drei Uhr ist die Übergabe von Melanies Bachelorzeugnis. Das heißt: drei Stunden bei vollkommen ungewöhnlichem September-Sommerwetter und dreißig Grad im Schatten in einer stickigen Universitätsaula verbringen.

Es kommt, wie es kommen muss. Nicht enden wollende Begrüßungsreden, eine furchtbar langweilige Ansprache des Dekans und die Nennung jedes einzelnen Diplomthemas. Fatalerweise besitzt der Raum keine Klimaanlage. Es gibt noch nicht einmal eine Lüftung. Egal, für Melanie schwitze ich gern. Irgendwann ist selbst das letzte Zeugnis übergeben. Im Anschluss an die dröge Veranstaltung steht ein »musikalischer Festakt« auf dem Programm. Der Moderator kündigt an, dass eine gewisse Katja das Lied »Rolling in the Deep« singen wird.

Sofort steigt die Hitze in mir auf. Mein Lied. Mein ganz besonderes Lied.

Ruhige, sanfte, langsame Klänge erfüllen den Raum. Der Beginn einer unendlich traurigen Ballade. Anders als bei Adele erfüllt eine rauchige, aber helle Stimme den Saal:

There's a fire starting in my heart
Reaching a fever pitch and it's bringing me out the dark

Allein diese zwei Zeilen bescheren mir eine zentimeterdicke Gänsehaut. So traurig, mit so viel Gefühl singt die junge Frau die Zeilen, die ich schon so oft selbst gesungen, geschluchzt und lauthals mitgebrüllt habe, dass es mir unweigerlich den Hals zuschnürt. Das Orchester spielt eine ganze Weile allein weiter, dann setzt sie wieder ein.

Finally I can see you crystal clear
Go 'head and sell me out and I'll lay your ship bare

See how I leave with every piece of you
Don't underestimate the things that I will do

Sie singt so langsam und so traurig, dass die Strophe viel länger als im Original dauert. Meine Augen werden feucht. Dieses Lied wird mich immer an diese Krankheit und diese Zeit erinnern. Doch es zeugt nicht nur von Schmerz und Traurigkeit, sondern von Stärke und Kraft, von einer gewaltigen Schlacht und einem Sieg. Meinem Sieg.

There's a fire starting in my heart
Reaching a fever pitch and it's bringing me out the dark

Das Lied verändert sich. Es hört sich plötzlich nicht mehr traurig an – jetzt wird es rockig. Es wird laut, kraftvoll und stark. Genauso wie ich mich fühle, wenn ich es lauthals singe.

»Ist alles in Ordnung?«, fragt Lisa und ergreift meine Hand, als mir zwei dicke Tränen die Wangen hinunterrollen.

The scars of your love remind me of us
They keep me thinking that we almost had it all

»Ja.« Ich lächle.

*

»Sind die Wimpern echt?«, fragt mich die kleine Blonde, die schon beim Essen neben mir gesessen hat. Mittlerweile ist es weit nach Mitternacht, und Ingos Geburtstagsparty ist in vollem Gange. Es ist nicht die Frage, die mich stört, sondern der Tonfall. Sie klingt sarkastisch und ein wenig ungläubig.

»Nein«, antworte ich wahrheitsgemäß. Mir liegt die Frage

auf der Zunge, ob sie auch meine unechte Brust sehen möchte. Oder soll ich einfach mal meine Perücke vom Kopf ziehen?

»Sieht aber wirklich gut aus – und echt.«

»Danke.« Ich zwinge mich zu einem bittersüßen Lächeln. Gut, dass ich überwiegend Wasser getrunken habe, um möglichst lange durchzuhalten. Sonst könnte mich der Alkohol doch noch dazu bringen, kahlköpfig die Party zu crashen.

»Was hast du denn da für eine Tätowierung?«, fragt kurz darauf ein Typ, der offensichtlich versucht mit mir zu flirten. Er hat wohl irgendwie nicht verstanden, dass ich die Freundin des Gastgebers bin.

»Das ist keine Tätowierung. Das ist ein Positionierungsmerkmal. Ich werde zurzeit bestrahlt.«

»Ach so. Und was ist das da?« Er deutet auf den Knubbel an meinem rechten Schlüsselbein.

»Das ist ein Port.«

»Ein Port?«

»Damit kann sie durch Zeit und Raum reisen«, wirft Melanie ein, die gerade an uns vorbeigeht, nimmt meine Hand und entführt mich kurzerhand auf die Tanzfläche. Den perplexen Typen lassen wir lachend zurück.

Um fünf Uhr morgens kann ich dann einfach nicht mehr, meine Füße sind zu neuen Ausmaßen angeschwollen, und ich bin mir sicher, morgen wird kein guter Tag.

Aber heute, heute war alles perfekt.

»Alle sagen mir, was du doch für eine starke Frau bist«, erklärt Ingo, als er müde neben mir ins Bett fällt.

»Sagen sie das?«

»Ja«, bekräftigt er und zieht mich in seine Arme.

Ich muss lächeln.

»Matze meinte, wie toll du das alles meisterst. Und wie stark du bist. Dass du ja auch so mit Kopftuch rumlaufen würdest.

Ich habe ihm erklärt, dass du nicht immer Perücke trägst. Und er meinte noch, dass du voll cool aussahst in deinem Kleid, man konnte alles sehen, den Port und so, und es hat dich einfach nicht gestört. Du bist halt eine starke Frau.«

Das geht runter wie Öl. Wieso mache ich mir überhaupt Sorgen, was andere vielleicht von mir denken könnten?

*

»Was lesen Sie da eigentlich?«, fragt mich Herr Wahl, der MTRA, als er die Kabine öffnet und sein Blick auf den Dokumentenstapel auf meinem Schoß fällt. Ich arbeite seit Tagen in dem Skript »Einführung, Grundlage und Geschichte der Psychologie«, mache mir Notizen, versuche das Gelernte abzuspeichern, merke aber immer wieder, dass mein Gedächtnis nicht das beste ist.

Ich schenke ihm ein müdes Lächeln, denn heute fällt es mir besonders schwer, mich zu konzentrieren. »Ich studiere Psychologie.«

»Ach Quatsch! Seit wann denn?«

»Seit drei Wochen.«

»Wie jetzt?«

»Ich habe mir überlegt, jetzt, da die Chemo vorbei ist, kann ich auch mal wieder was Sinnvolles tun. Zu Hause vorm Fernseher abhängen geht mir mittlerweile ziemlich auf den Keks.«

»Das kann ich gut verstehen. Wo studieren Sie denn?«

»An einer Fernuni. Da kann ich selbst entscheiden, wie viel ich tatsächlich in der Lage bin, im Moment zu lernen.«

»Wahnsinn, was Sie alles so machen. Sie sind mir vielleicht eine, Frau Seeliger. So etwas erlebe ich selten.«

*

Ich bin heute mit meiner warmen Strickmütze unterwegs, da Ann-Kathrin frisch gewaschen ist und zum Trocknen in unserem Badezimmer hängt.

»Huch? Ist es kalt draußen?«, fragt mich Herr Wahl.

Mittlerweile ist es Herbst geworden. Schon seit mehr als einem halben Jahr ist mein Leben vollkommen auf den Kopf gestellt.

»Ja, das auch. Und meine Haare sind nass.«

»Hä?«

»Ich habe die Perücke gestern gewaschen, und sie ist noch nass. Da ich keine Lust hatte, sie trocken zu föhnen, hängt sie noch im Bad. Und ohne Mütze raus, mit meinen Stoppeln, ist einfach viel zu kalt«, erkläre ich.

»Klar. Das kann ich mir vorstellen. Ich kenne das Problem.« Lachend deutet er auf seine kurzen, deutlich lichter werdenden roten Haare.

»Ungefähr so sieht meine Frisur auch aus.«

Auch zu meinem Termin bei Frau Dr. Scholle fahre ich mit Mütze, da ich immer noch keine Zeit gefunden habe, Ann-Kathrin zu frisieren. Heute muss ich eine geschlagene Stunde warten – aber ich weiß, dass sich Frau Scholle Zeit nimmt, wenn es nötig ist. Dann wird sie dies wahrscheinlich auch gerade bei einer anderen Patientin tun.

Während ich warte, beobachte ich eine Frau Ende zwanzig, dunkle Haare, dunkler Teint, kurvige Figur. Sie strahlt, als sie das Wartezimmer betritt. *Schwanger*, denke ich mir. Tatsächlich packt sie wenige Sekunden später die Schwarz-Weiß-Fotos eines Ultraschalls aus. Sie betrachtet konzentriert die Bilder, ihr warmer Blick schweift über das Papier, das herzliche, stolze Lächeln wird noch breiter.

Ob ich jemals auch so strahlen werde?

»Meine Periode habe ich ja sowieso nicht mehr. Die letzte war Mitte August.«

»Nun, das ist nicht verwunderlich. Das kann auch sehr lange dauern, bis sich das wieder einpendelt«, sagt Frau Dr. Scholle kurze Zeit später.

»Da ich sowieso bald mit der Antihormonbehandlung anfange, hat sich das wahrscheinlich auch erst mal für die nächsten zwei Jahre erledigt.«

»Ja, das ist wahr. Übrigens, das steht Ihnen sehr gut, so mit der Mütze«, sagt Frau Dr. Scholle.

»Danke«, lächle ich. »Meine Haare waren noch nass, und da war das die Alternative.«

»Sieht aber gut aus.«

*

Ingo will mir für heute Abend absagen, aber so funktioniert das nicht. Auch wenn ich diese Woche nicht genau verorten kann, was nicht mit mir stimmt: Ich brauche Nähe. Ich brauche Zärtlichkeit. Ich brauche Liebe. Ich brauche Ingo.

»Aber ich bin immer noch krank«, sagt er und hustet demonstrativ in den Hörer.

»Das ist mir egal.«

»Und wenn ich dich anstecke?«

»Ich werde mich nicht anstecken.«

»Sicher?«

»Ganz sicher. Kommst du später vorbei?«

»Ich weiß nicht. Eigentlich bin ich mit Stevie zum DVD-Gucken verabredet.«

»Aber …« Ich stocke. Es ist lächerlich, aber ich will nicht mutterseelenallein in der Wohnung bleiben. »Könnten wir nicht vielleicht zusammen einen Film gucken?«

»Aber dann können Stevie und ich keine Männergespräche führen«, gibt Ingo zu bedenken.

»Was denn für Männergespräche?«

Ich merke selbst, dass das Gespräch in eine Richtung läuft, die ich nicht beabsichtigt hatte. Natürlich soll auch Ingo mal was allein mit seinen Freunden machen, wo kommen wir denn sonst hin. Trotzdem kann ich noch nicht einlenken.

»Was Stevie dir erzählt, erzählt er mir auch.«

»Vielleicht erzählt er dir nicht alles.«

»Ach?«

»Du musst verstehen, dass wir mal einen Männerabend machen wollen. Lass uns morgen einen ganz langen Spaziergang machen, okay?«

»Ingo, das verstehe ich doch auch«, sage ich. »Es ist nur …« Ich schüttle hilflos den Kopf. »Ich bin die ganze Woche schon so komisch drauf. Und ich will wahrscheinlich einfach nur nicht allein sein. Ich bin im Moment einfach unterfordert. Das macht mich dann … nervös.«

»In Ordnung. Ich verstehe das.«

Ich weiß, dass es stimmt. Und ich weiß, dass ich bald, sehr bald, auch wieder ein soziales Leben haben werde, in dem nicht Ärzte meine Hauptkontaktpersonen sind.

*

Nach einem Eisbecher in meiner Lieblingseisdiele fahre ich gemeinsam mit Ingo zum Lühe-Anleger. Wir gehen im Alten Land spazieren, und ich genieße die strahlenden Farben der Blätter, die in der Sonne schimmern. Ich betrachte die leuchtende Landschaft, das saftige Grün der Apfelbäume und das strahlende Blau der Elbe. Wir steuern eine Bank an, um zu rasten.

»Ich habe dich schon lange nicht mehr geküsst«, sage ich.

»Du küsst mich nie«, scherzt Ingo.

Oben In der Weihnachtsbäckerei: Backen als Teil der Reha-Therapien.

Unten Abschied von Ann-Kathrin: Tschüss, es war schön mit dir!

Rechts oben Endlich werde ich wieder fitter! Auch wenn die Chemo-Nachwirkungen die Kondition in Grenzen halten.

Rechts unten Erschöpft und hungrig: Reha ist anstrengender als erwartet.

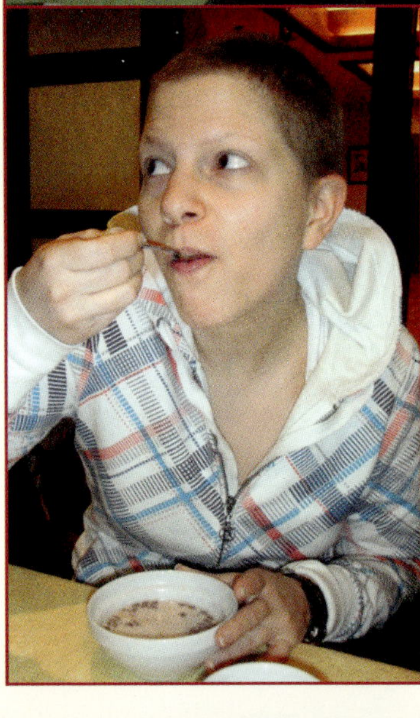

Links Frohe Weihnachten – mit neuer Frisur!

Unten Toskana: Erholung pur und endlich frei mit Dolce Vita-Feeling.

Schließlich bleibt nur
noch eins zu sagen:
MISSION ERFÜLLT!

Ich löse mich aus seiner Umarmung, beuge mich zu ihm vor und küsse ihn lange und hingebungsvoll.

»Das war aber ein sehr schönes Bild«, sagt plötzlich ein älterer Mann, der mit seinem Fahrrad unsere Bank passiert. »Schade, dass ich meine Kamera nicht dabeihabe. Sonst wäre das ein tolles Bild geworden. Mit dem Titel: ›Eindrücke im Herbst‹.«

Wir lachen, doch der Mann hat recht: Hier sitzt ein verliebtes Paar turtelnd auf dem Deich, hinter ihnen der Sonnenuntergang, reife Apfelplantagen und der seichte Wellengang der Elbe. Vor ihnen die Zukunft. Es ist ein schönes Bild.

KAPITEL 36

Ich habe einen Leserbrief geschrieben, um mich zu beschweren«, erkläre ich Ingo bestimmt.

Heute habe ich einen Artikel über den Kampf des Menschen gegen den Krebs und die Geschichte der Krankheit gelesen. Ich war empört. Und wütend. Das Bild, das da von krebskranken Menschen gezeichnet wurde, war so schrecklich, dass ich kurz überlegt habe, mich in meinem abgedunkelten Zimmer unter der Decke zu verstecken und nie wieder herauszukommen. Stattdessen habe ich wütend all meinen Freunden von dieser Unverschämtheit erzählt und den Entschluss gefasst, mich in Form eines Leserbriefs zur Wehr zu setzen. Selbst wenn das rein gar nichts bringt, habe ich mir zumindest Luft gemacht.

»Willst du mal lesen?«

»Mal sehen.«

»Mir ist das aber wichtig.«

»Ja, aber das ist doch deine Sache.«

Ich stocke. »Du bist mein Freund, und somit ist es auch deine Sache.« Ich befürchte, ihm ist die Ernsthaftigkeit des Ganzen nicht bewusst. Oder ich bin mir der Ernsthaftigkeit etwas zu sehr bewusst? »Ich möchte, dass du hinter mir stehst.«

»Das tue ich. Ich werde das auch lesen, aber wir müssen ja nicht immer darüber reden.«

»Worüber?«

Er zögert. »Über dieses Thema.«

»Welches Thema?«

»Über Krebs«, gibt er dann endlich zu. »Wir müssen nicht immer über Krebs reden.«

Wumms! Wie ein Schlag mit der flachen Hand mitten ins Gesicht. Ich muss zweimal schlucken, um Ingos Geständnis auch nur ansatzweise zu verdauen.

»Wir reden im Moment eigentlich jeden Tag darüber.«

»Naja … ja«, gebe ich zu.

»Ich finde einfach, wir müssen das nicht dauernd thematisieren.«

Ich schlucke. Jetzt bin ich diejenige, die zögert.

Ingo nimmt mich vorsichtig in den Arm.

»Der Krebs wird für immer zu mir gehören«, sage ich mit leiser Stimme. »Und daran kann ich nichts ändern.«

»Ich weiß. Es wäre nur schön, mal einen Tag nicht daran erinnert zu werden.«

Ich nicke und sage nichts mehr dazu. Wir tun so, als sei nichts gewesen. Und eigentlich ist auch nichts Schlimmes passiert.

Ich rechne ihm hoch an, dass er so ehrlich ist. Es muss schwer sein, ein solches Geständnis zu machen. Zumindest dann, wenn die Freundin an Brustkrebs erkrankt ist und seit Monaten in einer Welt aus Kliniken, Chemo und Bestrahlungen lebt. Diesen Moment gibt es wahrscheinlich im Leben eines jeden an Krebs Erkrankten. Zumindest bei jedem, der offen mit seiner Krankheit umgeht.

Als ich im Badezimmer vor dem Spiegel stehe und mir einen Klecks Zahnpasta auf die Bürste drücke, sickert ganz langsam eine neue Erkenntnis in mein Bewusstsein: Ich lebe seit dem 29. März 2011 in einer Welt, die von nichts anderem als meinem Aufbäumen gegen den Krebs bestimmt wird, doch die Welt der anderen hat sich dadurch nur bedingt geändert. Meine Freunde, meine Familie, meine Liebsten, sie kommen immer mal wieder zu Besuch, doch im Gegensatz zu mir können sie wieder gehen. Willkommen in Krebshausen, wir wünschen Ihnen einen angenehmen Aufenthalt. Hoffentlich muss ich nicht für immer hier wohnen. Vielleicht kann ich auch mal ein wenig Urlaub machen, vielleicht in Spaßdorf oder Funweiler. Ich kann selbst entscheiden, ob ich ewig in Krebshausen wohnen bleiben oder zu Ingo nach Normalostedt ziehen möchte.

Die kleine verbale Ohrfeige von meinem Freund hat mich nicht verletzt. Sie hat mich aufgeweckt und mir bewusst gemacht, dass ich in jeder Hinsicht eine Wahl habe. Sie gibt mir Anlass, noch ein Stückchen normaler zu leben, nicht ständig vom Krebs zu reden und daran zu denken. Ich kann endlich wieder anfangen, mich auf andere Dinge im Leben zu konzentrieren. Denn das ist es, worum es geht: Ich lebe, und ich habe es – fast! – überstanden. Eine Weile musste ich nur an mich selbst denken, wurde regelrecht dazu gezwungen und musste es auf die harte Tour lernen. Doch jetzt ist der Zeitpunkt gekommen, da ich auch wieder an die anderen denken und mich ein wenig um sie kümmern kann.

»Ingo?«

Wir liegen beide müde im Bett.

»Hm?«

»Drehst du dich noch mal um?«

Er rollt sich auf die andere Seite und zieht mich fest an sich. Jetzt wird alles wieder gut.

KAPITEL 37

*H*eute ist der letzte Tag. Der letzte Bestrahlungstag. Zum Glück, denn so langsam wird es doch kritisch. Mit Kühlen und Cremen bekomme ich die heiße Rötung an Brust und Schlüsselbein ganz gut in den Griff, aber ich bin froh, dass mir nur noch eine Strahlenpackung bevorsteht.

Auch die tagtägliche Autofahrt fühlt sich seltsam an. Ein letztes Mal nach Stade. Ein letztes Mal zur Therapie. *Ist das wahr? Kann das sein? Bin ich dann wirklich fertig?* In meinem Kopf schwirren ununterbrochen die Fragen. *Und dann? Was passiert danach mit mir?* – Ich weiß es nicht.

*

»Hallo«, begrüßt mich Herr Wahl.

»Hallo. Ein letztes Mal«, lache ich.

»Ja, allerdings.«

»Soll ich vor der Bestrahlung noch kurz oben den Port spülen lassen?«

»Ja, wir haben hier gut zu tun. Gehen Sie mal.«

Also mache ich mich auf den Weg eine Etage höher, in die Chemostation. Doch mit jeder Stufe schwindet mein Mut und hat mich fast vollkommen verlassen, als ich am Tresen stehe und mitteile, ich müsse meinen Port spülen lassen. Ich werde in den Wartebereich verwiesen und packe dort meine Studienunterlagen aus, um mich abzulenken.

Warum habe ich heute eigentlich niemanden mitgenommen? Bei jedem wichtigen Gespräch, in Stresssituationen und bei den Chemos habe ich jemanden dabeigehabt. Und heute, am letzten Tag, fahre ich allein. Jetzt sitze ich hier und muss auf eine Schwester mit einer dicken gebogenen Nadel warten, die sie mir noch einmal in den kleinen Port rammen wird.

Die Chemopatienten kommen und gehen, Infusionen werden gestartet und beendet, es piept, piept, piept. Ich habe das Gefühl, mit jedem Piepen wird mir ein bisschen schlechter. Nach zehn Minuten fühle ich mich, als bekäme ich heute selbst eine Chemo, so speiübel ist mir.

Ich spiele mit dem Gedanken, einfach abzuhauen. Eigentlich dauert es ja gar nicht mehr lange, bis ich den Port rausnehmen lassen kann – die eine Spülung wird schon nicht so wichtig sein. Oder?

Nach dreißig Minuten frage ich Schwester Nadeschda, die an mir vorbeieilt, wie lange es ungefähr noch dauert.

»Frau Seeliger? Ich wollte gleich Sie abhole. Wir mache das jetzt.«

Ich schlucke mühsam die aufsteigende Magensäure hinunter. Wenn ich mich nicht zusammenreiße, übergebe ich mich wahrscheinlich noch auf den Boden. Und das wäre ja lächerlich. Ohne Kotzen durch die ganze Chemo, und dann beim Portspülen die Premiere. Nein danke!

Schwester Nadeschda versucht mich abzulenken, aber ich bin so nervös, dass ich mich gar nicht auf unser Gespräch konzentrieren kann. Es pikst, sie spült, es pikst noch mal. Und dann ist es auch schon vorbei.

Als ich gehe, fällt ein tonnenschweres Gewicht von meinen Schultern. Hier will ich nie wieder herkommen.

*

»Finale«, lächelt mich Herr Wahl an.

»Ja, Wahnsinn.«

Ein letztes Mal ziehe ich mich aus und lege mich auf die Liege. Eine einsame heiße Träne kullert während der Bestrahlung langsam meine Wange hinab, die ich nicht wegwischen darf, solange die Bestrahlung läuft. Dann ist es vorbei. Es gibt keinen Knall, kein Feuerwerk, keinen Applaus.

»Sie dürfen die Arme jetzt wieder runternehmen«, sagt Herr Wahl wie immer. »Sie haben es geschafft.«

Verstohlen wische ich mir über die Augen. »Ich kann's noch gar nicht glauben«, gestehe ich.

Als ich angezogen bin, wende ich mich wieder dem MTRA zu. »Herr Wahl?«

»Was denn?«

»Ich muss Sie jetzt mal kurz umarmen.«

»Wenn Sie das müssen.« Er kommt einen Schritt auf mich zu, und ich falle ihm regelrecht in die Arme.

»Danke. Vielen Dank.«

»Erholen Sie sich gut von uns.«

»Erholen Sie sich gut von mir.«

»Alles Gute«, wünschen mir auch die anderen aus der Abteilung, dann geht es weiter in die Umkleidekabine und zum Abschlussgespräch mit dem Radiologen.

*

Dr. Wörmann erzählt mir nicht viel Neues, wohl aber, dass die Schwellung noch bis zu neun Monate andauern kann.

»Sie wissen schon, dass mir kein einziger BH mehr passt und ich immer ohne rumlaufe?«, frage ich scherzend.

»Na ja, es ist, wie es ist.«

»Gut, dann halt weiter wie die Hippies.«

Gerade, als ich mich für hoffentlich immer von ihm verabschieden möchte, bittet er mich, in drei Monaten noch einmal wiederzukommen, damit sie sich überzeugen können, dass alles in Ordnung ist, vor allem mit der Haut und den bestrahlten Flächen.

»Tun Sie mir und Ihnen bitte den Gefallen und setzen sich nicht der direkten Sonne aus. Sie glauben ja nicht, was ich hier schon gesehen habe.«

»Hm. Also, eigentlich …«

»Oje, wenn Sie so schon anfangen«, lacht Dr. Wörmann.

»Keine Sorge, ich mach keine Dummheiten, und vom Solarium halte ich mich auch fern. Aber ehrlich gesagt wollte ich so langsam mal meinen Afrikaurlaub planen.«

»Frau Seeliger!« Warnend hebt er den Zeigefinger. »Lassen Sie es langsam angehen. So wie ich Sie kenne, werden Sie die Wüste unsicher machen – und dafür ist es wirklich noch zu früh.«

»Na gut. Dann muss das wohl noch warten.«

»Ja, bitte.«

Kein Problem. Alles, was Sie wollen.

Wir verabschieden uns. Dann bin ich frei.

Auf dem Weg zu meinem Auto drehe ich mich noch einmal um, sehe das Schild mit der Aufschrift »Mammografie«, den Ursprung allen Übels, den Ort meiner Stanzbiopsie. Mein Atem geht schneller, ich schluchze. Ich will jetzt nach Hause.

Im Auto setzt sich der Gedanke langsam in meinem Kopf fest: Ich bin fertig. Aber es braucht wahrscheinlich noch eine Weile, bis sich das auch in meinem Herzen manifestiert hat.

*

Ich telefoniere mit Melanie, mit Lisa, mit meinen Eltern, mit Ingo.

Ich bin fertig. Kommst du vorbei? Ich will dir in die Arme fallen und mich freuen.

Dann setze ich mich an den Schreibtisch, trinke eine Tasse Kaffee und lerne Psychologie. Als wäre gar nichts gewesen. Mir entfährt immer wieder ein irres Kichern, denn die Freude kocht ständig hoch – doch so richtig kann sie noch nicht durchbrechen.

Lisa kommt als Erste nach Hause. Ich halte sie fest. Ganz lange. »Wir sind jetzt fertig«, flüstere ich.

Ingo kommt frisch vom Friseur. Ich freue mich, küsse ihn und halte ihn so, wie er mich hält. So wie er mich immer gehalten hat. »Wir sind fertig«, erkläre ich auch ihm.

Melanie kommt ganz aufgeregt nach Hause und schließt mich in die Arme. »Der Tag aller Tage.«

Heute gibt es Champagner. Die Flasche, die wir eigentlich am 29. März aufmachen wollten.

»Auf die Haare!«, ruft Melanie.

»Auf die Reha und darauf, dass du dort eine ganz tolle Zeit hast«, hebt Lisa ihr Glas.

»Und auf euch. Denn ohne euch, na ja, wäre es nicht gegangen«, erkläre ich vorsichtig. »Es war trotzdem immer …«

»Lustig«, ergänzt Melanie.

»Ja«, lache ich, »es war trotzdem immer lustig mit euch. Einfach nicht ganz so schlimm.«

»Medium«, erklärt Lisa.

»Genau, medium, zartrosa gebraten bitte.«

»So wie die Haut an deinem Schlüsselbein«, ergänzt Melanie.

Wir stoßen erneut an. Wir sind fertig.

*

Lisa und Ingo gehen früh schlafen, doch das hält Melanie und mich nicht davon ab, den Champagner zu leeren und noch eine Flasche Sekt anzubrechen.

Wir unterhalten uns stundenlang, reden über die Arbeit, über

Vergangenes, blicken auf die Erlebnisse während dieser Krebszeit zurück und lachen viel. Bis wir uns plötzlich weinend in den Armen liegen. Ich weiß nicht genau, was der Auslöser ist – dafür haben wir schon zu viel getrunken –, doch plötzlich schluchzen und heulen wir, als hätte ich soeben die schreckliche Diagnose bekommen, die schon so lange zurückliegt.

Nachdem ich mich etwas beruhigt habe, stelle ich anerkennend fest: »Weißt du, in all den Monaten, die wir jetzt durchgestanden haben, haben wir kein einziges Mal so dermaßen miteinander geweint.«

»Das stimmt. Dann wurde es jetzt mal Zeit.«

KAPITEL 38

Meine neu gewonnene Freiheit zelebriere ich mit einfachen Dingen. Am Samstag wurde der Plan, etwas gemeinsam mit Ingo zu unternehmen, von unserem unstillbaren Wunsch umgeschmissen, einfach im Bett liegen zu bleiben. Nachmittags haben wir uns ein leckeres Stück Kuchen gegönnt, und abends sind wir mit unseren Freunden Cocktails trinken gegangen. Sonntagabend waren wir beim Griechen essen. Von der Völlerei war mir am Montag dann so schlecht, dass ich das Haus nicht verlassen habe.

Heute bin ich wieder auf der Höhe, und die nächste und letzte Runde wird eingeläutet. Heute steht die erste Dosis der Antihormontherapie auf der Tagesordnung. Das bedeutet, ab heute bekomme ich regelmäßig Injektionen, die mich in die Wechseljahre katapultieren, und nehme täglich eine Tablette, die dafür sorgen soll, dass jede noch so kleine Krebszelle ausgehungert wird. Ich starte mit den Tabletten, denn die Spritze muss erst bestellt werden und der Piks bis morgen warten.

Leider ist das Wartezimmer bei meiner Gynäkologin heute ziemlich voll, sodass ich fast eine Stunde warten muss. In dieser Zeit werde ich immer nervöser. Typisch, denn ich befinde mich in einer neuen Situation, also wundert es mich nicht, dass mein Herz klopft und meine Konzentration schwindet, während ich verzweifelt versuche, das Skript meines Psychologiekurses weiterzulesen.

Endlich darf ich zu Frau Dr. Scholle.

»Starten wir also mit der neuen Therapie.«

»Ja«, bestätigt sie, »aber erst schauen wir uns noch mal die Brust an, und ich mache noch einen Vaginal-Ultraschall. Morgen geht's dann mit den Spritzen los.«

Wir sprechen über Risiken und Nebenwirkungen, die sich – bis auf Wechseljahresbeschwerden und vor allem im Vergleich zur Chemo – im Rahmen halten, dann geht es mal wieder auf den Untersuchungsstuhl. Nachdem Frau Scholle meinen Unterleib geschallt und bestätigt hat, dass meine beiden Eierstöcke immer noch in den Winterschlaf gefallen sind, geht es weiter mit der Brust.

»Haben Sie denn Schmerzen im Bestrahlungsbereich?«

»Nein, es spannt und zieht nur ein wenig.«

»Vielleicht sollen wir dann doch lieber erst nächstes Mal schauen?«

»Nein, nein, machen Sie ruhig. Das tut wirklich nicht weh, und wenn doch, dann schreie ich«, verspreche ich.

Also fängt Frau Scholle vorsichtig an zu tasten und zu drücken, bittet mich, die Arme hochzuheben, und fragt, ob es in dem geschwollenen Achselbereich denn auch ziepe und zwicke.

»Ja, ziemlich, vor allem, wenn ich den Arm hebe. Aber das ist erst seit der Bestrahlung so, vorher war alles gut.«

Es geht weiter mit jeder Menge kaltem Schleim und dem Ultraschall. Das Gerät gleitet über meine linke Brust, deren Gewebe dank der Bestrahlung Wassereinlagerungen zeigt, und schließlich in meine linke Axilla.

Jetzt frage ich mich, ob es richtig war, auf der Sonografie zu bestehen. Auf dem Bildschirm, den ich immer bei dieser Untersuchung beobachte, ist ein kreisrunder schwarzer Fleck erschienen, den Frau Scholle nun aus verschiedenen Winkeln vermisst und von dem sie mehrere Fotos macht.

Ich schlucke.

Zögere.

»Was ist das?«

Sie atmet schwer aus. »Ich weiß es nicht genau.«

Mein Herz rast.

»Aber ich glaube nicht, dass das was Schlimmes ist.«

ALARM!

ALARM!

ALARM!

Mehr kann ich nicht denken.

Frau Scholle muss die nackte Panik in meinen Augen sehen, denn sie versucht mich zu beruhigen: »Es ist sehr gut möglich, dass hier ein Lymphknoten sitzt, der sich dort neu angesiedelt beziehungsweise verschoben hat und der durch die Bestrahlung entzündet ist. Es kann genauso gut sein, dass sich hier Flüssigkeit angesammelt hat, da ja sowieso alles in diesem Bereich geschwollen ist.«

Könnte. Möglich. Sein.

Alles klar. Könnte *auch* möglich sein, dass dort ein neuer Tumor oder ein metastasierter Lymphknoten sitzt und in aller Seelenruhe Krebszellen in meinen gesamten Körper pumpt! Genau wie mein Tumor ein Fibroadenom *hätte sein können.*

Wir schließen die Untersuchung ab. Meine Eingeweide haben sich soeben nach außen gestülpt, ich ziehe mich an, während das riesige Maul des elenden Panikmonsters meine gesamte Selbstbeherrschung und Zuversicht verzehren will, und setze mich noch mal Frau Scholle gegenüber an den Schreibtisch.

»Frau Seeliger, Sie brauchen sich keine Sorgen zu machen.«

Schön. Das hat mir Dr. Beilharz damals auch gesagt.

Aber damals wusste ich, dass etwas nicht stimmt. Heute bin ich mir irritierenderweise sicher, dass ich gesund bin. Letzten Donnerstag erst lag ich auf dem Bestrahlungstisch und hatte das Gefühl, ich wäre komplett krebsfrei und gesund.

Und wenn ich mich doch irre?

»Ich weiß, es ist nur …« Meine Erklärung wird von einem kurzen heftigen Heulkrampf unterbrochen, der einfach aus mir herausbricht, ohne dass ich etwas dagegen tun kann. Sofort ist Frau Scholle neben mir und nimmt mich in den Arm.

»Hey, ist doch gut. Es ist alles gut«, sagt sie beruhigend. Meine Ohren hören ihre Worte, aber die Angst irgendwo tief in meinem Innersten interessiert das nicht im Geringsten.

*

Ich will nicht nach Hause. Nicht in die einsame Wohnung, in der es kein Entkommen mehr vor dem Gedankenkarussell gibt. Also marschiere ich quer durch die Stadt zu Stevie, der gerade für eine Prüfung lernt und deswegen zu Hause ist.

»Warst du heute nicht noch mal in Stade?«

Ich fluche, als ich mir die Lippe an einem zu hastigen Schluck Kaffee verbrenne. »Nein, nur bei meiner Gynäkologin hier in Buxtehude«, weiche ich aus. »Nach Stade muss ich erst wieder Anfang Februar zur Mammografie.«

»Ach so. Aber es ist ja alles in Ordnung.«

Ich schlucke. Ich traue mich nicht, das in Worte zu fassen, was mir vor ein paar Minuten auf dem Behandlungsstuhl von Frau Dr. Scholle widerfahren ist.

»Mit den Nachuntersuchungen, meine ich.«

Das habe ich schon verstanden, Stevie. Ich starre ins Leere, versuche verzweifelt, die aufkommenden Tränen zu unterdrücken, doch ich schaffe es einfach nicht.

»Komm mal rüber zu mir«, sagt Stevie, aber ich will mich nicht bewegen, will nicht weinen. Also setzt er sich zu mir aufs Sofa und nimmt mich in den Arm.

»Du musst nicht immer bei mir heulen, du darfst auch so kommen«, scherzt er, während ich in sein T-Shirt schluchze.

Als ich mich wieder beruhigt habe, entscheide ich mich dazu ihm anzuvertrauen, was los ist. Obwohl ich mir eigentlich vorgenommen hatte, bis zur Diagnose von Frau Scholle nichts zu sagen. Gerade erst habe ich mit meinen Freunden meine Heilung gefeiert, und jetzt soll ich sie schon wieder in den schrecklichen Abgrund der Sorge stürzen?

»Wir haben so einen schwarzen Knubbel beim Ultraschall gesehen. Und wir wissen nicht genau, was das ist.«

Stevie sagt nichts.

»Es ist wahrscheinlich nur Flüssigkeit oder ein Lymphknoten, aber …« Ich weine wieder, bin einfach zu aufgelöst. »Ich werde es niemandem sagen können. Du bist jetzt der Mülleimer.«

»Hey! Der Mülleimer? Geht es auch mal ein bisschen netter?«

»Na gut, der Vertraute.«

»Hört sich schon besser an. Und du willst das nicht mal Ingo sagen?«

Ich schüttle den Kopf. »Nein. Ich kann nicht. Erstens, weil es bestimmt überhaupt nichts ist, und zweitens, weil dann wieder alle mit mir in Panik ausbrechen werden. Ingo wird dann wieder sagen ›Mach dir keine Gedanken, das ist sowieso nichts‹, und innerlich ist er wahrscheinlich krank vor Sorge. Das kann ich nicht machen.«

»Verstehe.«

Jetzt ist es raus. Es war genauso wichtig, zumindest einer Person von dieser Angst zu berichten, wie es richtig ist, es niemand anderem zu sagen. Mein Entschluss steht fest. Das hier bleibt Stevies und mein Geheimnis. Ich hoffe nur, dass man mir meine Gefühlslage nicht anmerkt.

*

Als ich mich wieder einigermaßen beruhigt habe, mache ich mich endlich auf den Weg nach Hause. Dort erwartet mich ein Wäscheberg, der zusammengelegt und eingepackt werden möchte, übermorgen startet schließlich meine Reha. Es ist mittlerweile zwölf Uhr, und ich erinnere mich dank des schlimmen Grummelns in meinem Magen daran, dass es Zeit ist, etwas zu essen.

Ein Rest Suppe von gestern steht noch auf dem Herd, den kann ich direkt aufwärmen. Ich schalte den Herd ein und gehe zurück ins Wohnzimmer, um zu sehen, ob die Wäsche schon trocken ist. Ich zupfe gerade die Socken von der Leine, als einer unserer Brandmelder piept. Der im Flur, stelle ich fest, und wundere mich, wie die Suppe so schnell kochen oder gar anbrennen konnte.

Mit einem Satz bin ich in der Küche, doch es ist nicht die Suppe, die den dicken schwarzen Rauch verursacht. Ich habe die falsche Herdplatte angeschaltet. Auf genau dieser Herdplatte liegt aber dummerweise der Plastikdeckel unserer Salatschleuder. Oder besser gesagt: die zerschmolzenen Reste davon.

Ohne darüber nachzudenken, schnappe ich mir den Teil des Plastiks, der noch nicht angekokelt ist, und sehe erst dann das Feuer, das offensichtlich schon auf Deckel und Herd ausgebrochen ist. Die Herdplatte brennt, genau wie der Salatschleuderdeckel in meiner Hand, aus dem in genau diesem Moment eine Stichflamme schießt. Keine Sekunde zu früh, denn ansonsten hätte die Flamme die Abzugshaube erreicht. Ich wage nicht mir vorzustellen, was geschehen wäre, wenn das Fett in der Abzugshaube angefangen hätte zu brennen.

Mit einem spitzen Schrei lasse ich den heißen Plastikklumpen auf den Fliesenboden fallen. Wie löscht man Plastik? Mit Wasser? Der Deckel und der Herd brennen weiter, ich schalte hustend die Herdplatte ab. Der stinkende Rauch reizt meine

Lungen. Mit einem Schal vor dem Mund greife ich zum Telefon und wähle die 112.

Als jemand abnimmt, hat sich der Rauch zu beißendem Gestank entwickelt, sodass ich mir neben dem Schal sogar einen Ärmel vor den Mund halte, um überhaupt atmen zu können. In diesem Moment entdecke ich, dass die Flammen gefährlich nahe an der Steckdose mit dem eingesteckten Wasserkocher züngeln, den ich kurzerhand ebenfalls auf den Boden stelle. Das Kabel ist schwarz vom Ruß.

»Sie verlassen am besten das Gebäude, die Feuerwehr ist schon unterwegs.«

Nur wenige Minuten können vergangen sein, als ich von Weitem das vertraute Tatütata der Feuerwehr höre. Mit Martinshorn und Blaulicht bahnt sich ein großer Einsatzwagen seinen Weg in die Einbahnstraße vor unserem Haus. Ich eile den Feuerwehrmännern entgegen, mit vieren von ihnen gehe ich schließlich wieder hoch und lasse sie in die Wohnung.

Der Herd hat mittlerweile aufgehört zu brennen, der Rest schmorenden Plastiks wird mit einem Schluck Wasser gelöscht.

»Sie haben alles richtig gemacht«, erklärt mir der nette Feuerwehrmann. »Ist bei Ihnen alles in Ordnung?«

Was denken Sie denn?, möchte ich fragen. Ich habe fast die Küche in Brand gesetzt. Ein paar Minuten länger, und der Deckel wäre auf dem Herd in Flammen aufgegangen, hätte dann die Schränke und die Dunstabzugshaube in Brand gesteckt und dann …

»Wir öffnen alle Fenster, dann lüften Sie bitte ein paar Stunden.«

»In Ordnung. Ist der Rauch denn giftig?«

»Nein, das war auch nicht viel. Alles in Ordnung.«

Genau. Alles ist in Ordnung, als ich die Fenster öffne.

Dann bin ich plötzlich wieder allein, die Schritte der Feuerwehrmänner poltern das Treppenhaus hinab, und der Spuk ist vorbei. Außer dem Chaos in der Küche.

Ich stehe, glaube ich, ein wenig unter Schock. Ich sollte vielleicht mit jemandem reden. Aber ich erreiche weder Ingo noch Melanie, und auch Lisa nimmt nicht ab. Also versuche ich es bei Stevie.

»Na du, hast du wieder einen Notfall?«

»Ja, aber diesmal wirklich.«

*

Am nächsten Tag fahre ich zur gynäkologischen Praxis, um die erste Antiöstrogenspritze zu bekommen.

»So, dann legen wir mal los«, begrüßt mich Frau Dr. Scholle und führt mich ins Zimmer. »Legen Sie sich bitte auf die Liege.«

Sehr gut, denn ich will kein ruhiges Gespräch am Schreibtisch führen. Ich muss definitiv noch ein paar Fragen zu dem Schatten stellen, den wir gestern entdeckt haben.

»Wissen Sie, was ich gestern gemacht habe?«, frage ich so beiläufig wie möglich.

»Na?«

»Ich habe fast unsere Küche in Brand gesteckt und musste die Feuerwehr rufen.«

»Frau Seeliger!«

»Warten Sie. Ich habe nämlich etwas festgestellt. Es kann passieren, dass ich in Panik ausbreche. Aber dann gibt es immer die Möglichkeit, die Kavallerie zu rufen, die mich retten kann.« Ich deute mit ausgestrecktem Zeigefinger auf Dr. Scholle. »Und wissen Sie was? Ich bin mir sicher, dass ich gesund bin.«

»Und Ihr Bauchgefühl hat Sie bisher nie getäuscht.«

»Genau. Damals war ich mir sicher, etwas stimmt nicht, heute bin ich mir sicher, es ist alles in Ordnung.« Ich zögere. »Es ist nur so, bei mir läuten alle Alarmglocken, wenn ich höre, dass etwas ›nichts‹ ist, und sowieso immer, wenn ich einen Schatten auf dem Ultraschallbild sehe.«

»Und dann haben Sie gedacht: ›Das Gleiche hat der Beilharz damals auch gesagt.‹«

»Genau.«

»Ich hätte besser gar nichts sagen sollen.«

»Doch. Sonst wäre ich furchtbar wütend gewesen, und dann hätten wir zwei spätestens in fünf Wochen Streit bekommen, wenn Sie mir gesagt hätten, wir piksen da doch mal rein.«

»Gut zu wissen. Außerdem kann ich überhaupt nicht gut schauspielern. Sie würden das sowieso merken. Ich bin lieber ehrlich.«

Frau Dr. Scholle lächelt, und ich weiß wieder, warum ich ihr so blind vertraue.

Ich lege mich hin und mache schon mal meinen Bauch für die Spritze frei. »Jetzt kann man aber auch wieder normal und objektiv mit mir reden, die erste Panik ist vorüber. Also, wir haben ja eigentlich Best-Case- und Worst-Case-Szenarien«, erkläre ich.

Frau Dr. Scholle hantiert währenddessen mit der martialisch anmutenden Spritze. »Genau. Es pikst jetzt gleich ein bisschen.«

»Best Case, das ist eine Zyste mit Flüssigkeit oder ein Lymphknoten, der durch die Bestrahlung reagiert hat. Das Ganze schwillt irgendwann wieder ab und hat sich damit erledigt. Autsch!«

Von wegen, es pikst nur ein bisschen – aber ich bin froh über die Ablenkung. Frau Dr. Scholle injiziert die Flüssigkeit.

»Oder es schwillt nicht ab, und wir stechen in fünf Wochen mal rein.« Mir entfährt ein Seufzer, als sie die Nadel wieder rauszieht. »Jetzt können wir eh nicht reinpiksen, da alles rot und geschwollen und gereizt ist und das bestimmt nicht so toll wäre. Außerdem geht keine akute Gefahr von diesem Punkt aus.«

»Genau, es gibt absolut keine akute Gefahr.«

»Das wollte ich hören«, schmunzle ich und bin beeindruckt, wie ruhig und objektiv ich bin. Dann fahre ich fort: »Worst Case, es ist ein Tumor oder ein metastasierter Lymphknoten.«

Jetzt ist wohl auch Frau Scholle beeindruckt von meiner Ruhe und Direktheit. Sie sagt erst mal gar nichts.

»Auch wenn es nicht so aussieht, da er glattwandig und komplett schwarz ist.«

»Ja«, bestätigt sie dann.

»Gut. Dann sagen Sie mir bitte, was im Worst Case passieren würde.«

»Wir würden Sie noch mal komplett durchchecken und überprüfen, ob das die einzige erkrankte Stelle ist. Dann würden wir einen komplett neuen Therapieplan entwickeln.«

Ich nicke. »In Ordnung. Aber das würde bedeuten, dass Chemo und Bestrahlung einfach gar nichts gebracht hätten, und das glaube ich nicht.«

»Ich auch nicht.«

Zum Abschied nehmen wir uns in den Arm. »Ich wünsche Ihnen ganz viel Spaß, Erholung und was Sie sich wünschen in der Reha.«

»Das krieg ich hin. Wir sehen uns im Dezember.«

*

Meine Stärke ist wiederhergestellt. Es ist, als hätten mir meine Schutzengel heute etwas sagen wollen: Mach dir keine Sorgen. Dieser Schatten ist wie ein kleiner Brand. Er erscheint im ersten Moment furchtbar schlimm, und du gerätst in Panik. Doch dann bewahrst du einen kühlen Kopf, machst alles richtig, und plötzlich sieht alles gar nicht mehr so schlimm aus. Ein akutes Symptom ohne eindeutigen Befund oder langfristige Auswirkung.

Ich schaffe es den kompletten Tag über, niemandem von meinem neuen – tja, wie nenne ich es? Keine Ahnung! – *Ding* zu erzählen. Weder Lisa, die krank zu Hause ist. Ich erzähle es auch nicht Helga und Karla, meinen Mitleidensgenossinnen, mit denen ich mich auf einen Kaffee treffe. Nicht Melanie, als sie nach Hause kommt, und nicht meinen Eltern, mit denen ich telefoniere. Und ganz bestimmt erzähle ich es nicht Ingo, der heute bei mir übernachtet.

Nein, unter gar keinen Umständen verrate ich irgendjemandem von diesem kreisrunden, acht Millimeter großen Schatten, der eine Bedrohung darstellen könnte, aber genauso gut auch vollkommen harmlos sein kann. In diesem Moment ist es außerdem vollkommen egal, was sich dahinter verbirgt. Ich fahre vier Wochen in die Reha und werde neue Kraft sammeln. Entweder um in meinem neuen Leben voll durchzustarten oder dem, was sich in meiner Achsel vielleicht verbirgt, endgültig den Garaus zu machen.

Natürlich habe ich Angst. Aber ich lasse mich von ihr nicht fertigmachen. Ich schiebe sie stattdessen ganz weit weg, und setze meine Kraft, meine Stärke und meine Gelassenheit an erste Stelle. Ich bin gesund. Ich habe keinen Krebs mehr. Das ist das Mantra, das ich mir den ganzen Tag über vorbete.

KAPITEL 39

*H*eute geht es los. Es ist alles gepackt, ich bin bestens vorbereitet, stehe mit Ingo um halb sechs in tiefster Dunkelheit auf, wir trinken Kaffee, und der Abschied fällt mir gar nicht so schwer wie zunächst befürchtet.

In der Klinik komme ich, noch bevor meine Daten aufgenommen werden, mit Jenny und Veronika ins Gespräch, die ebenfalls die JER-Reha machen werden. Jenny hatte Lymphdrüsenkrebs, Morbus Hodgkin, Veronika hatte, genau wie ich, Brustkrebs. Die zwei sind mir auf Anhieb sympathisch – offen, ehrlich und ein bisschen durchgeknallt.

Auf unserer Station angekommen bin ich die Erste, die ins Aufnahmegespräch soll. Meine Reha-Ärztin Frau Dr. Rohde darf mich direkt halb nackt sehen und checkt alle Funktionen. Jede Menge Infos, jede Menge Fragen, jede Menge Gesprächsstoff.

Im Wartezimmer taucht noch ein weiteres neues Gesicht auf, Alexa. Ein Gesicht mit auffällig vielen Haaren. »Ich bin das zweite Mal hier«, erklärt sie lächelnd. »Ich hatte 2010 Brustkrebs.«

Obwohl ich den Rest unserer Gruppe noch nicht kenne, ist meine Angst, keinen Anschluss zu finden, vollkommen unbegründet, denn auch mit Alexa verstehe ich mich auf Anhieb blendend.

Die Klinik selbst gefällt mir sehr gut. Mein Zimmer ist geräumig und modern. Mit zwei Einzelbetten, Schrank, Schreibtisch, Fernseher und großzügiger Nasszelle. Das Gelände ist sehr gepflegt, die Klinik ist verwinkelt, liebevoll und detailverliebt eingerichtet. Ich fühle mich wohl hier und überrasche mich selbst: Das Erste, was ich heute ablege und bis auf einen Besuch am kommenden Wochenende im Shoppingcenter nie wieder anziehe, ist Ann-Kathrin. Das Thema Perücke ist hiermit offiziell abgehakt.

*

Ich unternehme viel mit Alexa, Veronika, Jenny und Sonja, dem Küken unserer Gruppe, und bin insgesamt wirklich zufrieden. Tagtäglich prasseln so viele Eindrücke auf uns ein, wir reden nonstop über unsere Probleme und unsere Erkrankung, aber genauso über unsere Freunde, unsere Männer und unser Leben, sodass ich beinahe nicht hinterherkomme, alles zu verarbeiten. Das Programm, das wir hier haben, lässt mir keine Zeit zum Lernen für mein Psychologiestudium oder zum Schreiben. Und noch weniger zum Nachdenken. Ich habe das Gefühl, ich bin schon seit Wochen hier.

Und ich erkenne ganz klar: Das hier wird ein separates Kapitel. Diese vier Wochen werde ich nicht so einfach in meine Krankengeschichte integrieren können. Sie beinhalten zu viele Erlebnisse zwischen mir, neu gewonnenen Freunden und seltsamen Fremden. Diese Zeit kann nicht nur in meiner Geschichte erzählt werden, denn sie birgt die Geschichten von vielen, und ich bin nicht in der Lage, diese Geschichten niederzuschreiben. Vielleicht kann ich das später einmal tun. Doch jetzt befinde ich mich erst einmal in einer anderen Welt. In der Reha-Welt.

*

Vier Tage nach unserer Ankunft haben wir unsere erste Gesprächsgruppe, in der wir alle kurz unsere Erkrankung und unseren Weg nach Bad Oexen schildern sollen.

Mir stockt bereits der Atem, als Kai, ein cool aussehender Gangster mit Kiez-Slang, beginnt. Ich höre mir tapfer all die traurigen Krebsgeschichten an, die allesamt mit beinahe stoischer Ruhe vorgetragen werden. Wir erzählen sie nicht zum ersten Mal.

Doch irgendwann ist der Raum so emotionsgeladen, dass wir alle, vor allem die Tamoxifen-Fraktion mit Stimmungsschwankungen wie in den Wechseljahren, einer nach dem anderen anfangen, uns die Augen zu reiben, da hilft kein vorsichtiges Wegtupfen mehr. Vor allem als Tina von ihrem Weg und ihrer Krankheit erzählt. Ihre Diagnose ist schlecht. Die schlechteste von uns allen. Die Ärzte geben ihr kein weiteres Jahr mehr. Wir hängen an ihren Lippen und versuchen verzweifelt, nicht loszuheulen. Tina ist ehrlich zu uns. Sie sagt uns, dass wir sie normal behandeln sollen, aber natürlich nicht sagen sollen, dass schon wieder alles gut wird. Das wäre nämlich gelogen.

Nach der Sitzung bin ich deprimiert. Ich versuche, die Schicksale der anderen nicht zu sehr an mich heranzulassen, bevor ich nicht einen Weg gefunden habe, damit umzugehen. Doch dann überkommt mich das große Heulen, und ich sehe langsam ein, wie machtlos ich bin. Ich kann das Schicksal der anderen nicht ändern. Ich bin meinetwegen hier, doch ich lerne hier tolle Menschen kennen, die schlimme Schicksale durchleben. Wir haben alle unser Päckchen zu tragen, und wir werden es auch irgendwann auspacken und Hilfe in oder außerhalb der Gruppe suchen. Aber jetzt, in diesen vier Wochen, können wir alle füreinander da sein. Und ich kann mir persönlich vor Augen führen, dass ich jeden Tag genießen kann und will. Unsere Zeit ist kostbar. Wir sollten nicht leichtsinnig mit ihr umgehen.

*

Gestern eröffnete uns Kai, dass er einen weiteren, seinen vierten, Rückfall hat und im Laufe der Woche seine Reha abbrechen muss. Er schien gefasst, doch die Tränen standen in seinen Augen. Gerade er braucht die Zeit hier so dringend, um wieder fit zu werden – wir merken alle, wie gut es ihm tut, mit uns zusammen zu sein.

Während meines emotionalen Tiefs in den letzten Tagen fühlte ich mich stumpf. Ich fühlte mich wieder taub, wie kurz nach der Diagnose, auch wenn die Gefühle immer wieder hochkochten, wie die Frage, was passiert, wenn Kai geht. Was geschieht mit ihm? Werden wir jemals wieder etwas von ihm hören? Kümmern kann sich niemand von uns, dazu ist niemand in der Verfassung.

Und immer wieder sortiere ich meine Gedanken und rufe mir ins Gedächtnis: Ich muss mich *um mich* kümmern. Ich muss *an mich* denken. Ich lerne gerade, mich wirklich auf mich zu konzentrieren, die Ängste der anderen von meinen zu unterscheiden und sie zu verarbeiten. Aber ich lerne es auf die harte Tour.

Als ich Kai ganz fest in den Arm nehme und ihm ein »Pass gut auf dich auf« zuraune, sehe ich ihn zum letzten Mal in meinem Leben.

*

Während einer Reha lernt man offensichtlich noch viel mehr als erwartet. Zumindest erfahre ich, dass ich noch viel stärker bin, als ich dachte.

Ich habe mittlerweile das Gefühl, dass alles von mir abprallt. Das muss nicht negativ sein. Ich fange an, das Abprallen positiv zu verstehen, im Sinne von »in mir ruhen« und positivem Egoismus.

Am letzten Wochenende war Ingo zu Besuch und hat mir unendlich gutgetan. Die gemeinsame Zeit hat mir noch einmal vor Augen geführt, dass ich ein reales, ein schönes, ein gutes Leben in Buxtehude habe, zu dem ich zurückkehren werde. Ich habe verstanden, dass ich zwar langsam, aber sicher auf einen Lagerkoller zusteuere, doch dass es mir hier gut geht. Sogar sehr gut.

Trotzdem ist es schön zu wissen, dass auch dieses Kapitel hier bald vorbei ist. Ich habe eine tolle und wichtige Zeit hier, die ich nicht missen möchte – bald ist der Moment, wieder in die Realität zurückzukehren. Es wird Zeit, wieder normal zu leben.

Mittlerweile bin ich mir wieder sicher: Ich bin gesund. Der Schatten, den wir gesehen haben, ist kein Tumor oder irgendetwas Bösartiges. Ich bin gesund und stark. Viel stärker als je zuvor.

*

Der letzte Tag in der Reha kommt schneller als erwartet. Vier Wochen war ich nun hier, habe gelacht, gelitten und geliebt. Im Abschlussgespräch mit meiner Psychologin Frau Nießen bringen wir die Veränderungen, die ich in meinem Leben vornehmen kann, um meine Ziele zu erreichen, ins Gespräch. Oben auf unseren Zettelchen, auf denen wir Begriffe sammeln, schaut mich die Frage »Kinder?« an.

Kinder. Dieses Thema treibt mir die Tränen in die Augen. Ich weiß nicht, ob ich jemals Kinder haben kann. Da ist es doch besser, wenn wir stattdessen wieder auf mein inneres Kind zu sprechen kommen.

Dann, einen Tag später, ist der Moment des Abschieds gekommen. Irgendwie ging alles viel schneller und einfacher, als gedacht. Wir gehen gemeinsam frühstücken, ich packe den Rest meiner Sachen ein und lade das Auto voll. Nachdem ich meinen Zimmerschlüssel abgegeben habe, bleibt nichts mehr zu tun. Auch Alexa will aufbrechen, und mir erscheint der Gedanke, nun hier zu sitzen und zu sehen, wie nach und nach alle abreisen, unerträglich. Ich stecke Sonja, Alexa, Veronika und Jenny noch einen Zettel mit meinen Kontaktdaten zu und verabschiede mich dann von allen.

»Es war schön, dich kennengelernt zu haben«, sagt Sonja.

»Oje, sag doch nicht so etwas Trauriges«, schimpfe ich. »Lasst uns uns lieber auf unser Wiedersehen freuen.«

Zum Schluss sind nur noch Veronika und Jenny übrig. Veronikas Augen schimmern schon feucht, und Jenny schluchzt schließlich an meiner Schulter.

»Süße, nicht weinen«, flüstere ich.

Sie nickt, und ich drücke ihr einen Schmatzer auf die Wange.

»So, ich gehe jetzt einfach. Tschö, tschö, tschö«, rufe ich, ziehe meinen Mantel an und gehe gemeinsam mit Alexa raus. Wir umarmen uns, versprechen uns ein Wiedersehen und steigen in unsere Autos. Ich fahre noch ein ganzes Stück hinter ihr her, doch dann trennen sich unsere Wege.

Während der Fahrt nach Aachen macht sich die Müdigkeit bemerkbar. Außerdem wird mir schwindelig. Immer noch Nebenwirkungen von der Spritze? Die wurde mir erst vorgestern verabreicht. Ich halte an der Raststätte und reibe meinen Bauch. Dummerweise hat sich der Bund der Jeans genau über den schmerzvollen Punkt gelegt. Nun ja, da muss ich jetzt wohl durch.

Zu Hause bei meinen Eltern angekommen schleiche ich mich durch unsere Haustür. Geplant ist, einen kurzen Zwischenstopp bei meinen Eltern einzulegen, die mich noch ein wenig weiter hegen und pflegen dürfen. Meine Mutter hat sofort gehört, dass ich nach Hause komme. Glücklich schließt sie mich in ihre Arme. Sie strahlt übers ganze Gesicht, als sie mir über die Haare streicht, die in den letzten Wochen so lang gewachsen sind, dass ich am vorletzten Tag in der Reha zum Friseur gehen und mir einen richtigen Schnitt verpassen lassen konnte.

»Das sieht so toll aus. Die Frisur ist klasse.«

Das und Ähnliches höre ich in den nächsten Tagen noch sehr häufig, und ich bin sehr stolz darauf. Ich kann diesen raspelkurzen Haarschnitt wirklich gut tragen. Langsam, aber sicher habe ich das Gefühl, wieder eine richtige Frau zu sein.

Es ist großartig, meine Familie und Freunde aus der Heimat zu sehen und das Lächeln in ihren Augen zu erwidern, weil sie wissen, mir geht es gut. Ich bin wieder da. Diana kommt mich ebenfalls besuchen, und obwohl ich mich unheimlich freue, mit ihr wie in alten Zeiten zu quatschen, werde ich doch ein wenig wehmütig, als es um neue Jobs, Tanzauftritte ihrerseits und Golfturniere ihres Freundes geht. So weit bin ich nicht. Zumindest noch nicht. Der Alltag einer Krebspatientin lässt kaum Raum für Hobbys und Vergnügen.

»Ich finde es so toll, wie du das alles gemeistert hast«, sagt Diana da plötzlich. »Ich dachte zwischendurch, dass du uns allen etwas vorspielst, aber dann habe ich gemerkt, dass alles echt ist.«

»Das ist es«, sage ich, und bin mir sicher, dass ich auf das vorbereitet bin, was das Leben mit sich bringt, ohne in ständiger Angst zu leben. Denn das, was vor mir liegt, scheint mir vielversprechender zu sein als das, was ich bereits hinter mich gebracht habe.

KAPITEL 40

Für meine Rückfahrt nach Buxtehude eine Woche später brauche ich im strömenden Dezemberregen geschlagene fünf Stunden. Als ich endlich den Schlüssel ins Schloss der WG-Haustür stecke, grinse ich über das ganze Gesicht. Das hier ist mein Zuhause. Hier fühle ich mich wohl.

Ingo, den ich am Abend treffe, ist ein wenig zurückhaltend. Ich glaube, er hat mich ziemlich vermisst, auch wenn er es nicht zugibt. Doch es gibt etwas, das ich Ingo sagen muss. Vier Wochen lang habe ich es vor mir und ihm versteckt, irgendwo tief in mir drin, aber sobald ich die Wohnung betreten habe, in der ich während meiner Krankheit lebte, kam auch die Angst vor dem dunklen Schatten in meiner Axilla wieder.

»Ingo?«, sage ich vorsichtig, als ich seinen Rücken kraule.

»Hm?«

»Versprich mir bitte, nicht böse zu sein. Und dir bitte keine Sorgen zu machen.«

»Was ist denn los?«

Ich zögere einen Augenblick. »Ich bin aufgeregt wegen morgen. Ich habe noch einen Termin bei Dr. Scholle, weil wir auf dem Ultraschallbild letztes Mal einen seltsamen Schatten gesehen haben und nicht sicher wussten, was das war.«

»Und jetzt?«, fragt er aufmerksam.

»Jetzt schauen wir morgen nach, ob er noch da oder verschwunden ist. Es kann sehr gut sein, dass es nur eine Flüssigkeitsansammlung durch die Bestrahlung war.«

»Da wird nichts sein«, beschließt Ingo sofort. »Du wirst schon sehen.«

Mein Ruhepol. *Natürlich hätte ich es ihm sofort sagen können*, denke ich. Doch ich habe gespürt, wie sein Herz zwischendurch schneller geschlagen hat und dass auch er aufgeregt ist. Meine eigene Nervosität lässt mich die gesamte Nacht nicht schlafen.

*

Seit kurz nach fünf liege ich wach im Bett und versuche mich möglichst wenig zu bewegen, damit zumindest Ingo weiterschlafen kann. Gegen acht klingelt endlich der Wecker und erlöst mich. Wir frühstücken gemeinsam, doch mir bleibt mein Brötchen buchstäblich im Halse stecken. Das Ei schmeckt mir nicht. Ich kann nichts essen.

Wir verabreden uns für den Abend zum Glühweintrinken mit Freunden. Ingo deutet mit keinem Wort an, dass er zum Termin bei Frau Dr. Scholle mitkommen will oder sich Sorgen macht. Ich soll mich nur melden, wenn ich fertig bin. Also fahre ich, so ruhig es eben geht, zur Praxis.

Immer wieder führe ich meine eigenen Gedanken in Richtung meines Mantras: Ich bin gesund, und ich habe keinen Krebs. Mein Mantra wirkt.

»Frau Seeliger.« Frau Dr. Scholle umarmt mich herzlich, als ich das Behandlungszimmer betrete. »Ihre Haare! Das sieht ja klasse aus.«

»Vielen Dank.« Ich freue mich wirklich sehr über das Kompliment.

Wir setzen uns, und sie fragt mich über die Reha aus. Ich erzähle von den Therapien und schließe damit ab, dass ich gesund sein muss. »Worauf ich hinauswill: Der Schatten kann gar nichts Schlimmes sein.«

Sie lächelt. »Dass Sie fit sind, glaube ich Ihnen aufs Wort. Wir schauen uns das gleich an.«

Meine Augen sind starr auf den Bildschirm des Ultraschalls gerichtet. Mir ist so schlecht, dass ich befürchte, mich übergeben zu müssen, wenn ich mich nicht konzentriere. »Ich bekomme, glaube ich, gleich einen Nervenzusammenbruch«, erkläre ich.

Dr. Scholle schenkt mir nur einen prüfenden Blick, doch sagt nichts. Sie schallt meinen Oberkörper, und ich sehe meine Rippen, meinen Muskel in der Brust, Blutgefäße.

»Da ist nichts«, sagt sie und sucht weiter, während sie die magischen Worte wiederholt und ich immer wieder frage: »Sind Sie sicher?«

Wo kann der Schatten hingewandert sein? Nirgendwohin, es war Flüssigkeit, die nun weg ist.

»Frau Seeliger, da ist alles in bester Ordnung.«

»Habe ich Ihnen doch gleich gesagt«, erkläre ich und handele mir einen ungläubigen Blick ein.

»Hallo?«, fragt sie lachend. »Wie war das mit der Küche in Brand stecken?«

Ich lache. Vor Freude, vor Erleichterung. Ich bin gesund. Ich habe gewusst, mein Körper lässt mich nicht im Stich. Das ist für mich die wichtigste Botschaft. Mein Körper sagt mir, wenn etwas nicht in Ordnung ist. Ich muss nur auf ihn hören und auf die Signale achten. Und jetzt sagt er mir, dass ich gesund bin. Gesund und glücklich.

*

Ich freue mich schon seit Tagen auf ein ruhiges, gemütliches Weihnachtsfest. Seit Donnerstag sind meine Eltern zu Besuch in Buxtehude und beziehen mein Zimmer, während ich bei Melanie im Zimmer schlafe. Ich glaube, wir feiern das besinnlichste und gemütlichste Weihnachten, das wir je hatten. Wir haben keinen Stress. Wir müssen nirgendwohin fahren. Wir haben nur uns.

Am Freitag gehen wir in Stade shoppen und über den Weihnachtsmarkt, kaufen noch ein paar Kleinigkeiten ein und machen es uns abends zu Hause gemütlich. Am Samstag lassen wir es genauso entspannt angehen. Nach einem ausgiebigen Weihnachtsfrühstück mit Melanie und Lisa bereite ich mit meiner Mutter die Weihnachtsgans vor. Mittags gehen wir spazieren. Ich fühle mich großartig.

Abends besuchen wir den Open-Air-Gottesdienst am Markt vor der Petrikirche in Buxtehude. Ich hätte nicht erwartet, dass mir so viel daran liegen würde. Ich glaubte bislang immer, ich wäre kein Kirchgänger. Aber dieses Mal hatte ich das Bedürfnis, mich zu bedanken. Und so stehe ich mit meinen Eltern im Schein der Laternen, wir singen gemeinsam ein paar Lieder und lauschen der Predigt des Pastors. Ich fühle mich geborgen hier auf dem Marktplatz.

»Erwarten Sie nicht zu viel«, sagt gerade der Pastor. »Erwarten Sie nicht, dass Sie heute, morgen und übermorgen besinnlich sein werden. Dass Sie friedvoll sein werden. Versuchen Sie es erst einmal mit ein paar wenigen Stunden.«

Wenige Stunden? Ich bin so tiefenentspannt, ich könnte tagelang besinnlich und friedvoll verbringen.

Ich betrete die Kirche, um zwei Kerzen anzuzünden. Alle Bänke sind besetzt, die Kronleuchter leuchten hell, die Atmosphäre ist warm und herzlich. Weihnachtlich. Während ich die erste Kerze anzünde, denke ich: *Danke, danke, danke, danke, dass ich dieses Weihnachtsfest erleben darf.*

Und mit der zweiten Kerze gedenke ich an all derer, die es nicht mehr können.

KAPITEL 41

Warum zum Teufel bin ich eigentlich schon wieder krank? Ich kann es mir denken, es wird am Tamoxifen liegen, das meine Schleimhäute total austrocknen lässt. Mittlerweile habe ich wieder Husten. Was ist, wenn ich diese dumme Erkältung bis nächste Woche nicht loswerde? Das ist wichtig, denn nächste Woche soll endlich der Port rauskommen. Ich will operiert werden, ich muss diesen Knubbel, an den ich mich in all den Monaten nicht gewöhnen konnte, loswerden. Nach der Reha habe ich mich ja noch damit abgefunden, dass ich wegen einer Nebenhöhlenentzündung nicht operiert werden konnte. Jetzt will ich den Termin nicht schon wieder verschieben. Außerdem nervt es mich schon zur Genüge, dass sich als Nachwirkung der Chemotherapie meine Fingernägel spalten und ständig abbrechen.

*

Seit Wochen habe ich das Gefühl, dass ich schlechter sehe als vor dem Therapiemarathon. Gestern habe ich einen Termin bei einer netten, schlanken, beinahe dürren Optikerin mit kinnlangen blonden Locken ausgemacht. Wir nehmen uns Zeit, hat sie gesagt. Eine Stunde hat sie für den Termin reserviert.

»Hallo. Nehmen Sie dort hinten rechts doch schon einmal Platz, ich bin sofort bei Ihnen«, begrüßt sie mich, als ich den Laden betrete.

»Ich habe die Werte der letzten Messung mitgebracht und die Verpackungen der Linsen, die ich zurzeit trage.«

»Sehr gut. Sehen Sie denn jetzt schlecht?«

»Nun ja, ich kann zwar alles sehen, aber meistens etwas verschwommen oder doppelt. Aber das Problem habe ich auch, wenn ich Brille trage.« Ich zögere. »Ich nehme jedoch auch seit November ein Medikament, das die Sehkraft beeinträchtigen kann.«

»Und was ist das für ein Medikament?«, fragt sie vorsichtig nach.

»Tamoxifen.«

Sie nickt wissend. Ich brauche eigentlich nicht zu fragen, ich sehe es ihr an. Sie weiß, wovon ich spreche.

»Das trocknet natürlich die Augen aus«, sagt sie. »Genau genommen trocknet es alles aus.« Sie grinst.

Ich nicke zustimmend. »Kennen Sie Tamoxifen?«, frage ich nun doch.

»Ja. Aber ich bin nun seit elf Jahren fertig damit.« Sie lächelt und quietscht leise, wahrscheinlich vor Freude.

»Das ist gut. Das ist sehr gut«, lächle ich. »Dann können Sie mir bestimmt noch ein paar Tipps geben.«

Das kann sie. Wir haben zwar noch keine optimale Lösung für mein Sehproblem gefunden, doch ich versuche es zunächst mit Nachbenetzungstropfen.

»Wissen Sie, wenn Sie gestresst sind, dann sehen Sie automatisch schlechter. Vielleicht will Ihr Körper ja manches auch gar nicht sehen«, erklärt sie.

Ich runzle die Stirn, denke über das nach, was sie gerade gesagt hat, und muss ihr recht geben. Es gibt gute und schlechte Tage. Heute bin ich frustriert, dass ich immer noch erkältet bin, und sehe vielleicht dadurch schlechter.

»Man macht also einfach die Schotten dicht, ich sehe nichts, ich höre nichts.«

»Genau. Sie sollten nicht unterschätzen, was Ihr Körper noch zu verarbeiten hat.«

Nein. Das tue ich nicht.

»Für das Datenblatt bräuchte ich noch Ihr Geburtsdatum«, sagt sie, als sie die Karteikarte erstellt.

»04. Juli 1986«, antworte ich und beobachte sie.

Sie schluckt, zögert, blinzelt.

Reiß dich zusammen, bitte ich still. *Ja, ich weiß, ich bin jung, ja, ich weiß, und du wirst gerade wieder an all das erinnert, was nun elf Jahre zurückliegt, aber bitte weine nicht. Sonst muss ich auch weinen.*

Sie weint nicht, sondern schreibt tapfer mein Geburtsdatum und meine Adresse auf und verabschiedet sich mit festem, freundlichem Händedruck von mir.

Irgendwie gehören wir plötzlich tatsächlich ein bisschen zusammen. Es ist, als wäre ich in einer Gruppe aufgenommen worden, von der ich gar nicht wusste, dass sie existiert. Ich finde es schön, dass es sie gibt, auch wenn sie mir manchmal ein wenig unheimlich erscheint.

*

Wieso liege ich auf zehn Kissen in Ingos Zimmer, in dem immer noch das Licht brennt? Ich kann mich daran erinnern, dass die Jungs gestern um Mitternacht Kracher und Raketen gezündet haben, wir haben zugeschaut und dann …

Frohes neues Jahr – das beginnen wir gleich mal mit einem Filmriss und einem ausgewachsenen Kater. Hab ich nicht gestern sogar noch in den blauen Eimer gekotzt?

Vorsichtig öffne ich die Augen.

Jap. Da vorn auf dem Boden steht er.

Ich versuche mich aufzurichten, und prompt dreht sich alles

um mich herum. Ich nehme einen vorsichtigen Schluck aus der Wasserflasche, die auf dem Nachttisch steht, putze meine dauerverstopfte Nase und falle zurück ins Koma. Das Licht lasse ich an.

Warum habe ich auch alles durcheinandergetrunken? Rotwein, Weißwein, diese widerliche Piña Colada, Bacardi-Cola und dann auch noch pünktlich um Mitternacht Sekt. Der hat mir den Rest gegeben.

Ingo quält sich aus den Federn und macht sich prompt über mich lustig. Ich habe es auch nicht anders verdient.

»›Mir ist so schlecht, Ingo. Nein, ich will nicht fernsehen. Nein, ich kann mich nicht hinlegen, mir ist so schlecht. Ich brauche mehr Kissen‹«, äfft er mich mit weinerlicher Stimme nach.

»Es tut mir so leid«, lache ich vorsichtig, damit mir ja nicht schon wieder schlecht wird. »Ich kann mich einfach nicht erinnern.«

»Das kann ich mir sehr gut vorstellen, du alte Schnapsdrossel.«

»Ich vertrage einfach nichts mehr. Ich hatte von vornherein keine Lust auf Silvester, und da habe ich mir den Vorsatz, mich zu betrinken, wohl etwas zu sehr zu Herzen genommen.«

»Oh ja, das hast du.«

*

Heute ist es mal wieder so weit. Ich muss ins Krankenhaus. Ein letztes Mal, dann sind Chemotherapie und Port endgültig abgehakt. Ich habe erstaunlich gut geschlafen, viel besser, als ich erwartet hätte.

Ich bin immer noch ruhig, als ich mich morgens um kurz vor sieben bei der chirurgischen Ambulanz melde. Gemeinsam mit einer älteren Dame werde ich auf ein Zimmer mit vier Betten gebracht.

»Was bekommen Sie denn gemacht?«, frage ich.

»Ich bekomme heute meinen Port.«

»Ach, ich bekomme ihn heute raus«, erkläre ich lächelnd. »Darf ich fragen, was Sie haben?«

»Brustkrebs.«

»Nun, das hatte ich auch.«

Sie schaut mich einen Augenblick fragend an. »Sie könnten meine Tochter sein.«

»Ich bin fünfundzwanzig.«

»Pah! Sie könnten meine Enkelin sein. Sie sind noch so jung.«

»Ja, ich weiß. Aber das heißt nichts.«

»Nein, nein. Wir haben alle unsere Ängste und Sorgen, nicht wahr?«

»Ja, das stimmt.« Ich sehe, dass ihr Tränen in die Augen steigen, gehe auf sie zu und lege behutsam den Arm um sie. »Wissen Sie, auch wenn ich jünger bin, so kann ich Sie trotzdem trösten und Ihnen vielleicht ein Stück von der Angst nehmen. Vielleicht kann ich Ihnen ja ein paar Fragen beantworten.«

»Das wäre gut.« Jetzt lächelt auch sie wieder. Bis sie ihre Beruhigungstablette nimmt und schläfrig wird, löchert sie mich mit Fragen zur Chemo und Bestrahlung, zu allem, was ihr einfällt, zu allem, was ihr noch bevorsteht.

»Natürlich gibt es Nebenwirkungen. Aber nichts, was nicht auszuhalten ist«, schließe ich meinen kleinen Vortrag zum Thema »(Über-)Leben mit Krebs«.

Ich frage mich, ob das die Wahrheit ist oder ob ich mir das nur wünsche und alles andere verdrängt habe.

*

Endlich werde ich den Port los. Ich komme wieder zu mir, als ich im Aufwachraum liege, zitternd dieses Mal. Von wegen Hitzewallungen. Die Kombi aus Narkose und Wechseljahren lässt mich heute qualvoll erfrieren. Lange muss ich nicht hier bleiben und werde schnell wieder auf mein Zimmer gebracht. Ich schlafe, bis ich auf die Toilette muss und die Schwester mich netterweise schon mal von meinen Kabeln und Infusionen befreit. Mir geht es insgesamt besser als nach der letzten Narkose. Nach ein paar Stunden darf ich gehen. Den Port nehme ich mit, dieses Mal aber in einer sterilen Verpackung in der Handtasche.

Die Nacht ist unruhig. Im gefühlten Fünfminutentakt wechselt mein Körper zwischen unendlicher Hitze und unerträglicher Kälte. Die Decke strample ich abwechselnd weg, warte, bis die Temperatur angenehm wird, ziehe mich dann wieder in Fötusstellung unter zwei Decken zusammen, bis die Kälte abflaut und dann wieder von Hitze abgelöst wird. Ich bin mir noch nicht ganz sicher, was schlimmer ist, Hitze oder Kälte – doch ich glaube fast, es ist die Kälte. Mein lieber Scholli. Jetzt bin ich wirklich in den Wechseljahren angekommen.

Auch nach der ersten Nacht ist es nicht besser. Als ich am Morgen aufstehe und mich in meine dicke Fleecejacke einpacke, friere ich trotzdem. Ich bibbere und zittere bis mittags, versuche wieder zu schlafen, doch es ist mir zu kalt, obwohl ich schon über einen Liter heißen Tee getrunken und alle Heizungen aufgedreht habe. Immerhin bin ich nicht mehr so müde, dass mir die ganze Zeit die Augen zufallen. Doch wirklich etwas tun kann ich seit meiner Port-OP nicht. Bei dem Sturm draußen will ich das Haus sowieso nicht verlassen.

*

»Sie werden sich gar nicht daran erinnern können, dass Sie Schmerzen hatten«, sagte einmal eine Schwester im Krankenhaus zu mir. Ich habe ihr nicht geglaubt.

»Du wirst merken, nachher fühlt sich das an, als wäre das alles nur ein Traum gewesen. Zwar ein Albtraum, aber er ist dann vorüber«, sagte mir eine Kollegin im April. Ich habe ihr nicht geglaubt.

»Die Zeit wird so schnell vorbeigehen«, hat mir Ingo nicht nur einmal gesagt. Ich habe ihm nicht geglaubt.

Und nun sitze ich hier, lese mein Tagebuch und verstehe, was Verdrängung und Vergessen bedeuten. Ich bin froh, alles aufgezeichnet zu haben, denn es fühlt sich an wie ein Traum. Es scheint, als hätte es die Schmerzen, die ich erleiden musste, nie gegeben. Ich fühle mich gut. Die letzten Wochen gingen so schnell vorüber, und die Krankheit ist so weit weg, dass ich mir gar nicht vorstellen kann, mehr als neun Monate krank gewesen zu sein. Ich bin wieder gesund, und dafür bin ich dankbar.

*

Ich habe das Gefühl, es ändert sich etwas. Ich kehre langsam wieder in die Normalität zurück.

Ich habe meine Sachen gepackt, bin aus Krebshausen ausgezogen und wieder zu Hause angekommen. Gemeinsam mit Ingo plane ich heute Abend unseren Urlaub. Und ab Montag geht das Arbeitsleben wieder los.

Gut, das Arbeitsleben beginnt mit drei Stunden täglich, heute war ich außerdem bei der Physiotherapie, weil mein Rücken schmerzt. Seitdem der Port raus ist, habe ich nämlich wieder Verspannungen. Gestern war ich bei Frau Dr. Scholle, die Fäden wurden gezogen, es tat ein bisschen weh, wir haben über die nächsten Termine gesprochen. Alles immer noch Krankenalltag.

Aber der Port ist draußen, es passiert nichts Neues, nichts Ungewohntes mehr, nichts mehr, was mich überrascht. Mich oder den potenziellen Leser, für den ich meine Hunderte von Seiten vollgeschrieben habe. Es dreht sich endlich, endlich, endlich nicht mehr alles nur um die Krankheit oder die Genesung oder sonst irgendetwas, das mit Brustkrebs zu tun hat.

Ich habe mich in den letzten Monaten so oft gefragt, wann ich dieses Kapitel in meinem Leben beenden werde. Vielleicht wird es sich ja von allein schließen.

KAPITEL 42

Als ich das Bürogebäude erreiche, steigen mir die Tränen in die Augen. Ich kann nicht genau zuordnen, warum. Vielleicht, weil ich mich freue, wieder ein ganz normales Leben zu führen. Vielleicht, weil ich Angst davor habe. Aber ich bin nicht nervös. Heute ist der erste Tag meiner Wiedereingliederung, und ich bin ganz ruhig, ganz entspannt. Und das ist auch gut so.

Heute passiert sowieso noch nicht viel, außer, dass ich alle Kollegen begrüße, jeder ein paar Minuten mit mir sprechen möchte und ich versuche, den Laptop und das Telefon zum Laufen zu bekommen. Alles fühlt sich ungewohnt an, doch ich sehe auch so viele ehrlich erfreute Gesichter. Nach drei Stunden Begrüßungen kann ich den heutigen Tag erst einmal beenden.

*

Beim Mittagessen am kommenden Tag fragt mich eine neue Kollegin, wie lange ich denn weg war.

»Ungefähr neun Monate.«

»Ach so, okay. Und warum warst du weg? Hast du ein Baby bekommen?«

»Nein.« Ich schaue auf und zögere kurz. »Ich war krank.«

»Oh.« Dann folgt Schweigen.

Ich pikse mit der Gabel ein Salatblatt auf und sage, bevor die Stille wirklich unangenehm wird: »Aber jetzt ist wieder alles in Ordnung.«

»Ja, genau, und das ist doch auch die Hauptsache. Du bist gesund und wieder da«, bekräftigt meine Chefin, die aufmerksam zugehört hat. Mir werden wahrscheinlich noch ähnliche Situationen begegnen – und die nächste lässt nicht lange auf sich warten.

Einer unserer Direktoren rennt schon das dritte Mal an mir vorbei. Seinem Gesichtsausdruck zufolge fragt er sich, wer der neue Kopf in seinem Team wohl sein mag. Kurzerhand folge ich ihm und klopfe an seine Tür.

»Hey, ich wollte einfach mal kurz Hallo sagen.«

Erst runzelt er die Stirn, doch wenige Sekunden später erkennt er mich endlich. »Rebecca, Mensch!« Er nimmt mich in den Arm. »Ich habe dich ja gar nicht erkannt. Das steht dir aber gut mit den kurzen Haaren.«

»Danke«, lächle ich.

Wir unterhalten uns ein wenig, und er stellt wirklich seltsame Fragen: »Hattest du denn auch körperliche Beschwerden durch die Chemo und Bestrahlung? Also, dass das mental eine Belastung ist, ist ja klar.«

Ich staune einen Augenblick lang. Dann fällt mir wieder ein, dass ich nicht mehr nur von anderen Patienten umgeben bin und dass die »normalen« Menschen wahrscheinlich gar keine Ahnung haben, was bei Chemo und Bestrahlung überhaupt passiert. Also erkläre ich vorsichtig: »Nun, ich habe schon zahlreiche Nebenwirkungen gehabt. Konzentrationsschwierigkeiten, Schüttelfrost, Schmerzen, auch in den Fingerkuppen, und Nervenschmerzen, da gab es eine ganze Liste. Aber ich habe neulich noch zu jemandem gesagt, es war alles auszuhalten. Es war alles zu ertragen.«

*

Ich frage mich auf dem Weg zur Arbeit, ob das wirklich alles geschehen ist. Diese ganzen Monate voller Krankheit und Schmerzen und Haarlosigkeit. Was ist da bloß passiert?

Den ganzen Tag beschäftigen mich diese Gedanken. Und nicht nur diese, ich stelle mir auch die Frage, ob die vier Wochen Reha tatsächlich passiert sind. Was da alles in mir vorgegangen ist, was ich dort gelernt und gesehen habe – kann das real gewesen sein?

Irgendwie scheinen alle, Alexa, Sonja, Jenny und Veronika, so weit weg, und ich fühle mich ein wenig einsam. Nein, nicht einsam: Ich bin in einer Art Zwischenwelt – ich gehöre nicht mehr zu den Kranken, aber auch irgendwie noch nicht so richtig zu den Gesunden. Es ist einfach furchtbar erschreckend, dass für alle anderen das Leben einfach weitergegangen ist. Außer für mich.

Ich will wieder zurück ins Leben, aber ich will mehr auf mich achtgeben und ein anderes Leben führen, als ich vorher hatte. Und mir wird klar, dass ich die Einzige bin, die das ändern kann.

Nichts ist mehr so wie vorher. Nichts wird jemals wieder so wie vorher sein. Aber das ist nicht das Schlimme, denn es wird nur für mich nichts mehr so wie vorher sein. Denn alles andere hat sich rein gar nicht geändert.

Ich versuche, auch jetzt wieder stark zu sein. Heute Morgen überlege ich kurz, warum ich mich so schlecht, so schwach fühle. Ist es, weil ich jetzt nicht mehr stark sein muss? Weil ich nicht mehr weiß, wie man sich verhält und fühlt, wenn man gesund ist?

Und in diesem Moment fällt mir auf, dass ich überhaupt nicht schwach bin. Ganz im Gegenteil. Ich stelle mich wieder der Welt, die mich so lange nicht gesehen hat, die ständig irgendetwas wissen will, die komische Fragen stellt und die mich vielleicht sogar ein wenig vermisst hat.

Jeden Tag, an dem ich mich in den Zug setze und die Mütze vom Kopf ziehe, an dem ich durch die Drehtür zu meinem Büro gehe und mich an meinen Laptop setze, bin ich unglaublich stark. Ich kehre zurück ins normale Leben. Ich lasse es mir nicht wegnehmen. Ich muss mich vielleicht wieder daran gewöhnen, bin müde, manchmal ein wenig verunsichert. Aber insgesamt bin ich sehr stark.

Ich muss den Krebs endlich loslassen. Es ist vorbei. Ich muss keine Angst mehr haben, keine Therapien mehr fürchten. Jetzt passiert mir nichts mehr.

Während ich diese Zeilen schreibe, schluchze ich wie ein kleines Mädchen. Verrückt. Aber irgendwie logisch.

*

Ich bin müde. Die Woche Arbeit hat mich ausgelaugt. Ich bin es leid, Komplimente für meine Frisur zu bekommen, die ich nicht freiwillig trage. Ich bin es leid, zu hören, wie sehr sich alle freuen, dass ich wieder arbeite. Ich bin es einfach leid.

Dabei weiß ich gar nicht genau, was ich will. Woher kommen diese Stimmungsschwankungen? Vermutlich bin ich dank der Antihormontabletten und der Spritzen mitten in den Wechseljahren, und meine Hormone spielen nun vollends verrückt. Ich wünsche mir ein wenig Ruhe, ich will schlafen, mich aufs Sofa legen. Doch gleichzeitig bin ich unternehmungslustig, will raus, mich bewegen.

Im Zug nach Hause, ins Wochenende, muss ich nüchtern feststellen, dass ich doch noch keinen Schlusspunkt setzen kann. So weit bin ich noch nicht. Das Kapitel Krebs ist noch nicht ganz abgeschlossen, denn die Wiedereingliederung gehört ins Land der Krankheit, nicht in das der Gesunden. Es ist nicht nur eine Wiedereingliederung in die Arbeit, sondern vor allem ins Leben.

Als ich kurz darauf mit Ingo telefoniere, breche ich in Tränen aus. Er versteht nicht, was los ist. Wie auch? Er meint, ich solle mir Zeit geben, womit er recht hat, doch er kann nicht nachvollziehen, was in mir vorgeht. Ich will auch gar nicht, dass er es nachvollziehen kann.

Es gibt nur wenige Menschen, die mir jetzt gerade helfen können. Ich schreibe Alexa eine Nachricht. Nur Minuten später klingelt mein Telefon. »Schatz, was ist los?«

Ich kann nicht anders, ich fange schon wieder an zu heulen. Ich erzähle ihr alles und auch nichts, denn ich habe kein Wort für das, was ich empfinde. Es gibt kein Wort dafür.

Alexa beruhigt mich. »Es ist ganz normal, dass du gerade überfordert bist. Du bist neun Monate nicht arbeiten gewesen, und jetzt musst du dich erst einmal wieder an alles gewöhnen. Und es ist auch in Ordnung, dass sich alles anders anfühlt.«

»Es ist nicht schlecht, wie es sich anfühlt, es ist nur … es ist so viel, was sich *anders* anfühlt. Zu viel.«

*

Heute geht es also weiter. Nachuntersuchung. Oder Vorsorgeuntersuchung, je nach Standpunkt. Tapfer packe ich meine Tasche mit Lesestoff, Proviant und heißem Tee, ziehe meine wärmste Mütze, Handschuhe und meine Winterjacke an und stapfe durch den frisch gefallenen Schnee. Minus dreizehn Grad sagt das Thermometer an der Sparkasse.

Im Zug frische ich mein Italienisch auf, von dem während der Chemo nicht allzu viel hängen geblieben ist. Ingo und ich haben Flüge und ein Ferienhaus in der Toskana gebucht. Ende März geht es los. Endlich Urlaub, richtiger Urlaub – ich freue mich so sehr.

Pünktlich um neun Uhr erscheine ich in der Strahlentherapie. Dr. Wörmann empfängt mich mit einem Satz, der mir mittlerweile wirklich zum Hals raushängt: »Und Ihre Haare wachsen auch wieder.«

Ich verkneife mir einen biestigen Kommentar. Er hat mich schließlich oft genug mit Perücke gesehen und darf mich zu meiner neuen Frisur beglückwünschen. Immerhin stellt sie einen Neuanfang dar.

Mit dem Resultat meiner Brust ist er zufrieden, sie ist noch geschwollen, das Ödem ist immer noch da, und das Strahlengebiet ist sichtbar, doch insgesamt sieht alles gut aus.

»Aber Afrika sollte dennoch ein wenig warten«, schließt er augenzwinkernd das Gespräch ab.

Hatte ich mir schon gedacht. Vielleicht sollte ich prinzipiell warten, bis ich nicht mehr in unregelmäßigen Abständen in Schweiß gebadet oder noch besser: endlich wieder aus den Wechseljahren raus bin. Wie soll das denn erst im Sommer werden? Oder in der sengenden Hitze Afrikas?

Nach dem Gespräch mit Dr. Wörmann gehe ich runter in die Mammografie zu Dr. Middendorf. Dort darf ich im Wartezimmer Platz nehmen und warten. Warten. Warten. Warten. Plötzlich erinnere ich mich an die Wartezeit vor beinahe einem Jahr. Mein Herz schlägt mir von jetzt auf gleich bis zum Hals.

Beruhige dich, du bist hier zur Nachsorge. Nicht zur Stanze. Nicht, weil irgendetwas nicht stimmt. Beruhige dich.

»Legen Sie sich bitte auf die Liege.« Die Arzthelferin bedeckt meinen Oberkörper mit einem Handtuch. »Dr. Middendorf kommt dann gleich«, sagt sie.

»In Ordnung«, antworte ich und beobachte, wie sie Richtung Tür geht.

Da wird mir bewusst, dass ich nun allein in diesem Raum bleiben muss. Gerade, als ich überlege, sie zu bitten, zu bleiben, zu sagen *Lassen Sie mich nicht allein!*, höre ich die Tür ins Schloss fallen. Uih. Spüre ich da die hungrigen Zähne des vernachlässigten Panikmonsters?

Jetzt nur nicht durchdrehen. Ich starre an die Decke, an die ich auch geschaut habe, als ich zur Stanzbiopsie hier war. Das Loch in der Decke ist verschwunden, doch dafür befindet sich ein neuer Lüfter auf einem hellblau gestrichenen Paneel an eben jener Stelle.

Wie damals. Die Stanzbiopsie, schießt es mir erneut durch den Kopf.

»Jetzt bloß nicht in Panik geraten«, wiederhole ich laut. Ich erinnere mich an die Übungen aus dem autogenen Training, die ich in der Reha erlernt habe, und sage mir selbst: *Ich bin ganz ruhig.* Immer wieder. Ich atme durch die Nase ein und durch den Mund aus. Da muss ich jetzt durch. Ich werde nicht aufspringen und eine der Arzthelferinnen fragen, ob sie mit mir warten kann. Nein, das schaffe ich allein.

Und tatsächlich: Ich atme gerade tief durch den Mund aus, als ich die Tür höre, dann steht Dr. Middendorf im Raum. Er sieht genauso aus wie vor fast einem Jahr. Vielleicht ein wenig fülliger im Gesicht, ein kleines bisschen älter. Er setzt sich neben mich und reicht mir die Hand. »Wie geht es Ihnen?«, fragt er.

»Gut soweit. Ich mag nur diesen Raum nicht«, erkläre ich freiheraus.

»Na, wir überbringen ja auch nicht immer schlechte Nachrichten.«

Schlechte Nachrichten? Daran hatte ich noch gar nicht gedacht. In genau diesem Raum habe ich nicht nur die Stanzbiopsie hinter mich gebracht, sondern auch meine Diagnose erhalten. Hätte ich daran gedacht, bevor ich mich aufs autogene Training konzentriert habe, wäre ich wahrscheinlich doch noch getürmt.

Der Ultraschall ist unauffällig, und ich darf sofort weiter zur

Mammografie. Plötzlich stehen drei Frauen im Raum – und ich immer noch oben ohne.

»Sie müssen das bitte noch einmal kurz ausfüllen«, erklärt mir eine der Arzthelferinnen und drückt mir einen Fragebogen in die Hand.

»Könnten Sie schwanger sein?« steht dort schwarz auf weiß. Ich unterdrücke ein Kichern. Ich habe schon lange keinen solchen Fragebogen mehr für Röntgenuntersuchungen ausgefüllt. Ich kreuze NEIN an.

»Wann hatten Sie die letzte Regelblutung?«, fragt die junge Frau.

Jetzt kann ich mein Kichern nicht mehr verhindern und muss lachen: »August 2011.«

»Entschuldigen Sie, das muss ich leider fragen.«

»Keine Sorge. Ich bin's gewohnt.«

Die Mammografie ist schnell vorüber, meine gesunde Brust wird kurz zwischen zwei Platten eingequetscht, die Schmerzen sind erträglich. Nach weiteren zwanzig Minuten im Wartezimmer darf ich wieder zu Dr. Middendorf. Wie schon vorher auf dem Ultraschall gesehen, ist auch bei der Mammografie alles in bester Ordnung.

Tja, liebes Panikmonster. Stell dich auf magere Zeiten ein.

KAPITEL 43

Nachdem die Nachsorgeuntersuchungen der letzten Wochen und Monate allesamt derart positiv verlaufen sind und ich mittlerweile auch wieder volle acht Stunden am Tag arbeite, habe ich nicht damit gerechnet, dass mich der Jahrestag der Diagnose derart aus der Bahn wirft. Ich habe mich mit Melanie zum Laufen verabredet und will auch auf jeden Fall joggen, aber der Stein in meinem Magen macht mir schwer zu schaffen. Ich sage Melanie nicht, dass es mir nicht gut geht, sondern laufe einfach müde mit ihr los.

»Alles in Ordnung?«

»Jaja, ich brauche nur eine kurze Pause. Lauf du ruhig weiter, ich komme gleich nach«, erkläre ich und drossele mein Tempo.

Melanie läuft, ich gehe – und der Stein in meinem Magen fängt schmerzhaft an, sich zu lösen. Mein gesamter Rumpf brennt, mir schießen die Tränen in die Augen, ich schnappe kurz und heftig nach Luft. »Da habe ich jetzt echt keinen Bock drauf«, erkläre ich mir selbst und laufe einfach weiter. Beim Laufen hatte ich diesen Brocken schließlich auch unter Kontrolle.

Einfach weiterlaufen. Einfach weiter ignorieren.

Und dann ist unsere Runde zu Ende.

Ich drossele das Tempo und laufe auf die wartende Melanie zu, und mir wird beinahe schwarz vor Augen, so sehr habe ich mich heute überanstrengt. Nicht, weil ich Laufen war, sondern weil ich währenddessen versucht habe, die Angst und den

Schmerz unter Kontrolle zu halten. Jetzt ist keine Kraft mehr übrig, und alles bricht aus mir heraus. Ich schnappe panisch und geräuschvoll nach Luft, dicke Tränen fließen mir übers Gesicht.

»Rebecca, was ist los?«

Mein Hals hat sich zugeschnürt, mein Magen brennt. Eine Panikattacke kommt auf mich zugerollt. Ich muss mich zwingen, ganz langsam ein- und auszuatmen, muss mich dazu durchringen, Melanie zu erklären, was los ist.

»Mir geht es gut«, keuche ich, als ich wieder Luft bekomme. »Es ist nur so, vor genau einem Jahr habe ich das erste Mal meinen Tumor gesehen. Und dann ging alles erst so richtig los.«

Melanie stöhnt. »Warum sagst du denn nichts?«

Ich schüttele entschuldigend den Kopf. »Ich konnte nicht.«

*

Ich muss mich heute krankmelden. Ich kann mich nicht konzentrieren, und die Panik bricht einfach grundlos aus mir heraus.

»Was ist denn los, Frau Seeliger? Geht es Ihnen gut?«, fragt mich meine Psychoonkologin, Frau Gröger, am Telefon.

»Nein«, gestehe ich. »Ich kann mir nicht erklären, warum ich so reagiere. Damit habe ich gar nicht gerechnet.«

»Wissen Sie, Ihr Unterbewusstsein weiß schon ganz genau, was los ist. Und auch wenn Sie nicht mit eigenen Augen sehen, was Ihr Unterbewusstsein sieht – der Film läuft irgendwo in Ihrem Kopf ab.«

Ich weine erneut, wundere mich, woher diese ganzen Tränen kommen, und verstehe dann, was sie meint.

»Wollen Sie vorbeikommen?«

»Nein. Ich will heute nirgendwo hin. Wenn meine Geschichte und mein Unterbewusstsein diesen Tag haben wollen, dann sollen sie ihn kriegen.«

Also sammle ich mich, schreibe, was ich fühle, und lese, was vor einem Jahr geschehen ist. Und stelle dann ein wenig erstaunt fest: So schlimm war das ja eigentlich gar nicht. Danach sind viel schlimmere Dinge passiert. Das vergangene Jahr hat ein Recht darauf, betrauert zu werden. Denn es ist abgeschlossen. Also nutze ich den Tag und erinnere mich an mein Jahr mit dem Krebs.

*

Ich habe mich wieder gefangen. Ich habe diesen einen Tag der Trauer gebraucht, und danach ging es mir wieder gut. Ich bringe vier Wochen auf der Arbeit hinter mich, und dann habe ich tatsächlich Urlaub. Ich bin nicht krankgeschrieben oder verabschiede mich in die Reha. Ich habe Urlaub, fliege mit Ingo in die Toskana und bin total tiefenentspannt. Unser erster Flug wurde gecancelt, wir kommen drei Stunden später als geplant in Pisa an, und ich bin selbst noch die Ruhe selbst, als wir mit unserem Mietwagen die Serpentinen ohne Leitplanken hochfahren, um in das Dorf zu gelangen, in dem sich unser Ferienhaus befindet. In dem verschlafenen mittelalterlichen Nest gibt es weder Internet noch Handyempfang, geschweige denn einen Supermarkt oder ein Restaurant. Nur einen kleinen Tante-Emma-Laden mit winziger Auswahl. Wir sind von der Außenwelt abgeschnitten. So sitzen wir bei italienischem Rotwein, Käse und Schinken auf unserer Sonnenterrasse und prosten uns zu.

»Auf unseren Urlaub.«

Jetzt kann ich mich erholen. Ich habe mich lange gefragt, wie ich meine Geschichte wohl beenden soll. Ich denke, sie kennt kein Ende. Der Krebs wird immer ein Teil der Geschichte sein, sie weiter bestimmen, selbst wenn ich aufhöre, sie zu erzählen. Doch hinter die akute Krebserkrankung, die Tumoren, die mich heimgesucht haben und gegen die ich einen Kampf ausgefochten habe, hinter meinen Sieg und deren Niederlage setze ich an dieser Stelle einen dicken, fetten Punkt.

Ich habe keinen Krebs mehr, aber mir ist auch klar: Ich bin nicht vor seiner Rückkehr gefeit und auch nicht vor anderen Erkrankungen. Es gibt niemanden, der sagt: »Die Rebecca, die hat schon so viel durchgemacht, die lassen wir jetzt niemals mehr krank werden.«

Irgendetwas ist ja immer. Doch jede Kleinigkeit, die ich erfahre, ob gut oder schlecht, führt mir jedes Mal wieder vor Augen, dass mein Leben insgesamt nicht nur gut, sondern besser geworden ist. Erst heute ist mir bewusst, wie untätig und stumpf ich war, wie wenig ich mich gespürt habe, nachdem ich die Diagnose bekommen hatte. Und wie gierig ich jeden Tropfen des Lebens aufsauge, seit ich beschlossen habe, mich nicht kampflos auszuliefern.

Die letzten Monate sind nicht spurlos an mir vorübergegangen. Ich fühlte mich nicht wohl in meinem aufgedunsenen Körper. Ich habe Schmerzen ausgestanden, die ich noch nie ertragen musste. Ich habe Dinge erlebt, die ich nie erleben wollte. Doch all das hat mich sehr viel stärker werden lassen, als ich es je war. Das ist ein sehr befriedigendes Gefühl. Der Krebs war nicht das Ende, sondern ein Anfang. Eine weitere Chance.

Ich habe vielleicht eine Brust verloren, aber sehr viel gewonnen. So viel, dass ich es kaum in Worte zu fassen wage.

PROLOG

Es ist der 07. Juli 2012, drei Tage nach meinem sechsundzwanzigsten Geburtstag.

»Da hatte die alte Optimistin wohl doch recht«, erklärt Jakob gerade lächelnd.

Ich grinse. Ich habe so gehofft, gebetet, gebettelt, dass sich mein Traum heute erfüllt. Das Wetter drohte mir einen Strich durch die Rechnung zu machen. Gewitter, Regen und Wind waren in den letzten zwei Stunden unberechenbar. Aber jetzt geht es tatsächlich los.

»Tür auf!«, ruft Bonny.

Das Rauschen und die kalte Luft irritieren mich für einen Augenblick, doch ich bin immer noch ganz ruhig. Ich habe immer noch keine Angst.

»Guten Flug«, wünsche ich Melanie. Sie hört mich nicht mehr. Der Wind, der in dreitausend Metern Höhe in die kleine Cessna strömt, hält sich nicht an meinen Wünschen auf und trägt meine Worte einfach fort. Aus dem Augenwinkel kann ich erkennen, wie sich Melanie auf Bonnys Schoß aus der Tür zwängt, die Beine streckt, und einen Wimpernschlag später sind die zwei schon verschwunden.

Ich habe immer noch keine Angst.

Jakob, auf dessen Schoß ich sitze, rutscht mit mir gemeinsam in die Position, aus der gerade Bonny mit Melanie aus dem Flugzeug gesprungen ist. Wir schieben uns über den mit Teppich ausgelegten Flugzeugboden, bis wir die geöffnete Tür erreichen.

Die Maschine bietet lediglich Platz für vier Personen. Wenn die Wolken vor dem strahlend blauen Himmel nicht wären, würde ich denken, ich springe aus dem Kofferraum eines Transporters.

Ohne weitere Erklärungen stellt Jakob sein linkes Bein auf die Stufe, die an der Seite des Flugzeugs angebracht ist. Ich mache genau das, was wir vorher geübt haben, zwänge die Beine aus der Tür und strecke sie raus in die Luft. Dann gehe ich ins Hohlkreuz, greife mit den Händen an den Gurt über meiner Brust, lege den Kopf in den Nacken und drehe ihn nach links. Ich bin startklar. Weiße Wolken rasen an mir vorbei, Melanie und Bonny sind schon längst irgendwo anders. Steif wie ein Brett sitze ich in der Tür des Flugzeugs, meine Beine schnuppern schon einmal Höhenluft.

Ich merke nicht, wie Jakob sich abstößt. Ich merke nur, dass wir plötzlich in die Tiefe stürzen. Mir entfährt ein Jubelschrei, als die Welt vor meinen Augen umherwirbelt. Hinter mir schreit niemand. Natürlich nicht, Jakob ist erfahrener Fallschirmspringer, für ihn ist das hier so normal wie für mich das Zähneputzen.

Ich kann es kaum fassen, dass wir tatsächlich in der Luft sind, und bin irritiert, weil wir uns die ganze Zeit überschlagen – ich sehe den Boden, grüne Wiesen, Wälder, Felder, dann plötzlich wieder blauen Himmel, strahlende Sonne und vereinzelte schneeweiße Wolken. Als ich dieses Bild der ermutigenden Sonne, der Ruhe und des Friedens betrachte, fällt mir auf, dass ich mit meinen Beinen strample. Ich sollte doch die Füße in Richtung Hintern anziehen, hat Jakob mir gesagt. Kein Wunder also, dass wir uns hier die ganze Zeit wie ein Kreisel drehen. Ich mache ja die ganze Zeit Faxen. Kurz erschrecke ich vor meiner eigenen Dummheit, höre sofort auf zu schreien und ziehe die Füße an meinen Po. Der Boden unter uns kommt erstaunlich langsam näher. Doch jetzt, da wir uns nicht mehr in der Luft überschlagen, sondern tatsächlich mit dem Bauch voran auf den Erdboden zurasen, nehmen wir eine ungeahnte Geschwindigkeit auf.

Der Schreck ist innerhalb weniger Millisekunden überwunden, und ich genieße den Anblick des Himmels. Dieses Bild, die strahlende Sonne, der ich im freien Fall so nah bin, dieses Bild präge ich mir ganz genau ein.

Ich versuche, den Blick abzuwenden und wieder die Erde unter mir anzuschauen, doch die Geschwindigkeit und die eisige Luft rauben mir den Atem. Ich drehe den Kopf wieder zur Seite und genieße das Gefühl zu fallen.

Einfach fallen lassen.

Ich spüre, wie die Haut in meinem Gesicht wabbelt und flattert. Wahnsinn! Die Luft rauscht immer lauter an meinen Ohren vorbei, doch ich sauge weiterhin begierig jedes einzelne Detail mit allen Sinnen auf: die Kälte an meinen Fingerspitzen, die Frische der Luft in meiner Nase, das Rauschen in meinen Ohren, die Schönheit des Augenblicks in meinen Augen, den Geschmack von Freiheit in meinem Mund.

Plötzlich höre ich das abrupte Reißen der Leine. Wir sind tausendfünfhundert Meter vom Boden entfernt, und Jakob muss den Fallschirm öffnen. Noch ein, zwei Sekunden fallen wir, dann hat sich der Fallschirm entfaltet. Mit einem kurzen Ruck nimmt der riesige blaue Schirm die Geschwindigkeit aus unserem Fall, und wir kommen von der horizontalen in eine vertikale Position.

Plötzlich wird es ganz still. Der Wind verstummt.

»Alles in Ordnung?«, fragt Jakob.

»Ja«, sage ich. »O Gott, ich habe das mit den Beinen total vergessen, es tut mir so leid. Ich hoffe, ich habe dir nicht wehgetan!«

Er antwortet nicht, sondern öffnet die Steuerungsleinen des Schirms. »Übernimm du jetzt die Leinen.«

Ich strecke die Arme nach oben und greife in die untere gelbe Schlaufe der Leinen, genau, wie wir es geübt haben.

»Arme strecken.« Ich strecke sie weit aus und bin selig.

Ja, das ist das richtige Wort. Ich fühle mich absolut selig und vollkommen, wie ich hier über der Welt schwebe und den Fallschirm halte.

Auch als Jakob die Sicherungsgurte etwas gelöst hat, will ich die Leinen eigentlich gar nicht abgeben. »Ich übernehme jetzt wieder«, erklärt er.

»Wirklich?«

»Ja. Ich hab sie.«

»Na gut«, lache ich. »Das ist der Wahnsinn.«

»Gut, dass es dir gefällt.«

»Das ist wunderschön.« Ich schaue mich um. In weiter Ferne mache ich Bonnys orangefarbenen Schirm aus, der in schwungvollen Kurven Richtung Landeplatz steuert. Ich lasse den Blick schweifen. Außer uns ist niemand hier. Unter uns erstrecken sich grüne Felder und Wälder, nur unterbrochen von vereinzelten Seen, Dörfern oder Straßen.

»Ist das nicht der Wahnsinn, dass wir einfach so über der Welt in der Luft herumhängen?«

»Ja, das ist es«, lacht Jakob.

Es ist erstaunlich, was für einen vertrauten Moment ich mit einem Mann erlebe, den ich erst vor wenigen Stunden kennengelernt habe. Doch ich habe das Gefühl, dass er mich ein klein wenig versteht. Er spürt, dass ich diesen Sprung gebraucht habe. Und ich spüre, dass er der Richtige dafür ist.

»Jetzt kannst du dich langsam zur Landung bereit machen«, erklärt er, als die Wildwiese des Landeplatzes erschreckend schnell auf uns zukommt.

Im Augenwinkel kann ich Ingo erkennen, der unten auf mich wartet. Wir rasen immer noch mit einem Affenzahn auf den

Erdboden zu, doch ich nehme die Hände hinter die Kniekehlen, ziehe sie an meinen Körper und strecke die Beine aus. Mir wird ein wenig flau im Magen, als wir wenige Meter vom Boden entfernt immer noch verdammt schnell sind. Also schließe ich kurzerhand die Augen, bevor mein Gehirn auf die Idee kommen kann, irgendeinen Körperteil auszustrecken, der beim Aufprall auf die Erde wahrscheinlich einfach abknicken würde.

Doch genau, wie mir Jakob schon vor dem Sprung versichert hat, werden wir innerhalb einer Sekunde wesentlich langsamer und landen mit einem sanften Plumps auf unserem Hinterteil. Ich vermisse sofort die Kühle und Ruhe des Himmels, als ich die warme, schwüle Luft auf der Wiese einatme. Kaum sind wir gelandet, löse ich den Riemen meiner Lederkappe, während Jakob meine Sicherheitsgurte löst.

»Geht es dir gut?«, fragt er.

»Ja!« Ich wirbele zu Jakob herum und drücke ihm einen dicken Kuss auf die linke Wange. »Ich danke dir. Das war der absolute Wahnsinn!«

»Keine Ursache«, lacht er und freut sich genau wie ich, am Leben zu sein.

DANKSAGUNG

Dieses Buch erzählt meine Geschichte. Es ist Zeuge eines Teils meines Lebens – dem dunkelsten und härtesten Teil. Ich habe ihn erfolgreich gemeistert, und ich möchte meine Geschichte mit all ihren Facetten teilen.

Doch ohne fachliche Unterstützung wäre das Skript, das mein Leben geschrieben hat, nie zu diesem Buch geworden. Ich danke all denen, die mich bei der Realisierung dieses Buches begleitet haben. Egal, ob ich sie persönlich kennengelernt habe oder noch nicht einmal weiß, dass es sie gibt – ihr alle habt es mir erst ermöglicht, dass mein Buch gedruckt wurde.

Insbesondere danke ich meiner Agentin Franka Zastrow, die als Erste mein Manuskript las und durch die meine fixe Idee der Buchveröffentlichung Gestalt annahm.

Ebenfalls danken möchte ich meiner Lektorin Susanne Haffner, die immer ein offenes Ohr für meine Fragen und Wünsche hatte.

Und schließlich danke ich Lisa Bitzer, die mein Buch redigiert und lektoriert hat. Was habe ich bei den Korrekturdurchgängen gelacht! Ich kann nur sagen, mit dir macht Arbeit Spaß – auch wenn der Gänsehautfaktor nie fehlte.

»Heute hab ich keine Lust zu sterben« erzählt offen und ehrlich von mir, meiner Krankheit und meiner Genesung. Manche hat es vielleicht zum Lachen, andere zum Weinen gebracht. Manchen gibt es Kraft, einigen hilft es, und wieder anderen öffnet es mit ein wenig Glück die Augen.

Meine Geschichte berichtet nicht von den Enttäuschungen, die ich durch andere erfahren habe. Das ist nicht mein Anliegen. Viel wichtiger ist es mir, die Personen zu nennen, die niemals von meiner Seite gewichen sind, die bedingungslos für mich da waren.

Ingo. Du hast immer zu mir gestanden, selbst in der dunkelsten Zeit meines Lebens, und niemals dein Versprechen gebrochen. Du hast mich genommen, wie ich bin, mit all meinen Kratzern im Lack.

Lena. Du bist wie eine Schwester, meine Verbündete. In einer Zeit, in der mein Leben auf den Kopf gestellt wurde, hast du mir immer ein Stück Normalität gegeben. Deine Kraft und deine Stärke haben mich auch in den schwierigsten Zeiten unterstützt.

Marina. Du warst immer da, wenn ich dich brauchte. Du hast es dir nicht einfach gemacht, doch du hast den Schmerz und die Angst verkraftet. Gemeinsam sind wir gewachsen.

Mama und Papa. Ihr habt mich meinen eigenen Weg gehen lassen, doch wart nie fern. Für euch war diese Zeit genauso schwer wie für mich, und ihr habt mich durch eure Stärke und Zuversicht stets unterstützt. Ich bete, dass ich euch nie wieder solche Sorgen bereiten muss. Ich liebe euch.

Julia. Nicht einmal der Krebs konnte unserer Grundschulfreundschaft etwas anhaben. Selbst wenn es nie absichtlich passiert ist: Du hast mich immer wieder daran erinnert, wer ich wirklich bin.

Elodie, Nadine und Simone, die ich in einer Person vereint habe, aber die mir auf ganz individuelle Art beigestanden haben.

Ich möchte außerdem Frau Dr. Scholle für alles danken, was sie für mich getan hat. Die immer noch meine Gynäkologin ist (und in Zukunft bleiben wird!) und auch bei hysterischen Anrufen meinerseits einen kühlen Kopf bewahrte und mich stets zu beruhigen vermochte.

Meiner Chefärztin im Krankenhaus danke ich für meine unglaublich schöne neue Brust. Wenn mich Ärzte oder Physiotherapeuten oben ohne sehen, höre ich oft die Frage: »Welches ist denn die operierte Seite?« Das ist wohl das größte Lob, das man sich vorstellen kann.

Ich danke meiner Psychoonkologin, die mir dabei geholfen hat, zu verhindern, dass der dunkle Schlund mich aufsaugt.

Svenja, die mir als Vorbild gedient hat.

Elke und Christiane, mit denen ich mich immer austauschen konnte.

Ann-Kathrin, die mir durch eine wunderbare Perücke ein Stück Lebensqualität zurückgeben konnte.

Dennis, der mir den Standardtanz beigebracht hat und die eine oder andere Träne trocknen musste.

Anselm, der nicht nur einmal den seelischen Mülleimer gespielt hat.

Marco, der nicht nur auf Melanie achtgegeben hat, sondern mir stets als ein wahrer Freund zur Seite stand.

Jana und Bella, Jaime, Verena und Sarah.

All meine Verwandten, die mir kleine und große Geschenke gemacht haben und in Gedanken immer bei mir waren.

All meinen Freunden, die stets für mich da waren.

Dieses Buch kann nur ansatzweise vermitteln, wie dankbar ich all denjenigen bin, die diese Zeit mit mir gemeinsam durchgestanden haben. Niemals kann ich zurückgeben, was ihr mir in dieser Zeit gegeben habt. Niemals werde ich vergessen, was ihr für mich getan habt.

Danke.

Das erste Opfer der Cleveland-Entführung erzählt seine Geschichte

Michelle Burford / Michelle Knight
DIE UNZERBRECHLICHE
Elf Jahre in Gefangenschaft. Wie ich überlebte
Aus dem amerikanischen Englisch von Isabelle Lorenz, Bernhard Schmid
288 Seiten
ISBN 978-3-7857-2518-4

Ich verschwand im Jahr 2002, und kaum jemand schien es zu bemerken. Ich war einundzwanzig und Mutter eines kleinen Kindes - und eines Nachmittags ging ich in einen Family Dollar Store, um nach dem Weg zu fragen. Die nächsten elf Jahre verbrachte ich eingesperrt in der Hölle. Diesen Teil meiner Geschichte kennen Sie vielleicht schon. Aber da ist noch viel mehr, das Sie nicht ahnen können. Elf Jahre hielt der Schulbusfahrer Ariel Castro Michelle Knight und zwei weitere Frauen gefangen. Was sie in dieser Zeit durchlitt, beschreibt sie in ihrem Buch. Und was ihr half zu überleben und nie die Hoffnung aufzugeben, dass sie eines Tages wieder ein normales Leben führen würde.

Bastei Lübbe

In dem Moment, wo der Körper schlappmacht, übernimmt der Geist. Wenn man das kontrollieren kann, gibt es keine Grenzen

Julian Jacobi
SPRUNG INS LEBEN
Mein langer Weg
nach Shaolin
16 Seiten
mit zahlreichen
Abbildungen
ISBN 978-3-7857-6108-3

Die Einheit von Körper und Geist, Kampfkunst auf höchstem Niveau und eine innere Kraft, die übermenschlich zu sein scheint – seit Julian Jacobi ein kleiner Junge ist, träumt er davon, Shaolin-Mönch zu werden. Sein ganzes Leben richtet er danach aus. Das beinharte Training und die mühevollen Übungen für Körper und Geist bringen ihn oft an seine Grenzen. Mit 17 wähnt Julian sich am Ziel. Er tritt als Novize einem Shaolin-Orden bei, doch die Auseinandersetzung mit den alten Traditionen werfen mehr Zweifel auf, als dass sie Halt geben. Als er auch in China keine Antworten auf seine Fragen bekommt, beschließt er, die Erleuchtung auf eigene Faust zu suchen …

Bastei Lübbe

Werde Teil der Bastei Lübbe Welt
You Tube
www.luebbe.de
Lesen, rezensieren, Bücher gewinnen
Lerne Autoren, Verlagsmitarbeiter und andere Leser kennen